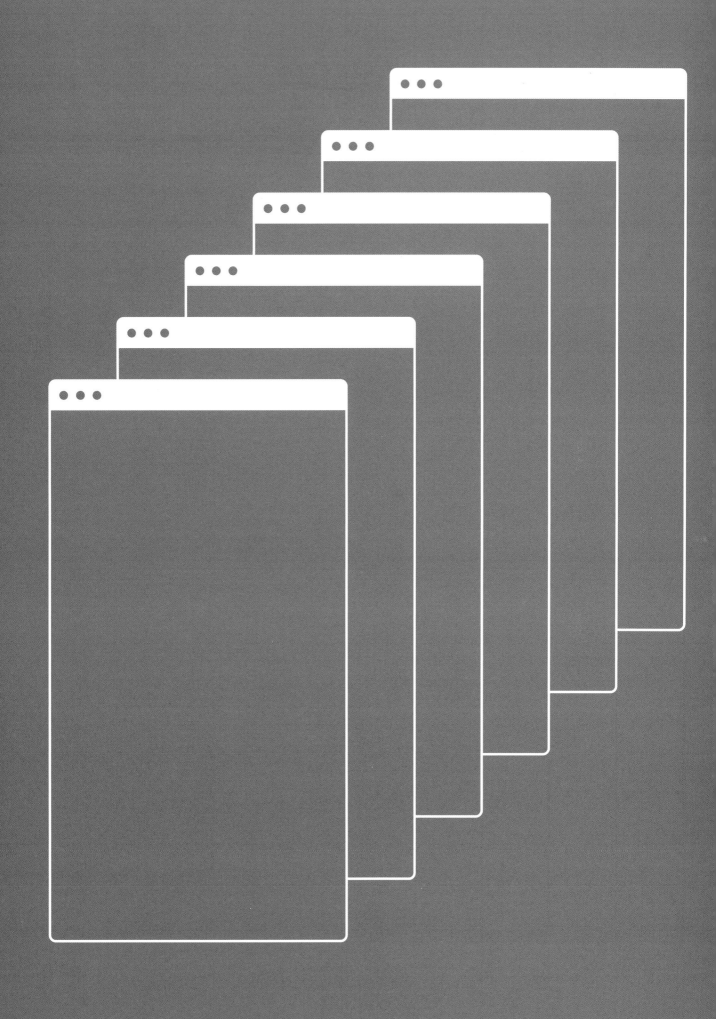

일러두기

쿠팡　스마트스토어　오픈마켓　SNS　오선미 지음

Ps　Ai　온라인 홍보 이미지

프로(N)잡러 베지오의

상세 페이지 영업 ⊙ 비밀

기획부터　디자인까지　영진미디어

이 책은 직장인이고 대표이자, 프리랜서로서

새로운 시도 중인 'N잡러'를 위한 책입니다.

이 책은 이렇게 읽으시면 좋습니다.

1. 이론서처럼 눈과 머리로 외우는 것이 아닌 '사용 설명서'처럼 눈과 손으로 익히세요.

2. 여행 책처럼 지금 내가 놓인 상황별로 챕터를 읽어보세요.

얼마 전에 현시대를 사는 직장인 절반이 N잡러이며, 비 N잡러 중 80%가 N잡러를 꿈꾼다는 기사를 읽었습니다. 저 또한 평생 다닐 거라고 생각했던 직장을 나와 'N잡러 베지 오'라는 시대적 캐릭터로 살아가면서 많은 일과 경험을 쌓았습니다. 실제 브랜드를 운영하고 제품을 판매하는 분들에게 강의하거나 협업, 컨설팅하며 배우고 알게 된 모든 것을 이 책에 담았습니다. 단순히 포토샵과 일러스트레이터 두 디자인 프로그램을 다루는 것에서 그치는 것이 아닌 백지 위에서 나의 이미지를 그리고, 브랜드를 이미지를 기획하고, 홍보 이미지, 상세 페이지를 제작하여 판매에 도움이 될 수 있었으면 좋겠습니다. 이 책 안에 있는 내용을 따라 나의 N잡에 이리저리 적용하다 보면 어느새 자신만의 새로운 콘텐츠가 완성될 거예요.

저의 디자인 지식을 나눈 수백 명의 학생, 저의 경험을 나눈 대표님, 클라이언트분들과 마주하고 부딪히며 체득한 것들을 모두 적었습니다. 이제는 『프로 N잡러 베지 오의 상세 페이지 영업 비밀』을 통해 저와 같이 N잡러로 살고 있거나 꿈꾸는 분들께 어떤 일을 시작하게 되는 동기부여를 만들어드리고 싶어, 이 책을 쓰게 되었습니다.

이 책을 읽고 계신 여러분은 이미 프로 N잡러입니다. 우리, 함께 프로 N잡러로 꿋꿋이 살아가요.

함께 밤을 지새우며 고생해 주신 영진미디어의 김아영 편집자님, 김정현 디자이너님, 프로 N잡러로 살아올 수 있도록 물심양면 도와주시는 부모님(그리고 동생), 지금은 하늘에서 반짝이고 있는 몽돌이를 비롯해 저의 N잡을 응원해 주고 기회를 주신 많은 분에게,

항상 감사합니다.

(from) 베지 오, 오선미

Contents *(N)*

Lesson 04
포토샵으로 상세 페이지 만들기

Lesson 05
베지 오의 디자인 영업 비밀

Lesson(N) 01

포토샵과 일러스트레이터 기초 다지기

포토샵과 일러스트레이터 시작하기

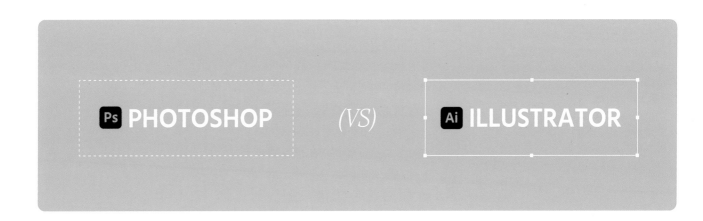

포토샵과 일러스트레이터는 어떤 프로그램일까요?

포토샵Adobe Photoshop과 일러스트레이터Adobe Illustrator는 어도비Adobe가 만든 그래픽 프로그램의 대표 주자입니다. 그래픽 이미지를 다루는 작업자라면 두 프로그램은 기본적으로 다룰 수 있어야 합니다. 그렇다면 실무자들은 언제, 어떻게 이 두 프로그램을 사용할까요? '하나의 프로그램으로도 충분하지 않을까?'라고 생각할 수 있지만, 요리를 예로 들자면 베이킹을 할 때는 전자레인지보다 오븐을, 밥을 지을 때는 오븐보다 밥솥을 사용하듯 내가 만들고자 하는 이미지에 어울리는 도구를 적절히 사용하는 것과 같습니다. 작업을 시작하기 전에 어떤 이미지로 어떤 결과물을 만들 것인지부터 생각해 보세요. 본문에서는 포토샵과 일러스트레이터는 각각 어떤 툴이 있는지, 어떤 기능을 활용해야 조금 더 효율적인 작업을 할 수 있을지 설명하겠습니다.

—— 포토샵

어도비 사이트 www.adobe.com/kr에서 포토샵에 관한 설명 중 가장 먼저 접하는 글귀가 있습니다. '상상, 사진, 매력적인, 그래픽, 디자인'이라는 키워드로 이루어진 소개 글이 포토샵의 아이덴티티를 설명합니다. 포토샵은 기본적으로 '사진'을 다루는 프로그램입니다. 만들고자 하는 이미지의 주재료가 사진이라면, 포토샵을 사용하세요. 포토샵에서는 사물과 배경을 분리하는 작업을 하거나, 사진을 보정하거나, 합성할 때 자주 사용합니다. 또한 포토샵은 다양한 브러시를 활용해 디지털 페인팅 도구로도 활용합니다. 포토샵에 내장된 브러시를 활용하면 직접 붓으로 그리는 것 못지않은 질감 표현이 가능합니다. 일러스트레이터보다 드로잉 기능이 적지만 다양한 텍스처 구현이 가능해 약간의 터치만으로도 멋진 디지털 아트워크를 만들 수 있습니다.

작업하는 이미지가 픽셀Pixel 이미지인 경우는 포토샵으로 작업해야 합니다. 포토샵은 래스터Raster, 비트맵Bitmap 그래픽 형태로 저장하다 보니 이미지를 확대하거나 축소할 시 깨질 수 있습니다. 물론 포토샵에도 벡터Vector를 만들거나 수정할 수 있는 기본적인 도구가 갖춰져 있어 벡터 작업도 가능합니다.

—— 일러스트레이터

일러스트레이터는 창작을 위한 프로그램입니다. 여러 가지 패스로 나만의 생각을 시각화할 때 일러스트레이터를 사용합니다. 일러스트레이터는 벡터 그래픽을 기반으로 새로운 이미지를 만들거나 로고나 폰트 디자인을 할 때 사용합니다. 벡터는 이미지를 확대, 축소하는 데 있어서 자유로우며 그래픽 손상이 일어나지 않는 장점을 가지고 있습니다. 일러스트레이터에서 만든 이미지는 인디자인, XD, 에프터이펙트 등 다른 어도비 프로그램에서 호환하여 사용할 수 있습니다.

↳래스터 이미지 부분 확대

↳백터 이미지 부분 확대

—— **프로그램 차이**

1   <u>일러스트레이터로 작업하면 확대해도 절대 깨지지 않는다.</u>
    포토샵은 픽셀 기반의 그래픽 작업, 일러스트레이터는 벡터 기반의 작업에 유
    용합니다.
2   <u>레이어 생성의 차이가 있다.</u>
    포토샵은 개체 하나 당 레이어 하나가 할당되는 반면, 일러스트레이터는 하나
    의 레이어에 많은 요소가 동시에 할당됩니다.
3   <u>클리핑 마스크의 활용 방법에 차이가 있다.</u>
    포토샵의 작업물을 일러스트레이터로 가져왔을 때 가장 헷갈리는 부분입니다.
    일러스트는 객체에, 포토샵은 객체 아래에 마스킹됩니다. 자세한 내용은 본문
    에서 다루겠습니다.
4   <u>대지 사용의 차이가 발생한다.</u>
    일러스트레이터는 대지 밖에서 작업이 가능한 반면, 포토샵은 작업 영역 내에
    서만 작업이 가능합니다.

—— **요약**

포토샵은 픽셀 기반의 그래픽 작업에 적합하며 사진을 주로 다루는 이미지나 효과가
많이 들어가는 타이포그래피 작업을 다루기에 좋고, 벡터 기반의 일러스트레이터는
로고나 아이콘, 명함, 사인물에 적합합니다.

↳포토샵으로 작업한 이미지

↳일러스트레이터로 작업한 이미지

포토샵과 일러스트레이터 설치하기

어도비 홈페이지

www.adobe.com/kr

—— 설치하기

작업을 진행하기 위해서 먼저 포토샵과 일러스트레이터의 최신 버전이 필요합니다. 만약 포토샵이나 일러스트레이터가 없다면 어도비 홈페이지에서 7일 무료 체험판을 이용할 수 있습니다. *체험판은 7일 이내 구독을 취소하지 않으면 자동 결제가 진행되니 이 점 유의하세요.

⊙ 1 ⊙

어도비 홈페이지에 접속합니다. 상단에 [크리에이티비티 및 디자인→주요 제품→Photoshop 또는 Illustrator]를 클릭하세요.

⊙ 2 ⊙

상단 메뉴에서 [무료 체험판]을 클릭합니다.

⊙ 3 ⊙

원하는 멤버십 형태를 고른 후, 해당 칸 하단의 [무료 체험하기] 버튼을 클릭합니다.

어도비 구독 서비스

* 결제 플랜은 연간과 월간으로 나누어집니다. 연간 구독 후 사용 기간이 1년 미만일 때 환불 시 약정 금액을 제외한 나머지 금액만 돌려받게 됩니다.
* 무료 체험판 혜택은 하나의 카드에 한 번만 이용할 수 있습니다.
* 결제 및 사용 문의는 Adobe Help 센터나 홈페이지에서 채팅으로도 가능합니다.

⊙ 4 ⊙

이메일 주소, 정책 확인 동의 체크, 체험할 제품 내용과 결제 내역을 다시 확인한 후에 [계속] 버튼을 클릭합니다.

⊙ 5 ⊙

[결제 방법 추가] 란에 결제 정보를 입력한 후, 우측 정보에서 체험할 제품 내역을 마지막으로 확인합니다. [무료 체험기간 시작] 버튼을 클릭합니다. 7일 무료 체험 기간 이후에는 자동 결제되며, 멤버십 혜택이 유지됩니다.

6

어도비는 'Creative Cloud'라는 통합 앱을 통해 운영 및 설치가 가능합니다.

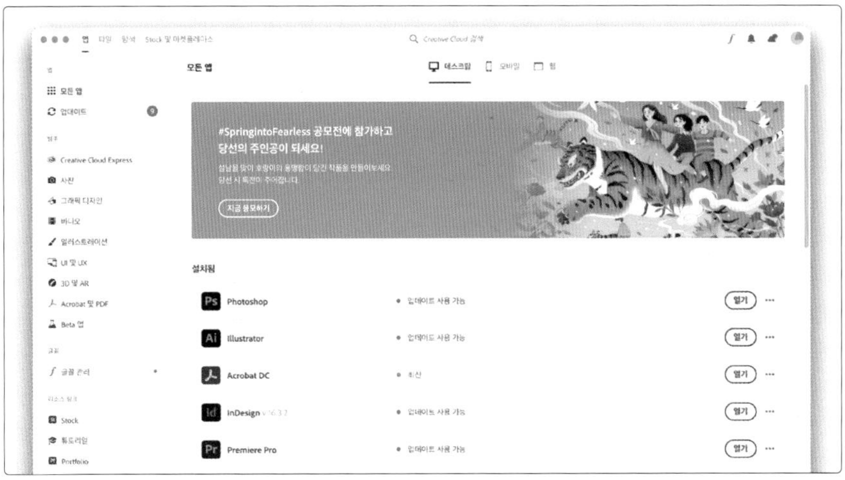

7

기본 설치 언어를 변경하고자 할 때에는 Creative Cloud 환경 설정에서 [앱→설치→기본 언어]에서 설정하고자하는 언어로 설정하여 앱을 설치합니다. 본문에서는 한글 버전을 사용했습니다.

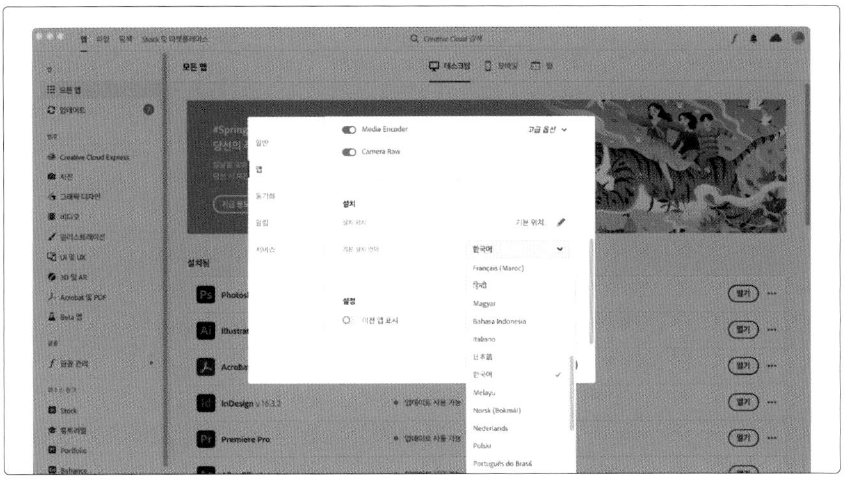

tip

포토샵 사용 언어 변경

포토샵의 경우 [환경 설정→인터페이스]에서 사용 언어를 변경할 수 있습니다.

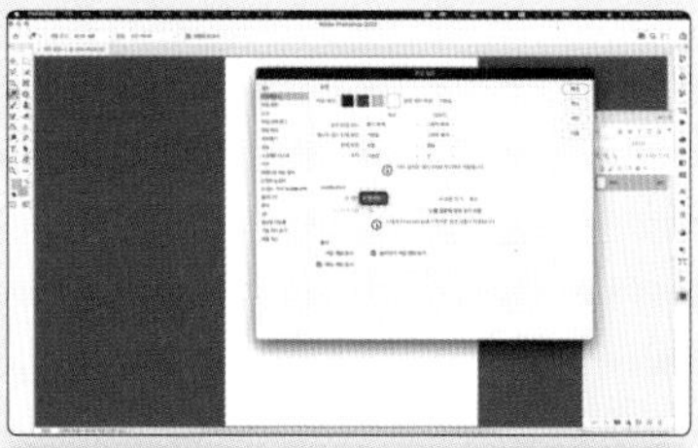

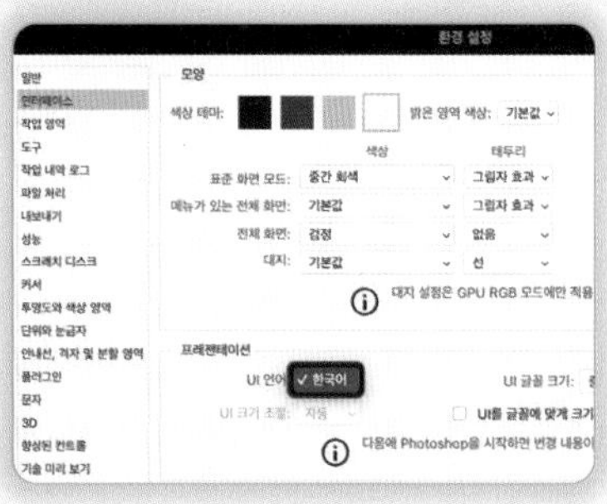

—— Adobe Creative Cloud 살펴보기

포토샵과 일러스트레이터를 설치한 후 자동으로 Creative Cloud Desktop 응용 프로그램이 함께 설치됩니다. Adobe Creative Cloud에서 기타 어도비 프로그램 다운로드와 폰트 관리, 클라우드 파일 관리, 기타 버전 다운로드, 언어 설정 등을 할 수 있습니다. 프로그램을 설치한 후, 이어지는 각 프로그램별 [작업 환경 설정하기]에 따라 나에게 맞는 작업 환경을 만들어보세요.

Creative Cloud 유료 회원에게는 일정 용량의 클라우드 용량과, Adobe fonts 서비스 사용권, 포토샵 브러시 제공, 프로그램에 맞는 무료 디자인 템플릿 사용 등 다양한 혜택이 주어집니다. 특히, 클라우드 사용 시 데스크 탑에 자동으로 Creative Cloud 폴더가 생성되며, 어도비 계정을 공유하는 PC끼리 클라우드 서비스를 사용할 수 있습니다. 단, 어도비 계정은 한 개당 두 대의 PC까지만 등록이 가능합니다.

포토샵 튜토리얼

(for) 포토샵을 처음 시작한다면

포토샵 한눈에 보기

포토샵의 작업 화면을 찬찬히 살펴보면, 여기저기 퍼져 있는 많은 기능에 눈이 핑핑 돌았던 경험이 있을 거예요. 도구 패널, 옵션 바, 레이어 등 생소한 용어 때문에 무엇인지 헷갈렸을 텐데요. 포토샵 기능을 본격적으로 익히기 전에 낯선 포토샵 화면 구조를 익히고 효율적인 작업을 위해 여러 환경 설정을 변경하여 나에게 알맞은 포토샵 작업 화면을 구성하는 방법을 알아보겠습니다.

—— 홈 화면 살펴보기

포토샵을 실행하면 다음과 같은 홈 화면이 나타납니다.

① 새 파일: 내가 원하는 설정에 맞추어 새 작업 문서를 만듭니다.
② 열기: 기존 파일을 불러옵니다.
③ 홈: 포토샵의 첫 화면인 홈 화면을 띄웁니다.
④ 최근 항목: 최근 실행한 포토샵의 작업 파일이 모아져 있는 곳입니다.

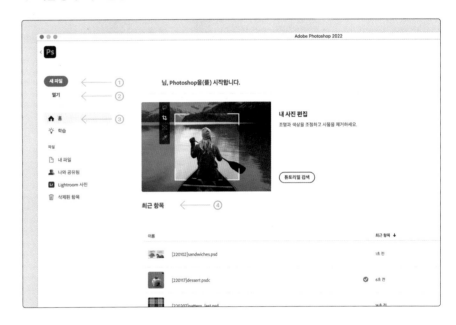

—— 대지_{아트보드} 이해하기

[파일→새로 만들기]를 누르면 대지가 만들어집니다. 일러스트레이터와 다르게 포토샵에서는 대지 안에서만 작업이 가능합니다. 대지 안에 그려진 요소들은 각각의 레이어를 가지며, 레이어 패널에 표시됩니다.

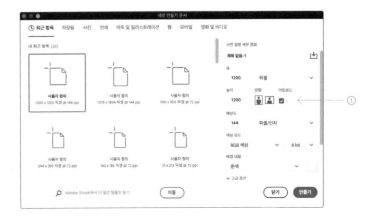

① **아트보드 활성화:** [새로 만들기] 문서 창에서 클릭하면 아트보드가 적용된 대지가 열립니다.

② **대지 도구:** 대지를 편집할 수 있습니다.

③ **+:** 대지 도구가 활성화된 상태에서 사방에 표시된 [+] 아이콘을 클릭하면 클릭한 방향으로 대지가 추가됩니다. 작업 내용과 함께 대지를 복제하려면 [Alt]를 누른 채 [+] 아이콘을 클릭하거나, 대지를 누르고 복사하려는 위치에 끌어당겨 주세요. 대지가 생성되면 우측 레이어 패널에 대지 레이어가 추가됩니다.

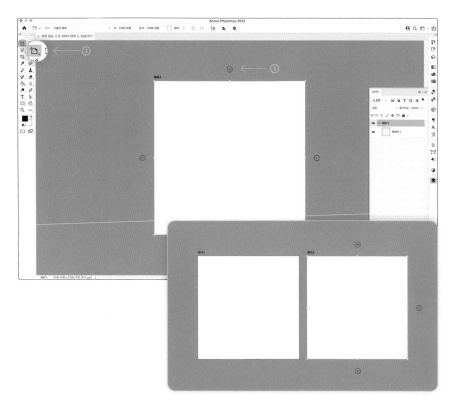

—— 기본 화면 알아보기

기본 화면은 크게 메뉴 바, 도구 패널, 작업 화면, 패널로 구성됩니다. 각 구성의 이름과 기능을 살펴보겠습니다.

① **메뉴 바:** 프로그램에서 가장 상단에 위치한 메뉴 바는 포토샵의 모든 기능을 카테고리로 정리하였습니다. 포토샵에서 필요한 기능을 실행하고자 할 때, 메뉴 바에서 해당 기능을 찾아서 실행할 수 있습니다.

② **옵션 바:** 도구 패널에서 선택한 옵션을 세부적으로 조정할 수 있습니다. 어떤 도구를 선택하는지에 따라 설정 창이 달라집니다.

③ **도구 패널:** 포토샵에서 작업할 수 있는 도구를 모아 놓은 곳으로 툴 옆에 확장 표시 작은 삼각형 단추가 있는 경우 마우스 오른쪽 버튼을 누르거나 1초 정도 길게 클릭하고 있으면 추가 도구 옵션 기능이 나타납니다.

④ **작업 화면:** 작업 중인 이미지가 보이며, 상단에는 제목 탭이 있습니다.

⑤ **패널:** 작업 시 필요한 기능 및 옵션을 화면에 고정해 놓은 곳입니다. 패널은 필요에 따라 그룹으로 묶어 관리할 수 있으며, 작업 환경에 맞게 순서를 변경할 수 있습니다. 우측 끝 화살표 두 개 버튼을 누르면 확장 및 축소가 가능합니다.

⑥ **상태 표시:** 현재 작업 중인 이미지의 세부 정보가 표시됩니다. 화면 비율, 해상도, 사이즈 정보가 표시됩니다.

⑦ **작업 영역 선택:** 작업 화면을 전환할 수 있는 기능으로 필수, 3D, 사진 등 작업 목적에 따른 화면 구성을 변경하고 화면 정돈 방식을 변경합니다.

포토샵의 도구 패널 살펴보기

✛ **이동 도구:** 개체 선택 및 이동합니다.

⬚ **대지 도구:** 대지 추가 및 편집이 가능합니다.

◯ **올가미 도구:** 마우스를 클릭한 채 직접 선택 영역 범위를 그려 영역을 만듭니다.

◺ **다각형 올가미 도구:** 클릭, 클릭하여 직선으로 선택 영역을 지정할 수 있습니다. 첫 번째 지점으로 돌아가 화면을 더블 클릭하면 선택 영역이 완성됩니다.

◿ **자석 올가미 도구:** 마우스 커서 주변의 윤곽을 감지하여 선택 영역을 만드는 기능입니다.

◹ **자르기 도구:** 드래그하여 원하는 선택 영역으로 이미지나 캔버스 크기를 조정합니다.

▦ **원근 자르기 도구:** 원근감을 적용하여 이미지를 자릅니다.

✐ **분할 영역 도구/분할 영역 선택 도구:** 하나의 이미지를 여러 이미지로 나누어 저장합니다.

✐ **스포이드 도구:** 이미지에서 원하는 부분의 색상을 추출할 수 있는 기능입니다.

✐ **3D 재질 스포이드 도구:** 3D 텍스처를 추출할 때 사용합니다.

✐ **색상 샘플러 도구:** 여러 부분의 색상을 연속해서 추출할 때 사용합니다.

▦ **눈금자 도구:** 원하는 부분의 길이 또는 각도 등을 잴 때 사용합니다.

▤ **메모 도구:** 클릭하여 메모를 남깁니다.

✎ **브러시 도구:** 브러시의 크기와 형태 등의 속성을 설정하고 드로잉합니다.

✐ **연필 도구:** 라인이 딱 떨어지는 드로잉에 사용하기 좋은 도구입니다.

✐ **색상 대체 도구:** 지정한 색상을 원하는 색상으로 변경합니다.

✐ **혼합 브러시 도구:** 브러시 색상을 섞어줍니다.

✐ **작업 내역 브러시 도구:** 효과가 적용된 이미지를 원래 이미지로 복구합니다.

✐ **미술 작업 내역 브러시 도구:** 이미지의 일부를 페인팅하여 이전 작업 내역 상태로 복원할 수 있습니다.

■ **그레이디언트 도구:** 두 가지 이상의 색을 섞어 색을 채울 때 사용합니다.

✐ **페인트 통 도구:** 전경색이나 패턴으로 특정 영역을 채웁니다.

✐ **3D 재질 놓기 도구:** 3D 이미지 제작 시 특정 영역을 전경색이나 패턴으로 채웁니다.

🔍 **닷지 도구:** 이미지의 특정 부분을 밝게합니다.

✐ **번 도구:** 이미지의 특정 부분을 어둡게 합니다.

✐ **스폰지 도구:** 채도를 높이거나 낮춥니다.

T **수평 문자 도구:** 문자를 가로로 입력합니다.

↓T **세로 문자 도구:** 문자를 세로로 입력합니다.

↓T **세로 문자 마스크 도구:** 입력한 세로 문자를 선택 영역으로 지정합니다.

T **수평 문자 마스크 도구:** 입력한 가로 문자를 선택 영역으로 지정합니다.

□ **사각형 도구:** 사각 형태의 패스를 그립니다.

◯ **타원 도구:** 타원 형태의 패스를 그립니다.

△ **삼각형 도구:** 삼각형 형태의 패스를 그립니다.

⬡ **다각형 도구:** 다각형 형태의 패스를 그립니다.

╱ **선 도구:** 직선 형태의 패스를 그립니다.

✱ **사용자 정의 모양 도구:** 나뭇잎, 꽃 등 다양한 벡터 형태의 패스를 선택할 수 있습니다.

🔍 **돋보기 도구:** 창의 보기 확대율을 조절합니다.

⬚ **사각형 선택 윤곽 도구:** 사각형으로 영역을 선택하여 변경이 가능합니다.

◯ **원형 선택 윤곽 도구:** 원형으로 영역을 선택하여 변경이 가능합니다

▭ **단일 행 선택 윤곽 도구:** 1px의 행에 선택 영역을 만듭니다.

▯ **단일 열 선택 윤곽 도구:** 1px의 열에 선택 영역을 만듭니다.

◤ **개체 선택 도구:** 원하는 개체 부위에 선택 부분을 드래그하면 사각형 선택 영역 내 주요 오브젝트를 찾아 선택 영역을 잡아냅니다.

✐ **빠른 선택 도구:** 원형 브러시 도구 안에 +가 표시된 커서가 나타납니다. 자동으로 비슷한 영역을 선택하는 브러시입니다.

※ 추가 도구는 도구 아이콘 하단의 ◢를 누르거나 마우스 오른쪽 버튼을 눌러 확인할 수 있습니다.

- **자동 선택 도구:** 같은 계열의 색을 한꺼번에 선택합니다.

- **프레임 도구:** 이미지를 넣기 위한 프레임을 만듭니다. 프레임 도구가 활성화되었을 때 옵션 바에서 사각형 혹은 원형 선택이 가능합니다.

- **스팟 복구 브러시 도구:** 선택한 영역을 주변 이미지로 인식해 자연스럽게 보정 및 변경합니다.

- **복구 브러시 도구:** 선택한 영역을 주변 이미지로 인식하여 자연스럽게 보정 및 변경합니다.

- **패치 도구:** 이미지 영역 중 원하는 영역을 선택하여 원하는 곳에 옮기면 주변 이미지와 혼합하여 이미지를 복제합니다.

- **내용 인식 이동 도구:** 이미지의 일부를 선택 및 이동하고, 나머지 영역을 자동으로 채웁니다.

- **적목 현상 도구:** 눈동자의 적목 현상을 보정합니다.

- **복제 도장 도구:** 특정 영역의 이미지를 복제합니다.

- **패턴 도장 도구:** 지정한 패턴을 넣을 수 있는 도구입니다.

- **지우개 도구:** 이미지를 지울 때 사용합니다.

- **배경 지우개 도구:** 배경색을 지울 때 레이어로 변경해 투명하게 지웁니다.

- **자동 지우개 도구:** 클릭한 지점과 같은 색상이 지워집니다.

- **흐림 효과 도구:** 칠하는 부분의 이미지를 뿌옇게 만들어줍니다. 가우시안 흐림 효과처럼 활용이 가능합니다.

- **선명 효과 도구:** 칠하는 부분의 이미지를 선명하게 만들어줍니다. 과도하게 사용 시 노이즈가 심해집니다.

- **손가락 도구:** 드래그한 방향으로 이미지가 뭉개집니다.

- **펜 도구:** 패스를 그립니다.

- **자유 형태 펜 도구:** 브러시 도구와 같이 자유롭게 그린 형태대로 패스가 만들어집니다. 펜 도구가 익숙하지 않은 분들께 적합합니다.

- **곡률 펜 도구:** 부드러운 곡선과 직선을 쉽게 그릴 수 있습니다. 정확한 패스를 쉽게 미세하게 조절할 수 있습니다.

- **기준점 추가 도구:** 패스 위 고정점이 없는 위치에 갖다 댄 후 클릭하면 고정점이 추가됩니다.

- **기준점 삭제 도구:** 패스 위 기존 고정점이 있는 위치에서 클릭하면 고정점이 삭제됩니다.

- **기준점 변환 도구:** 패스 기준점의 속성을 바꿉니다.

- **패스 선택 도구:** 패스 전체를 선택합니다.

- **직접 선택 도구:** 고정점과 고정점 사이 패스선이나 고정점을 선택하여 변형할 때 사용합니다.

- **손 도구:** 이미지가 작업 화면보다 클 때 화면을 이동합니다. [Space]를 눌러서도 사용할 수 있습니다.

- **회전 보기 도구:** 작업 화면을 클릭하면 화면이 회전합니다.

- **도구 모음 편집 도구:** 패널을 사용자 지정 모드로 변경하여 나만의 도구 패널을 설정합니다. 현재 도구 패널에 찾는 도구가 없다면 이 기능을 통해서 찾을 수 있습니다.

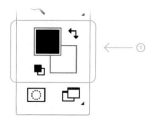

① **전경색/배경색:** 개체의 색상을 선택합니다. [Shift + X]를 누르면 두 색이 교차합니다.

- **빠른 마스크 모드로 편집:** 브러시를 통해 빠르게 선택 영역을 지정할 수 있습니다.

- **표준 화면 모드:** 현재 보여지는 메뉴 창입니다.

- **메뉴 막대가 있는 전체 화면:** 옵션 바가 안 보입니다.

- **전체 화면 모드:** 미리보기 화면과 같이 메뉴, 도구, 기능 등이 사라집니다.

포토샵의 기능 패널 살펴보기

↳ 베지 오가 추천하는 기능 패널 구성

포토샵에서 기능 패널은 도구와 메뉴를 이용한 그래픽 이미지 작업을 돕는 기능입니다. 기능별로 패널을 분리하여 제공하고 있으며 도구를 선택하거나 메뉴를 선택하면 해당 패널의 옵션을 사용할 수 있습니다. 만약 필요한 기능 패널이 화면에 없으면 메뉴 바에 있는 [창]에서 불러와주세요. 특히 작업 효율을 높이기 위해 자주 사용하는 패널은 기능 패널에 고정해 주세요. 자주 사용하는 순서, 창을 길게 봐야하는 패널 등 각 패널의 특징에 맞추어 순서대로 정렬하는 것을 추천합니다.

1 **3D 패널:** 개체를 3D로 변형한 후 속성을 지정합니다.

2 **그레이디언트:** 기존 그레이디언트 샘플을 활용하거나 직접 만든 그레이디언트를 등록하여 사용할 수 있습니다.

3 **내비게이터:** 전체 이미지의 미리보기 창입니다. 이미지를 확대하거나 축소할 수 있습니다.

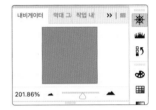

4 **글리프:** 다른 언어의 글리프뿐만 아니라 여러 특수 문자를 삽입하기 위해 사용합니다. 특수 문자는 서체 회사에서 제작하는 것으로 서체마다 제공되는 특수 문자가 다를 수 있습니다.

5 **단락:** 문자 단락에 관한 설정을 할 수 있습니다.

6 **문자:** 서체, 크기, 색상, 자간, 행간, 글자 너비 및 높이 등 글꼴과 관련한 속성을 변경합니다.

7 단락 스타일/문자 스타일: 단락과 문자 스타일을 만들고 관리합니다.

8 도구 사전 설정 : 작업에서 주로 사용하는 도구를 등록하여 편하게 작업할 수 있습니다.

9 라이브러리: 색상, 문자/단락 스타일, 그래픽 개체 등 여러 에셋을 클라우드에 등록해 사용할 수 있으며 다른 작업자와 공유도 가능합니다.

10 막대 그래프: 이미지의 전체적인 색상 구성을 그래프로 나타냅니다.

11 메모: 포토샵 psd 확장자 파일에 주석을 기록합니다.

12 모양: 기본으로 포토샵에 설치된 모양 샘플을 사용할 수 있습니다. 우측 더보기 버튼을 누르고 다운 받은 패턴 견본 파일을 추가할 수 있습니다.

13 버전 기록: 클라우드 문서의 버전 내역이 표시됩니다.

14 복제 원본: 복제 작업 시 이미지 정보를 담아 두고 사용합니다.

15 브러시: 다양한 종류의 브러시를 선택하거나 직접 만들 수도 있습니다.

16 브러시 설정: 자주 사용하는 브러시를 등록하여 저장합니다. 브러시 도구 선택 시 상단에 뜨는 브러시 모양 아이콘을 누르면 사전 설정과 같은 창이 열립니다. 따로 브러시 사전 설정 패널을 띄우지 않고도 변경할 수 있습니다.

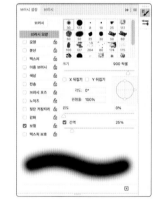

17 색상: 현재 전경색과 배경색의 색상 값이 표시됩니다. 색상 패널의 슬라이더를 사용하면 전경색과 배경색을 편집할 수 있습니다.

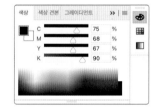

18 색상 견본: 자주 사용하는 색상 및 기본 색상 세트가 폴더별로 묶여 있습니다. 우측 더보기 버튼을 누르고 다운 받은 색상 견본 파일을 추가할 수 있습니다.

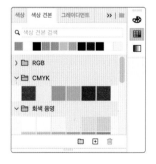

19 속성: 현재 선택한 개체 및 작업에 대한 속성을 설정할 수 있습니다. 개체를 선택할 때마다 변경할 수 있는 속성 옵션이 달라집니다.

20 스타일: 기존 샘플 스타일을 선택한 이미지에 스타일로 적용합니다. 새로운 스타일을 만들어 등록할 수도 있습니다.

21 액션: 작업을 기록하여 반복 작업을 용이하게 합니다.

22 작업 내역: 이미지가 포토샵에서 열린 후 적용된 작업 내역이 기록됩니다. 보관 가능한 개수가 정해져 있으며 이미지를 닫기 전까지만 보관됩니다.

23 정보: 이미지의 정보를 수치로 표시합니다.

24 조정: 조정 레이어를 추가하고 색상을 조절합니다.

25 채널: 색상 정보나 채널을 이용한 선택 영역을 관리합니다.

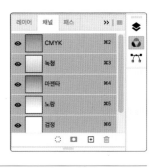

26 측정 로그: 측정 정보를 기록합니다.

27 타임라인: 타임라인을 기반으로 한 영상을 만듭니다.

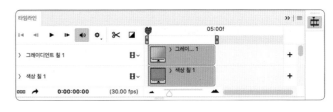

28 패스: 패스를 이용한 다양한 기능을 적용합니다.

29 패턴: 포토샵에 기본으로 설치되어 있는 패턴을 사용할 수 있습니다. 우측 더보기 버튼을 누르고 다운 받은 패턴 견본 파일을 추가하면 됩니다.

패널 고정하기

불러온 패널은 드래그하여 우측 기능 패널에
고정할 수 있습니다.

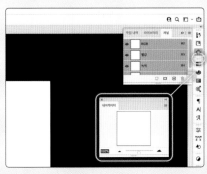
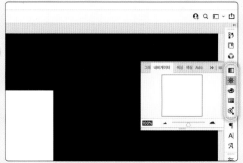

더 다양한 브러시 이용법

* 브러시 추가 방법: 파일 다운로드 시 브러시
  파일(.ABR)로 저장하세요. 포토샵을 실행
  한 상태에서 .ABR 파일을 클릭하면 자동으
  로 브러시 패널에 추가됩니다.
* 2021년 기준 24개의 브러시 세트가 업데
  이트되었습니다. 드라이 브러시, 수채화 브
  러시, 카툰 브러시 등 다양한 스타일의 브러
  시뿐 아니라 매해 계절별로 새로운 형태의
  브러시도 출시하고 있습니다.

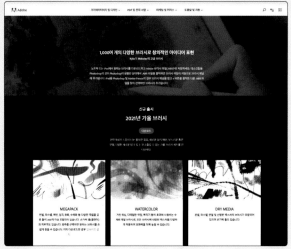

색상 추가하기

색상 견본 패널에서 우측 더보기 버튼을 누르
고 다운 받은 색상 견본 파일을 추가합니다.

패턴 추가하기

CC 2018 버전까지 제공되던 기본 패턴은 최
신 버전의 포토샵 패턴 패널에서는 처음에 뜨
지 않습니다. 패턴 패널에서 우측 더보기 버튼
을 누른 후 [레거시 패턴 및 기타]를 선택하면
패턴 그룹에 추가됩니다. 레거시 패턴에는 다
양한 패턴이 있으니 꼭 활용해 보세요.

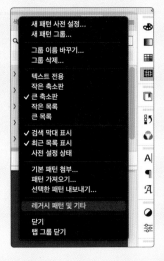

포토샵 작업 효율을 높이는 설정 바꾸기(1)

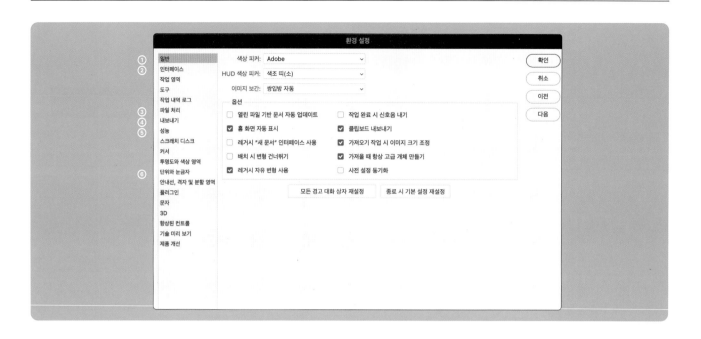

환경 설정

여러 설정을 변경하여 작업의 효율을 높일 수 있습니다. [Photoshop→환경 설정→일반]을 클릭합니다.

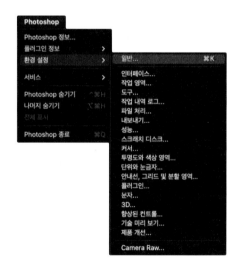

① 일반

a. **홈 화면 자동 표시**: 체크를 해제할 경우 포토샵을 실행했을 때 처음에 홈 화면이 뜨지 않고 바로 기본 작업 화면이 표시됩니다.

b. **클립보드 내보내기**: 이 옵션을 체크한 경우 포토샵에서 복사한 이미지를 다른 프로그램에서 바로 붙여넣기할 수 있는 기능입니다. 일러스트레이터와 병행하여 작업할 때 유용합니다.

c. **래거시 '새 문서' 인터페이스 사용**: Photoshop CC 2019 이전에는 자유 변형 기능을 통해 이미지 크기를 변경할 경우 [Shift]를 누른 상태로 사이즈를 변경해야 이미지의 비율이 그대로 유지되었습니다. 하지만 현재는 [Shift]를 누르고 사이즈를 변경하면 기존 이미지의 비율이 깨지게 됩니다. 포토샵과 일러스트레이터에서의 사이즈 변경 방법이 다소 헷갈릴 수 있어 래거시 자유 변형 사용을 체크하고 사용하는 경우도 있습니다.

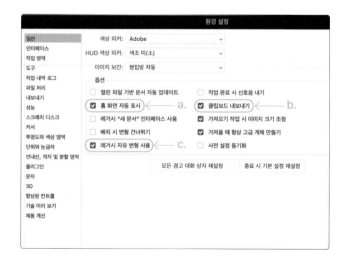

② 인터페이스 : 포토샵 환경의 색상을 변경하고 메뉴 등의 글자 크기를 변경할 수 있습니다.

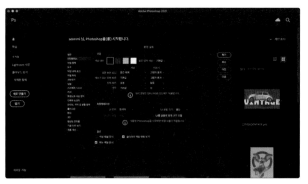

↳어두운 회색(Dark grey)

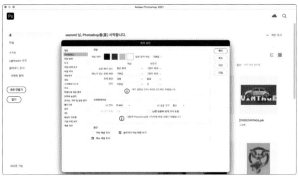

↳밝은 회색(Light gray)

③ 파일 처리: 작업 중간에 [Ctrl + S]를 눌러 수시로 저장하는 습관이 있더라도 프로그램 오류로 인해 갑자기 종료되는 경우가 더러 있습니다. 이때 파일 저장 옵션 중 '자동 저장 기능'을 활용하면 작업 중간에 임시 파일을 자동으로 저장하게 되며, 오류로 인한 강제 종료 후 프로그램을 재실행하면 마지막으로 자동 저장된 상태로 복구가 가능합니다. [최근에 사용한 파일 목록]에서는 홈 화면에 뜨는 '최근 파일 목록' 개수를 조정할 수 있습니다.

④ 내보내기: [파일→내보내기→빠른 내보내기] 방식으로 저장하는 파일의 확장자를 설정해 놓을 수 있습니다. 이 기능을 활용하면 파일을 원하는 형식으로 바로 저장할 수 있어 편리합니다.

⑤ 성능: 포토샵에서 할당된 메모리ram를 조정할 수 있습니다. '메모리 사용'에서는 메모리의 크기를 알 수 있으며 변경이 가능합니다. 할당된 컴퓨터 메모리가 85% 이상이면 다른 응용 프로그램을 위한 메모리가 부족해 컴퓨터 성능에 영향을 줄 수 있습니다. [작업 내역 상태] 개수는 작업 내역 패널에 기록되는 개수를 조절할 수 있습니다.

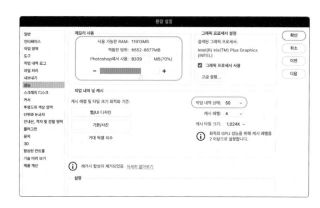

⑥ 단위와 눈금자: 이미지 제작 시 크기 단위mm, px 등와 문자 표시 단위 등을 변경할 수 있습니다.

포토샵 작업 효율을 높이는 설정 바꾸기(2)

패널 순서 변경 및
그룹 설정 방법

패널은 도구와 메뉴에 여러 기능과 옵션을 제공합니다. 패널을 확장하여 작업할 경우 다소 화면이 복잡하게 느껴지거나 작업 환경이 좁아질 수 있어 그림과 같이 아이콘으로 축소해서 사용하는 것을 권장합니다.

⊙ 1 ⊙

오른쪽 상단 [>>] 버튼을 클릭하여 패널 창을 열어줍니다.

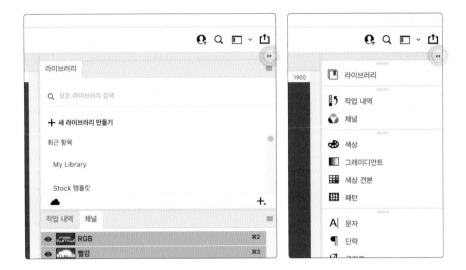

⊙ 2 ⊙

효율적인 작업을 위해 비슷한 속성을 다루는 기능 패널끼리는 묶어주시는 것을 권장합니다. 예를 들어 문자/단락/글리프는 '텍스트'에 대한 옵션을 편집할 수 있는 패널이므로, 함께 묶어놓을 경우 텍스트 개체에 대한 속성을 효율적으로 설정할 수 있습니다.

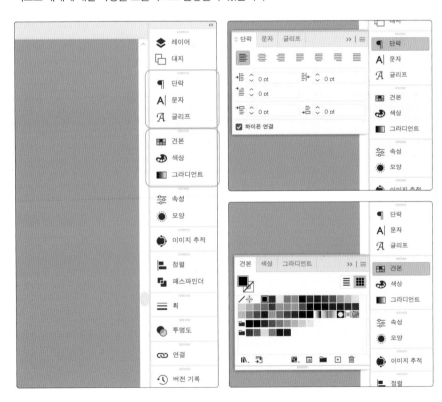

작업 영역 설정하기

포토샵은 많은 기능을 가지고 있지만, 하나의 그래픽 이미지를 작업할 때 포토샵의 모든 기능을 사용하지는 않습니다. 목적에 따라 사용하는 기능이 모두 다르니 나에게 맞는 환경을 설정해 놓으면 편리합니다. [창→작업 영역] 설정을 통해 상단 메뉴와 작업 영역의 아이콘 등을 설정할 수 있습니다.

도구 영역 설정하기

작업 시 시선의 동선을 최소화하기 위해 두 줄로 사용하는 것을 권장합니다. 좌측 상단에 화살표 아이콘을 누르면 형태 변경이 가능합니다.

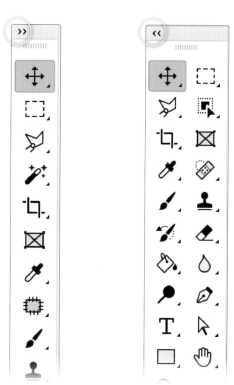

일러스트레이터 한눈에 보기

일러스트레이터는 포토샵과 화면 구조는 비슷하지만 사용성이 다른 프로그램입니다. 일러스트레이터의 기본 개념인 벡터를 이해하고, 어떻게 사용하는지 등을 본격적으로 알아보기 전, 일러스트레이터의 구조를 익히고 효율적인 작업 환경을 위해서 설정을 변경해 보겠습니다.

──── 홈 화면 살펴보기
일러스트레이터를 실행하면 다음과 같은 홈 화면이 나타납니다.

① 새 파일: 원하는 설정에 맞추어 새 작업 문서를 만듭니다.
② 열기: 기존 파일을 불러옵니다.
③ 홈: 일러스트레이터의 첫 화면인 홈 화면을 띄웁니다.
④ 최근 항목: 최근 실행한 일러스트레이터의 작업 파일이 모아져 있는 곳입니다. 최근 항목에 뜨는 개수는 [환경 설정→파일 처리→최근에 사용한 파일 목록 개수 입력]에서 설정 가능합니다.

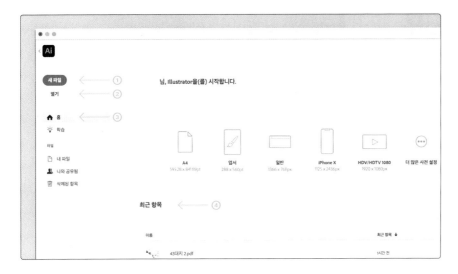

──── 대지아트보드 **이해하기**
대지는 디자인을 배치할 수 있는 영역으로 그림을 그릴 수 있는 스케치북입니다. 대지 영역 내의 이미지들은 인쇄 또는 내보내기가 가능합니다. 문서를 처음 만들 때 대지의 수를 지정해서 열거나, 작업 중에도 언제든지 대지를 추가하거나 제거할 수 있습니다. 여러 크기로 대지를 만들고 싶을 때는 [대지 도구]를 사용하면 됩니다. 대지 정렬이 필요하다면, 상단의 정렬 기능이나 정렬 패널을 활용하세요.

 tip

포토샵과 일러스트레이터 같이 익히기

* 포토샵과 일러스트레이터는 구조와 기능, 단축키 등을 공유하는 부분이 많습니다. 도구 역시 겹치는 기능들이 있어 둘 중 하나의 프로그램을 먼저 다루게 된다면 나머지 프로그램을 익히는데 드는 시간이 줄어들어요.
* 어도비는 프로그램의 학습을 돕기 위해 자체적으로 '어도비 학습 및 지원' 사용 설명서가 있습니다. 낯선 프로그램에 대한 이해를 높이고 익숙해지는데 많은 도움이 되니 프로그램을 다룰 때 어도비 사이트에 방문하는 것을 권장합니다.

 tip

포토샵과 일러스트레이터 대지 차이

대지는 원래 일러스트레이터에만 있던 개념이었습니다. 포토샵은 대지 없이 캔버스만 열어 작업이 가능하지만, 일러스트레이터는 반드시 한 개의 대지를 포함하여 새 문서가 열립니다. 컴퓨터 사양에 따라 다르지만 포토샵은 대지를 많이 추가할 경우 프로그램이 무거워집니다.

① **대지 패널:** 대지의 개수 및 순서를 확인할 수 있습니다. 대지 순서나 이름을 변경하거나 재정렬할 수 있습니다.

② **대지 도구:** 대지를 추가, 삭제하거나 크기나 위치를 수정합니다.

③ **옵션 바:** 대지 도구 선택 시 뜨는 옵션 바입니다. [+]를 눌러 대지를 추가할 수 있습니다. 이름 칸에서 대지의 이름을 변경하거나 폭과 높이를 설정할 수 있습니다.

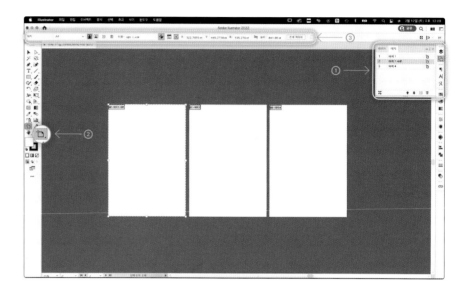

—— **기본 화면 알아보기**

① **메뉴 바:** 화면 가장 상단에 위치한 메뉴 바는 일러스트레이터의 모든 기능을 카테고리별로 정리해놓은 곳입니다. 일러스트레이터에서 필요한 기능을 실행하고자 할 때, 상단 메뉴 바에서 해당 기능을 찾아 실행할 수 있습니다.

② **옵션 바:** 도구 패널에서 선택한 도구 옵션을 컨트롤할 수 있습니다. 어떤 도구를 선택하는지에 따라 설정 창이 달라집니다.

③ **도구 패널:** 도구 패널 중 일부 도구에는 상황별 변경하여 사용할 수 있는 추가 도구 옵션 기능이 있습니다. 마우스 오른쪽 버튼을 누르거나 아이콘을 꾹 눌러 숨어 있는 도구를 표시할 수 있습니다. 마우스 포인터를 도구 위에 올려 놓으면 해당 도구의 설명을 볼 수 있습니다. 단축키를 사용해 보다 편리하게 도구 변경이 가능합니다.

④ **작업 화면:** 작업 시 이미지가 뜨는 영역입니다.

⑤ **패널:** 작업 시 필요한 기능 및 옵션을 작업 화면에 고정해 놓는 곳입니다. 패널은 필요에 따라 그룹으로 묶어 관리할 수 있으며 나의 환경에 맞게 순서를 변경해 작업 환경을 만들 수 있습니다. 우측 끝 화살표 두 개 버튼을 누르면 패널 확장 및 축소가 가능합니다.

⑥ **상태 표시:** 현재 작업 중인 이미지의 세부 정보가 표시됩니다. 화면 비율, 해상도, 사이즈 정보가 표시됩니다.

⑦ **작업 화면 전환:** 필수, 웹, 인쇄 등 작업 목적에 따른 화면 구성을 변경하고 화면 정돈 방식을 변경합니다.

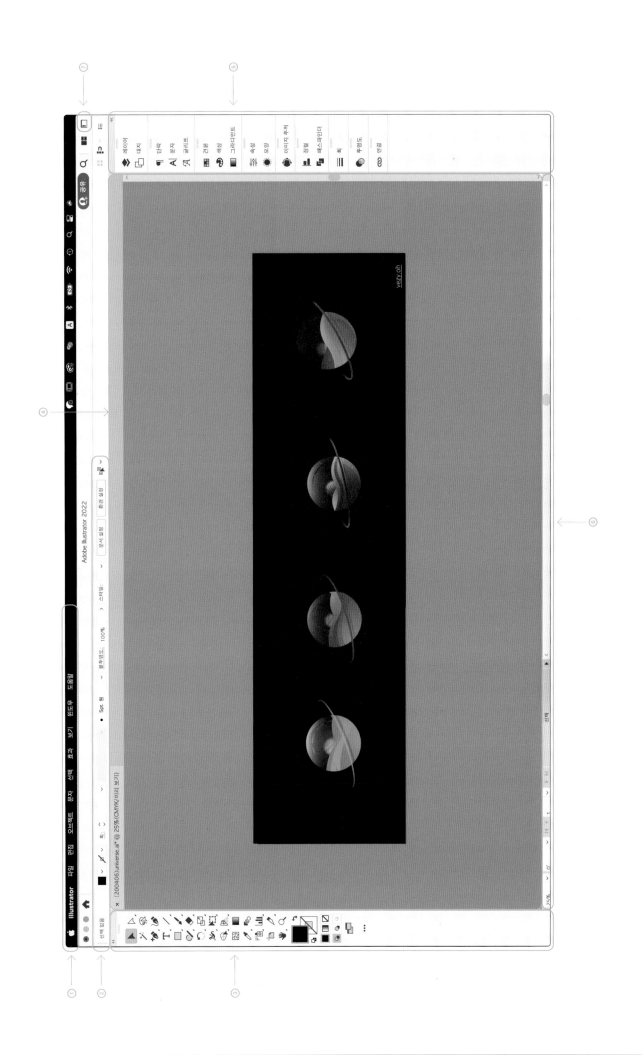

일러스트레이터의 도구 패널 살펴보기

▶ **선택 도구:** 개체를 선택합니다.

✎ **자동 선택 도구:** 특성이 비슷한 개체끼리 선택합니다.

✎ **펜 도구:** 직선과 곡선을 그려 개체를 만듭니다.

✎ **고정점 추가 도구:** 고정점을 추가합니다.

✎ **고정점 삭제 도구:** 고정점을 삭제합니다.

⌐ **고정점 도구:** 고정점에 달린 핸들을 변경하거나 삭제 및 생성합니다.

T **문자 도구:** 문자나 문자 박스를 만들어 문자를 입력하거나 편집합니다.

⊤ **영역 문자 도구:** 닫힌 패스를 문자 박스로 변경하여 그 안에 문자를 입력하고 편집합니다.

✎ **패스 상의 문자 도구:** 패스를 문자 패스로 변경하여 그 위에 문자를 입력하고 편집합니다.

⌐T **세로 문자 도구:** 세로 문자 및 세로 방향의 문자 박스를 만들어 입력하고 편집할 수 있습니다.

□ **사각형 도구:** 사각형을 그립니다.

▢ **둥근 사각형 도구:** 둥근 모서리의 사각형을 그립니다.

○ **타원 도구:** 원과 타원을 그립니다.

⬡ **다각형 도구:** 다양한 각도의 도형을 그립니다.

☆ **별모양 도구:** 별 모양을 그립니다.

◉ **플레어 도구:** 빛 효과를 만들어주는 기능입니다.

✎ **Shaper 도구:** 드래그하는 대로 원, 삼각형, 사각형 등 도형을 자동으로 완성해 줍니다.

✎ **연필 도구:** 마우스를 따라 패스가 그립니다.

✎ **매끄럽게 도구:** 패스를 매끄럽게 다듬습니다.

✎ **패스 지우개 도구:** 패스를 지워줍니다.

✎ **연결 도구:** 끊어진 두 개의 기준점을 드래그하면 선이 자동으로 이어집니다.

↻ **회전 도구:** 개체를 회전합니다.

▷◁ **반사 도구:** 개체를 각도에 따라 반전합니다.

✎ **폭 도구:** 선 굵기를 조절합니다.

▮ **변형 도구:** 도형 모양을 자유롭게 변경합니다.

✎ **돌리기 도구:** 개체를 선택하고 길게 클릭하면 클릭한 만큼 휘감아집니다.

✷ **오목 도구:** 개체를 선택하고 클릭하면 클릭한 지점을 중심으로 축소합니다.

✎ **도형 구성 도구:** 패스가 나누어진 대로 면이 쪼개지며 패스파인더의 나누기 기능을 실행함과 동시에 색이 들어갑니다.

✎ **라이브 페인트 통:** 패스가 나누어진 대로 면이 쪼개지며 선과 면에 원하는 색을 채웁니다.

✎ **라이브 페인트 선택 도구:** 라이브 페인트 통을 쓴 개체를 선택할 수 있습니다.

▦ **망 도구:** 그물망 모양의 기준점을 추가해 정교한 그레이디언트를 만듭니다.

✎ **스포이드 도구:** 클릭하는 부분의 색을 추출하거나, 개체를 선택하고 다른 개체를 클릭하면 선택한 개체 속성이 다른 개체에 적용됩니다.

✎ **측정 도구:** 드래그한 곳의 좌표 위치 값와 같은 정보를 확인합니다.

✎ **심볼 분무기 도구:** 심볼을 그립니다.

✎ **심볼 이동기 도구:** 심볼을 옮깁니다.

✎ **심볼 분쇄기 도구:** 심볼을 모읍니다.

✎ **심볼 크기 조절기 도구:** 심볼의 크기를 조절합니다.

✎ **심볼 회전기 도구:** 심볼의 각도를 조절합니다.

✎ **심볼 염색기 도구:** 심볼의 색상을 변경합니다.

✎ **심볼 투명기 도구:** 심볼 투명도를 조절합니다.

✎ **심볼 스타일기 도구:** 심볼에 그래픽 스타일을 적용합니다.

✎ **대지 도구:** 대지 아트보드를 추가, 삭제하거나 크기나 위치를 수정합니다.

✋ **손 도구:** 마우스 드래그로 화면을 이동합니다.

✎ **회전 보기 도구:** 화면을 회전합니다.

□ **타일링 인쇄 도구:** 화면이 인쇄 영역보다 클 때 잘리는 부분을 조절합니다.

▷ **직접 선택 도구:** 개체 내의 고정점이나 패스 선분을 선택합니다.

▷ **그룹 선택 도구:** 오브젝트를 두 번 클릭하면 그룹으로 묶여있는 모든 오브젝트가 선택 됩니다.

올가미 도구: 개체 내의 점이나 선을 선택하거나 벡터 이미지 중 일부만 선택, 변형합니다.

곡률 도구: 보다 쉽게 곡선을 그릴 수 있습니다.

선분 도구: 직선을 만들어줍니다.
호 도구: 둥근 선을 만들어줍니다.
나선형 도구: 회오리 모양의 선을 만듭니다.
사각형 격자 도구: 사각형 격자를 만듭니다.
극좌표 격자 도구: 원형 격자를 만들어줍니다.

페인트 브러시 도구: 붓으로 그린 듯 다양한 느낌의 선을 그립니다.
물방울 브러시 도구: 마우스로 드래그하면 면이 그려집니다.

지우개 도구: 지우개 모양에 따라 도형을 자릅니다.
가위 도구: 가위 자르듯이 패스 선을 자릅니다.
칼: 마우스 드래그로 원하는 부위를 자릅니다.

크기 조절 도구: 개체의 크기를 조절합니다.
기울이기 도구: 개체의 기울기를 조절합니다.
모양 변경 도구: 패스 모양을 변경합니다.

자유 변형 도구: 크기와 각도를 자유롭게 변형할 수 있습니다.
퍼펫 뒤틀기 도구: 개체 안에서 핀을 추가, 이동 및 회전시켜 개체를 다른 위치 및 모습으로 간단하게 변경할 수 있습니다.
원근감 격자 도구: 원근감 격자를 만들어 입체 오브젝트를 그립니다.
원근감 선택 도구: 원근감 격자를 보조합니다.

그레이디언트 도구: 개체에 그레이디언트를 적용합니다.

블랜드 도구: 두 개 이상의 패스 속성 모양과 색상 모드를 혼합합니다.

막대 그래프 도구: 세로 막대를 이용하여 값을 비교하는 그래프를 만듭니다.
누적 막대 그래프 도구: 막대 위에 누적 비중 데이터가 표현되는 그래프를 만듭니다. 세로형

가로 막대 그래프 도구: 가로 막대를 이용하여 값을 비교하는 그래프를 만듭니다.
가로 누적 막대 그래프 도구: 막대 위에 누적 비중 데이터가 표현되는 그래프를 만듭니다. 가로형
선 그래프 도구: 하나 이상의 집합의 값을 점으로 나타내고, 각 집합의 점들을 서로 다른 선으로 연결하여 그래프를 만듭니다.
영역 그래프 도구: 선 그래프와 유사하지만 값의 변화뿐만 아니라 전체 양도 강조합니다.
산포 그래프 도구: X 좌표와 Y 좌표로 이루어진 데이터 점이 표시되는 그래프를 만듭니다.
파이 그래프 도구: 비교할 값의 상대 비율을 파이 조각으로 나타내는 원형 그래프를 만듭니다.
레이더 그래프 도구: 특정 시간 또는 범주에 해당하는 값을 점 찍어 서로 비교할 수 있는 원형 그래프를 만듭니다.

분할 영역 도구: 아트워크를 분할합니다.
분할 영역 선택 도구: 분할 영역을 선택합니다.

돋보기: 창의 보기 확대율을 조절합니다.

⋯ 도구 모음 편집 도구: 패널을 사용자 지정 모드로 변경하여 나만의 도구 패널을 설정합니다. 현재 도구 패널에 찾는 도구가 없다면 이 기능을 통해서 찾을 수 있습니다.

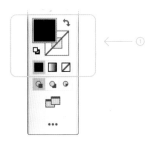

① 칠 색/선 색: 개체의 칠 색과 선 색을 나타냅니다. 더블 클릭하여 수정할 수 있습니다.

표준 화면 모드: 현재 보여지는 메뉴 창입니다.
메뉴 막대가 있는 전체 화면: 옵션 바가 안 보입니다.
전체 화면 모드: 미리보기 화면과 같이 메뉴, 도구, 기능 등이 사라집니다.

일러스트레이터의 기능 패널 살펴보기

↳ 베지 오가 추천하는 기능 패널 구성

1 **3D 및 재질:** 3D 효과를 사용하면 2차원2D 아트워크에서 3차원3D 오브젝트를 만들 수 있습니다. 조명, 음영, 회전 및 기타 속성을 사용하여 3D 오브젝트 모양을 제어합니다. 또한 아트워크를 3D 오브젝트의 각 표면으로 매핑할 수도 있습니다.

2 **CSS 속성:** 일러스트레이터를 사용해 HTML 페이지의 레이아웃을 만들면 페이지에서 구성 요소 및 개체 모양을 결정하는 기본 CSS 코드를 생성한 후 내보낼 수 있습니다. CSS 코드를 사용하면 텍스트와 개체의 모양을 문자 및 그래픽 스타일과 비슷하게 제어할 수 있습니다.

3 **SVG 상호 작용:** SVG 코드를 내보내는 새로운 옵션의 웹 및 모바일 워크플로우에 대한 지원이 향상되어 고품질의 SVG 아트워크를 제작할 수 있습니다.

4 **견본:** 자주 사용하는 색상들을 저장해 손쉽게 사용하는 패널입니다. 색상 견본칩을 다운 받아 추가도 가능합니다.

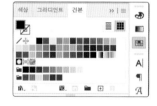

5 **그레이디언트:** 색상과 색상 사이를 부드럽게 연결하는 배열을 만들고 적용할 수 있습니다.

필요한 기능 패널이 프로그램 화면상에 없으면 메뉴 바에 있는 [윈도우]에서 불러와주세요. 특히 작업 효율을 높이기 위해 자주 사용하는 패널은 기능 패널에 고정해 주세요. 자주 사용하는 순서, 창을 길게 봐야하는 패널 등 각 패널의 특징에 맞추어 순서대로 정렬하는 것을 추천합니다.

6 **내비게이터:** 이미지를 확대하거나 축소해서 볼 수 있습니다.

7 대지: 대지는 쉽게 말해 그림을 그릴 수 있는 스케치북 영역입니다. 기본적으로 대지 위 이미지는 이미지 추출 시 포함되지만, 대지 밖 영역 이미지는 옵션에 따라 포함, 불포함하여 저장할 수 있습니다. 대지는 여러 장을 한 번에 만들 수 있습니다.

8 라이브러리: Creative Cloud 라이브러리는 디자인 에셋의 컬렉션입니다. 색상, 색상 테마, 브러시, 문자 스타일, 그래픽 및 텍스트가 있습니다.

9 레이어: 포토샵의 레이어와 같은 개념으로 작업 문서에서 그려진 오브젝트를 나열합니다. 기본적으로 모든 문서에는 하나의 레이어가 있고, 추가한 오브젝트는 아래에 나열됩니다. 필요에 따라 항목의 순서를 바꿀 수 있습니다.

10 모양: 오브젝트, 그룹 또는 레이어의 모양 속성을 조정합니다. 칠과 획은 누적 순서대로 나열됩니다. 아트워크 앞에 있는 속성은 패널 위에 나타나고, 아트워크 뒤에 있는 속성은 패널 아래에 나타납니다. 효과는 아트워크에 적용된 순서대로 위에서 아래로 나열됩니다.

11 문서 정보: 정보 패널에는 파일 정보가 표시됩니다. 개체 특성 목록과 함께 그래픽 스타일, 사용자 정의 색상, 그레이디언트, 글꼴, 가져온 아트의 개수 및 이름을 확인할 수 있습니다.

12 글리프: 현재 선택한 글꼴에 대한 글리프가 모두 표시됩니다. 패널 맨 아래에서 다른 글꼴 군과 스타일을 선택하여 글꼴을 변경할 수 있습니다. 문서에서 현재 선택되어 있는 문자들에 대해 패널의 맨 위에 있는 [보기] 메뉴에서 [현재 선택의 대체 항목]을 선택하여 대체 문자를 표시할 수 있습니다.

13 문자: 문자 단락의 행간, 커닝 및 간격 조정으로 선택한 글꼴의 설정을 바꿀 수 있습니다.

14 단락: 단과 단락의 포맷을 변경합니다. 문자를 선택하거나 문자 도구가 활성 상태일 때는 상단에 위치한 컨트롤 패널의 옵션을 사용하여 단락의 포맷을 지정할 수 있습니다.

15 문자 스타일/단락 스타일: 문자 스타일은 선택한 텍스트 범위에 적용할 수 있는 문자 포맷 속성 모음입니다. 단락 스타일은 문자 포맷 속성과 단락 포맷 속성을 포함하며 선택한 단락이나 단락 범위에 적용할 수 있습니다. 문자 및 단락 스타일을 사용하면 시간이 절약되고 일관된 서식을 적용할 수 있습니다.

16 버전 기록: 클라우드 문서의 버전 내역이 표시됩니다.

17 변수: 데이터 소스 파일CSV 또는 XML 파일을 일러스트레이터 문서와 병합하여 여러 가지 아트워크 변형을 쉽게 생성할 수 있습니다. 즉, 일러스트레이터에서 아트워크를 만들 시 데이터 방식의 그래픽을 위한 템플릿으로 변환할 수 있습니다.

18 변형: 하나 이상의 선택된 오브젝트에 대한 위치, 크기 및 방향 정보가 표시됩니다. 값을 입력하면 선택된 개체의 형태를 변형할 수 있습니다. 또한 변형 참조점을 변경하고 오브젝트의 비율을 고정할 수 있습니다.

19 병합 미리보기: 저장, 인쇄하는 경우 특정 병합 조건의 아트워크 영역을 강조하여 표시합니다. 병합 미리보기 패널에서 옵션을 조정하여 미리보기 이미지의 속성을 조정할 수 있습니다.

20 분판 미리보기: 인쇄 시 사용하는 기능으로 CMYK 색상이 분판되어 보여줍니다. 이때 특정 목적에 따라 별색을 만들어 사용할 수 있습니다. 다만 별색 사용 시에 인쇄소와 논의가 필요하니 주의하세요.

21 브러시: 브러시 도구를 사용할 대 활용하는 패널로, 다양한 브러시 샘플을 라이브러리에서 꺼내서 사용할 수 있습니다. 또한 직접 만든 오브젝트를 브러시 패널에 추가하여 사용할 수도 있습니다.

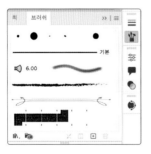

22 색상: 개체의 칠과 선의 색상을 바꿀 수 있습니다. 더보기 버튼을 눌러 색상 모드를 바꾸고 색상을 편집, 혼합할 수 있습니다.

23 색상 안내: 견본 패널에 관련된 여러 색상을 그룹으로 만들어 활용할 수 있는 구성 도구입니다. 별색, 배합 색상, 단색만 포함할 수 있습니다. 다만 그레이디언트는 적용되지 않습니다.

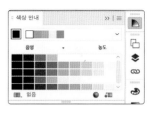

24 속성: 현재 작업 또는 작업 과정의 설정 및 컨트롤을 볼 수 있습니다. 개체 변형이 필요할 때 바로 필요 옵션에 접근할 수 있도록 하여 사용 편의성을 높일 수 있습니다. 폭, 높이, 칠, 선, 불투명도 등의 옵션이 있으며 텍스트와 이미지 개체 옵션도 볼 수 있습니다.

25 심볼: 문서에서 사용할 수 있는 아트 오브제로, 심볼 개체를 사용하는 경우 복잡한 아트워크를 여러 번 넣지 않아도 반복하여 입력할 수 있습니다. 원하는 개체를 만들어 심볼 패널에 추가해 사용하세요.

26 액션: 작업 파일 내에서 하나의 작업 프로세스를 기록하여 반복 재생할 수 있는 기능입니다. 새 액션을 만들고 재생 버튼을 눌러 작업을 레코딩한 뒤에 해당 기록을 재생하면 기록된 프로세스가 똑같이 반복됩니다. 반복 작업에 유용합니다.

27 연결: 작업 문서 내에서 가져온 외부 이미지 파일이 표시됩니다. 이미지 파일의 상세 정보가 하단에 뜨며, 연결 패널에서 이미지를 포함하거나 대체할 수 있습니다.

28 이미지 추적: 기존 이미지 파일 비트맵을 벡터 이미지로 변환하는 경우 이미지 추적 기능을 사용할 수 있습니다. 사전 설정 옵션을 변경하여 다양한 스타일로 벡터화가 가능하며, 이미지 추적 후 '확장'을 해야 벡터화 작업이 완료됩니다.

29 자동 선택: 오브젝트를 클릭하여 칠/선 색상, 두께, 불투명도, 혼합 모드 등 같은 속성을 가진 오브제를 선택할 수 있습니다. 자동 선택 도구와 함께 활용합니다.

30 자산 내보내기: 대지에서 수집한 에셋이 표시됩니다. 아트워크를 자산 내보내기 화면으로 드래그하면 에셋으로 등록되며, 바로 설정한 설정 값으로 이미지 추출이 가능합니다.

31 정렬: 선택한 오브젝트들의 위치와 간격을 정렬할 수 있습니다. 더보기 버튼을 누르면 더 많은 항목을 볼 수 있습니다. 오브젝트를 두 개 이상 선택할 경우 속성 창, 상단 패널에서도 정렬 기능을 사용할 수 있습니다.

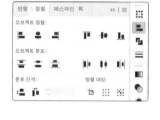

32 정보: 개체의 위치 값X, Y, 사이즈W, H, 색상 값, 색상 코드를 알 수 있습니다.

33 주석: 공동 작업자와 일러스트레이터 클라우드 문서에서 주석을 직접 검토하고 공유하는 기능입니다. 이 기능은 인터넷 연결 시에만 사용이 가능합니다.

34 투명도: 개체의 불투명도와 혼합 모드를 지정할 수 있습니다. 더불어 불투명 마스크를 만들거나 투명 개체의 겹치진 부분으로 한 개체의 일부를 분리하는 기능이 포함되어 있습니다.

35 특성: '중복 인쇄' 옵션을 사용하면 개체 분리를 방지할 수 있습니다. 중복 인쇄 옵션을 설정한 후에는 화면에서 중복 인쇄 효과를 미리 볼 수 있습니다.

36 패스파인더: 오브젝트를 두 개 이상 선택하여 합치기, 앞쪽 지우기, 겹친 부분 남기기, 겹친 부분 지우기 등 도형 간의 형태를 설정할 수 있습니다.

37 패턴 옵션: 기존 패턴 편집 시 활용하는 기능입니다. 타일 유형, 유닛 배열 방식, 유닛 간 너비와 높이, 겹침 방식 등을 편집할 수 있습니다.

38 획: 패스로 선을 그려 작업할 때 선의 두께, 모양, 정렬 방식, 점선 등을 설정할 수 있습니다.

일러스트레이터 작업 효율을 높이는 설정 바꾸기

작업 영역 설정하기

일러스트레이터는 사용 목적에 맞추어 작업 환경을 변경할 수 있습니다. 하나의 그래픽 작업을 할 때, 일러스트레이터의 모든 기능을 사용하지 않지만 작업하고자 하는 목적에 따라 적절한 패널을 불러와 활용할 수 있습니다. 작업 영역 설정은 상단 메뉴에서 [윈도우→작업 영역]을 통해 변경할 수 있습니다. [인쇄 및 보정]모드를 권장하며 작업 환경 설정은 작업 결과물에 맞게 조정해 주세요.

도구 패널 설정하기

도구 패널은 작업 효율을 위해 두 줄로 사용하는 것이 좋습니다. 좌측 상단 화살표 아이콘을 누르면 도구 패널 형태가 한 줄에서 두 줄로 변경이 가능합니다. 일러스트레이터는 포토샵과 다르게 '기본'과 '고급'으로 나누어져 있습니다. [윈도우→도구 모음→고급/기본]으로 사용하고자 하는 종류에 맞게 설정할 수 있습니다. 찾고 싶은 도구가 없다면 도구 패널 하단의 […]버튼을 클릭하세요. 모든 도구가 나타납니다. 도구 패널에 등록되어 있는 도구는 비활성화 모드로 표시됩니다. 등록되어 있지 않은 도구를 도구 패널에 끌어 당기면 도구를 추가할 수 있습니다.

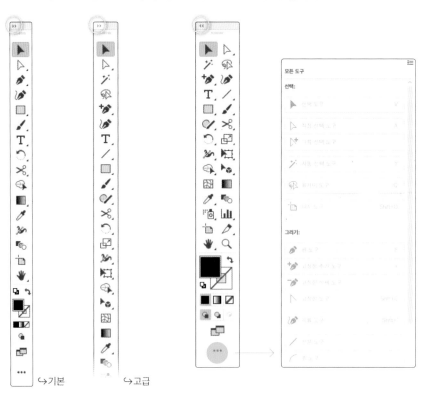

↳기본   ↳고급

기능 패널 설정하기

작업 화면의 우측을 보면 각각의 기능을 불러와 고정하여 사용할 수 있는 기능 패널이 있습니다. 상단의 작은 화살표를 누르면 패널이 확장, 축소하게 됩니다. 작업의 효율을 높이기 위해 우측 패널에서 창을 길게 봐야하는 '작업 내역'이나 '레이어 패널'은 양 끝에 위치하고 결이 비슷한 카테고리의 기능끼리 묶어 패널의 위치를 조정해주는 것을 권장합니다. 비슷한 기능의 패널끼리는 탭이 같이 나오도록 같은 카테고리로 묶어주는 것이 프로그램 사용에 편합니다.

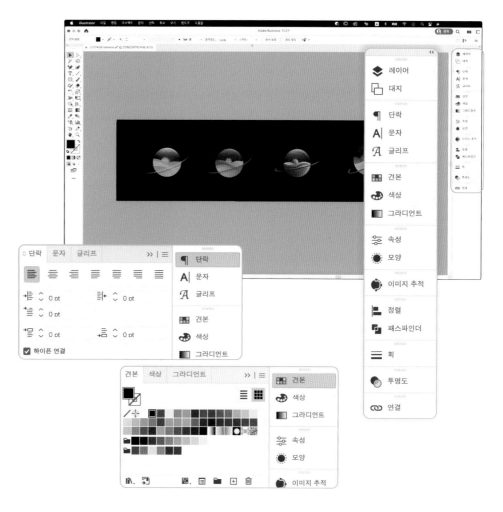

Ps Ai

작업을 시작하기 전에

Ps Ai

알아야 할 기본 지식들

해상도

—— 픽셀

'화소'라고 불리며 이미지를 이루는 가장 작은 단위의 네모 모양의 점을 말합니다. 포토샵에서는 래스터 기반의 픽셀 이미지를 사용하기 때문에 포토샵에서 이미지를 100%보다 더 확대하면 찌글찌글한 계단 현상이 보입니다.

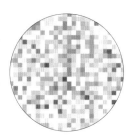

—— DPI와 PPI

DPI와 PPI는 무엇일까요? 두 가지 모두 이미지의 해상도를 표현할 때 사용하는 단위입니다. DPI는 'Dot Per Inch'의 약자로 이미지가 1인치 당 총 몇 개의 점 dot으로 이루어졌는지를 나타냅니다. PPI는 'Pixel Per Inch'의 약자로 1인치 당 픽셀이 몇 개로 이루어졌는지를 말하는 디스플레이 장치 해상도 단위입니다.

300PPI로 설정한다는 것은 1인치 당 300개의 픽셀로 이루어졌다는 뜻입니다. 가령 10PPI라면 1인치 당 10픽셀이 들어가고, 20PPI라면 1인치 당 20개의 픽셀이 들어가므로 10PPI보다 20PPI가 조밀한 픽셀로, 더 선명한 표현이 가능합니다. 즉, PPI 값이 클수록 이미지가 선명합니다. 보통 웹 이미지는 72PPI, 출력용 이미지는 300PPI로 설정하여 작업합니다. PPI 값이 커질 수록 이미지 용량도 커지므로 웹용 이미지를 제작한 후 서버에 업로드할 때 용량이 초과되는 경우에는 PPI 값 해상도을 조정하여 저장하면 용량을 줄일 수 있습니다. 단, 해상도는 떨어지므로 이미지가 깨지지 않도록 유의해 주세요.

—— 해상도 수치 확인하기

[새로 만들기] 설정 창을 열면 상단에 뜨는 카테고리를 웹이나 인쇄 등 어떤 카테고리를 설정하느냐에 따라 해상도 수치가 바뀌게 됩니다.

↪카테고리 웹 선택

↪카테고리 인쇄 선택

RGB와 CMYK

색을 표현하는 방식은 이미지를 디지털 매체로 송출할지, 종이나 패브릭 등 인쇄용으로 출력할지에 따라 다릅니다. 목적에 맞지 않는 색상 체계로 작업할 경우 원하던 색상이 구현되지 않아 난감한 경우가 생길 수 있습니다.

'RGB'는 빛의 컬러로 Red, Green, Blue의 색상 구성 이름에서 한 자씩 가져와 붙인 이름입니다. 모바일 앱, 인터넷 화면, 디지털 광고판, 영상 등 디지털 제작에 사용합니다.

'CMYK'는 잉크 컬러로 Cyan, Magenta, Yellow, Black의 잉크색을 표현합니다. 책, 매거진, 브로슈어, 명함 등의 인쇄물에 사용합니다.

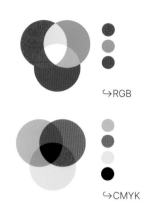

↳RGB

↳CMYK

레이어

포토샵과 일러스트레이터 모두 '레이어' 패널을 가지고 있습니다. 그림을 그리기 위한 투명한 용지라고 생각해 주세요. 이미지, 텍스트 아이콘 등을 각각의 레이어로 만들어 개별로 관리할 수 있고, 오브젝트를 따로 수정, 삭제할 수 있어 편집에도 용이합니다. 게다가 눈이 꺼진 레이어는 최종 작업물에는 반영되지 않기 때문에 필요한 부분만 눈을 켜서 최종 이미지로 추출할 수도 있습니다.

—— 포토샵 레이어
포토샵에서는 레이어를 사용하여 여러 이미지를 합성하거나, 이미지에 텍스트나 벡터 그래픽 모양 등을 추가할 수 있습니다. 레이어 스타일을 적용하여 그림자나 광선 등의 특수 효과도 추가할 수 있습니다.

—— 일러스트레이터 레이어
포토샵과 달리 '그룹'의 개념으로 레이어에 딸린 화살표를 눌러보면 레이어 아래에 여러 장의 개체 레이어가 쌓여 있는 것을 볼 수 있습니다.

↳포토샵 레이어

↳일러스트레이터 레이어

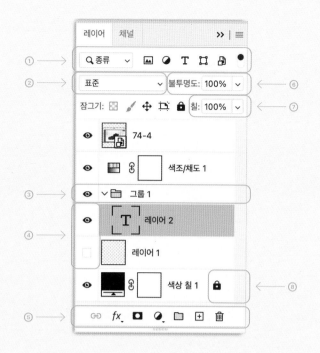

tip

포토샵 레이어 패널 기본 구조

① **레이어 종류:** 레이어를 필터 유형에 따라 검색해
줍니다.

② **블랜딩 모드:** 레이어의 혼합모드 설정합니다.

③ **그룹 레이어:** 레이어를 그룹으로 폴더화 해줍니
다. 패널 하단의 [그룹]을 눌러주면 생성됩니다.

④ **레이어 온/오프:** 눈 아이콘을 눌러 활성화되면
화면에서도 표시되고, 눈 아이콘이 비활성화되
면 표시되지 않습니다.

⑤ **(좌측부터)** 레이어 연결/레이어 스타일/레이어
마스크/조정 레이어/그룹/새 레이어/휴지통 기
능을 하는 버튼입니다.

⑥ **불투명도:** 선택한 레이어의 불투명도를 설정할
수 있습니다. 기본 값은 100%고 수치를 낮출수
록 투명해집니다.

⑦ **칠:** 색상 영역의 불투명도를 설정할 수 있습니다.
기본 값은 100%이고 수치를 낮출수록 투명해집
니다.

⑧ **모두 잠그기:** 자물쇠가 활성화되면 해당 레이어
에서 모든 작업을 수행할 수 없습니다. 해당 레
이어를 선택하고 [잠그기:]에서 자물쇠를 누르면
활성화됩니다.

tip

포토샵의 투명 레이어

포토샵 레이어의 배경으로 많이 쓰이는 기본값은 투
명과 흰색 배경입니다. 배경이 없는 누끼 이미지를
만들 때는 투명 배경으로 작업해야 합니다.

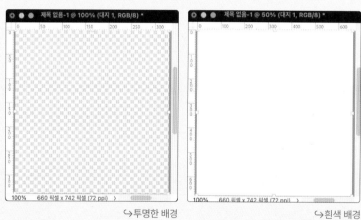

↳투명한 배경　　　　　　　↳흰색 배경

tip

포토샵의 대지 색상

대지의 배경색은 대지를 선택하고 [속성] 패널의 [대
지 배경색]에서 변경이 가능합니다. 단, 아트보드를
설정하지 않았을 경우 속성 창에서 대지 배경색 변
경은 적용되지 않습니다.

단위

기본 단위 설정은 [환경 설정→단위]에서 변경이 가능합니다.

① 디지털 이미지: px^{픽셀}
② 인쇄 이미지: mm^{밀리미터}, inch^{인치: 해외 사용}

확장자

① jpg: 대표적인 그림 파일 형식 중 하나로 일반적으로 웹 상에서 볼 수 있는 사진이나 그림 등의 이미지 형식입니다.

② png: JPG와 비슷한 그림 파일 형식 중 하나입니다. 배경을 투명하게 저장할 수 있는 파일 형식으로 누끼 파일이나 로고 등을 저장할 때 사용됩니다.

③ gif: 움짤이라고 불리는 짧은 애니메이션 이미지를 생성할 수 있는 파일 형식입니다.

④ psd: 포토샵 원본 파일 형식입니다. 작업한 파일을 그대로 저장할 수 있습니다.

⑤ ai: 일러스트레이터 원본 파일 형식입니다. 작업한 파일을 그대로 저장할 수 있습니다.

⑥ svg: 모양, 패스, 텍스트 등을 나타내는 벡터 포맷으로 결과로 생성되는 파일입니다. 용량이 작고 웹이나 인쇄할 때 고품질의 그래픽을 제공합니다.

⑦ eps: 일러스트레이터와 같은 벡터 형식의 프로그램으로 손실률이 낮고 용량이 적습니다.

⑧ tiff: 무손실 압축과 태그를 지원하는 최초의 이미지 포맷입니다.

화면 분할하여 사용하기

두 개의 파일을 동시에 작업하거나, 레퍼런스를 보면서 작업할 때 두 가지 창을 교차해서 보면 불편할 수 있습니다. 이때 화면 뷰를 2채널로 바꿔서 사용해 작업의 효율을 높여보세요.

↳ 포토샵 [창→정돈]에서 선택

⊙ 1 ⊙

프로그램에 열려 있는 두 개의 문서 중 한 문서 탭을 마우스 왼쪽 버튼을 누른 채 오른쪽으로 바로 이동합니다.

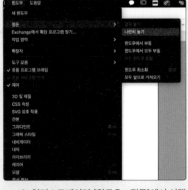

↳ 일러스트레이터 [윈도우→정돈]에서 선택

⊙ 2 ⊙

기능 패널과 가까워질 때쯤 파란색 줄이 세로로 뜨면 마우스 버튼을 놓습니다. 이후 두 개의 화면이 나란히 뜨면 동시에 두 문서를 열어 놓고 작업할 수 있습니다.

Lesson(N) 02

상세 페이지와
홍보 이미지
기획하기

작업의 시작, 기획하기

기획서의 필요성

쇼핑몰이나 오픈 마켓과 같이 온라인에서 제품을 판매하려면 제품을 상세하게 설명해 주는 페이지가 필요합니다. 상세 페이지를 디자인하려면 먼저 기획을 해야 합니다. 기획서라고 해서 거대하지는 않아도 됩니다. 판매할 제품의 콘셉트를 소비자에게 매력적으로 전달하고, 어떤 순서로 이야기를 전개할 것인지, 어떤 무드의 이미지를 활용할 것인지 등을 미리 생각하는 단계입니다. 기획 과정 없이 이미지를 사용하고, 글자를 배치하고, 여러 색상을 사용하다 보면 소비자가 브랜드 메시지를 정확히 읽을 수 없는 상세 페이지가 되어버립니다. 기획서는 디자인 외주를 맡길 때에도 작업자와 효율적으로 소통하기 위한 도구가 될 수 있습니다.

디자인 프로세스 이해하기

실제 작업에 들어가기 전 실무에서 진행하는 디자인 프로세스는 아래와 같습니다.

↳ 사선의 시선

↳ Z 모양의 시선

레이아웃

디자인을 이야기할 때 대부분 색상, 서체 등 눈에 보이는 요소를 주로 언급합니다. 하지만 디자인은 기획과 레이아웃^{layout}부터 시작합니다. 레이아웃은 디자인 구성 요소를 한 화면에 효과적으로 배열하는 것으로 모든 디자인의 가장 기초입니다. 구성을 어떻게 하느냐에 따라서 같은 요소로 천차만별의 결과가 나옵니다. 각 요소들의 위치와 크기는 마케팅 방향성, 메인 콘셉트, 사용자의 경험 등 여러 조건을 고려하게 조절하게 됩니다.

레이아웃에서 가장 중요한 점은 디자인을 통해 먼저 내세워야 하는 주인공을 정하는 것입니다. 한 화면에 콘텐츠가 많다면 먼저 중요도에 따라 여러 단계로 텍스트나 이미지를 나눕니다. 우선순위에 따라 가장 크게 보여주어야 할 내용부터 덜 드러나도 되는 내용 순서로 정리해 주세요. 레이아웃에 대해 감이 오지 않는다면 주변 이미지들의 레이아웃을 살펴보세요. 잘 만들어진 이미지의 레이아웃을 분석하다 보면 전달하려는 메시지가 뚜렷하게 보입니다. 그러한 특징을 반영하여 연습하다 보면 어느새 완성도 높은 결과물을 만들 수 있습니다.

레이아웃은 기획서를 토대로 전체적인 구성과 길이를 가늠합니다. 플랫폼에 업로드 가이드가 있다면 가이드에 맞는 구성으로 준비하세요. 제품의 메인 카피, 본문 텍스트, 메인 이미지와 여러 그래픽 요소를 활용하여 레이아웃을 구상합니다. 정확한 기획이 나올수록 작업 시간도 단축되고, 만족하는 탄탄한 디자인이 나온다는 것을 잊지마세요.

—— 간단히 보는 레이아웃의 순서

① 사용 목적에 맞게 판형을 결정합니다.

② 정해진 판형 안에 텍스트와 이미지를 대략 넣어주세요.

③ 콘셉트와 어울리는 메인 폰트를 골라주세요. 텍스트 내용의 중요도에 따라 다른 두께를 적용하거나 다른 폰트를 사용해 차이를 줍니다.

④ 텍스트와 이미지를 정보의 순서에 따라 배치합니다. 일반적으로 시선이 좌측 상단에서 우측 하단으로 움직이는 것을 신경써서 작업합니다.

⑤ 메인 컬러를 설정해 메인 텍스트와 메인 그래픽 요소의 컬러를 맞춰줍니다.

⑥ 서브 컬러, 서브 그래픽 요소를 넣어 완성해 주세요. 특히 더 강하게 보여야 하는 부분과 약하게 보여야 부분의 차이를 조절해 줍니다.

①
②

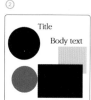

③
④

⑤
⑥

무드 보드

브랜드는 한 번에 뚝딱 만들어지지 않습니다. 디자이너, 기획자, 개발자 등 브랜드에 속한 구성원은 여러가지 사안들을 고려하여 하나의 브랜드를 다듬어갑니다. 브랜드가 속하는 마켓을 분석하고 리서치를 통하여 브랜드 메시지와 키워드를 구체적으로 세운 후에 브랜드를 시각화하는 작업을 시작합니다. 이 과정에서 필요한 것이 바로 '무드 보드'입니다.

무드 보드란, 브랜드에 적합한 이미지를 보다 직관적으로 보기 위해 필요한 과정입니다. 즉, 무드 보드는 브랜드가 나아갈 이미지적 기준을 제시하며, 브랜드에서 파생되는 시각적 애플리케이션을 만들 때 나침반이 되어주는 길잡이 역할을 합니다. 무드 보드에 정리할 내용은 그래픽, 서체, 색상, 브랜드 메세지 뿐만 아니라 브랜드 특성에 따라 인테리어나 자재처럼 물리적인 것에서 나아가 향과 음악까지도 소스로 활용할 수 있습니다.

↳무드 보드

↳톤앤매너를 보여주는 무드 보드

tip

무드 보드를 만들 수 있는 도구들

* **Adobe creative cloud express**
  www.adobe.com/kr/express/create/mood-boa
  어도비에서는 무료로 간편하게 무드 보드를 만들 수 있는 다양한 템플릿을 제공하고 있습니다.

* **miro**
  miro.com
  미로는 브레인 스토밍, 스토리 보드, 무드 보드 등 상황별로 활용할 수 있는 다양한 템플릿을 제공합니다. 기본 기능은 무료로 사용이 가능하며, 추가 기능을 이용할 경우 유료로 구독해야 합니다.

* **Notion**
  www.notion.so/ko
  이제 대중적인 업무 툴이 된 노션 역시 무드 보드로 활용이 가능합니다. 노션 공식 사이트에서 다양한 템플릿을 제공합니다. 나에게 적절한 템플릿을 적용하여 보다 쉽게 무드 보드를 작성해 보세요.

상세 페이지 기획하기

물건을 살 때 사용 설명서나 제품 소개서를 참고합니다. 온라인에서도 물건을 살 때 필수적으로 만나게 되는 것이 '상세 페이지'입니다. 상품을 구매하는 소비자는 어떤 상세 페이지에 끌려 제품을 구매하는 것일까요?

상세 페이지는 텍스트로만 되어 있는 기획서를 시각화하는 과정입니다. 심미성은 물론이고 인포 그래픽, 타이포그래피 등 모든 디자인 요소를 총체적으로 다루어야 합니다. 상세 페이지를 제작할 때 역시 무작정 제품 이미지를 넣고, 글을 쓰는 것이 아니라 차분히 상세 페이지를 어떻게 채워 넣을까 생각해 보길 권합니다. 누구에게 이 제품을 판매할 것이며, 그 타깃에게 어떤 말투로 다가갈 것인지 생각해 보는 것입니다. 많은 정보 속에서도 소비자에게 하나의 메시지라도 제대로 전달해 주는 것이 중요합니다. 그렇다면, 상세 페이지는 어떻게 기획해야 할까요?

—— 타깃 층 분석

제작하려는 상세 페이지에서는 소비자에게 왜 이 제품을 사야 하는지를 설득력 있게 전달해야 합니다. 제품을 설명하는 것 외에도 브랜드의 전체적인 콘셉트는 무엇인지, 제품을 소비하는 주 타깃 층은 누구인지 면밀히 분석해야 합니다. 예를 들어 아이에게 안전한 어린이 놀이 용품을 판다고 한다면, 타깃 층은 30대~40대 주부입니다. 안전한 제품을 꼼꼼하게 설명하는 것도 중요하지만 주부들이 좋아하는 색상, 이미지, 트렌드, 문체 등을 분석하여 상세 페이지에 녹여내야 합니다.

—— 구성 요소

1   이미지

이미지는 직관적으로 인식되기에 어떤 분위기의 이미지를 보여주냐에 따라 소비자들이 매력적으로 느낄 수 있는 포인트가 됩니다. 이미지를 작업할 때 상세 페이지에서 가장 많이 사용되는 사진 이미지는 제품의 디테일을 보여주기 위한 Zoom In 이미지와 전체적인 느낌을 보여주기 위한 Zoom Out 이미지가 있습니다. 사진의 경우 원본 색상을 크게 해치지 않는 선에서 포토샵으로 브랜드 톤에 맞는 명도/대비/채도 등 빛과 컬러 값을 조정하여 사용하면 좋습니다. 또한, 상세 페이지의 메인 요소가 되는 사진 이미지를 더욱 돋보이게 해줄 수 있는 아이콘, 도형, 그레이디언트 등 장식 요소를 첨가하여 브랜드나 제품의 메세지를 더욱 어필할 수 있도록 보조 장치를 마련합니다.

2   색상

콘텐츠를 제작할 때 메인, 타이틀, 포인트 등의 색상을 무엇으로 해야 할지 몰라 어려움을 겪습니다. 색상 피커 창에서 신나게 여러 가지 골라 사용한다면 상세 페이지가 너무 많은 색으로 뒤덮이게 됩니다. 색상 역시 브랜드 메시지가 무엇인지, 제품의 성격은 무엇인지 고려하여 선정합니다. 메인 컬러는 한 가지로, 서브 컬러는 최대 세 가지 정도로 정하여 조화롭게 사용합니다.

3   문구

상세 페이지의 글의 내용은 크게 상품 설명과 브랜드 메시지로 나눠집니다. 예를 들면 '이 상품은 자스민 향이 함유되고 수분이 가득한 핸드크림입니다.'와 같은 문구는 상품 설명이 됩니다. 상품 설명은 짧고 간결하게 전달하고, 뒤이어 메인 문구를 추가로 설명하는 글이 나옵니다.

'우리 브랜드는 당신과 함께 내일의 아름다움을 만들어갑니다.'와 같은 문구는 브랜드 메시지가 됩니다. 브랜드 문구는 소비자에게 브랜드를 각인시키기 위한 용도로 상세 페이지에서 가장 처음 혹은 하단에 들어가게 됩니다.

상세 페이지에 들어가는 글은 종류와 양이 많아 무작정 나열하다 보면 다양한 글씨 크기와 색상, 서체가 뒤죽박죽으로 섞일 수 있습니다. 그렇기에 각각의 정보의 우선 순위를 설정하고 그에 맞춰서 텍스트 스타일을 지정하는 것을 권합니다.

—— 작업 사이즈 정하기

작업 사이즈를 설정하는 것은 디자인에 있어 매우 중요합니다. 만약 중간에 판형이 바뀔 경우 레이아웃이 모두 변경되어 최종 디자인이 초반 기획과 크게 달라질 수 있습니다. 따라서 기획, 사용 목적에 따라 정확한 판형을 설정한 후 작업을 시작하길 바랍니다. 특히 플랫폼별로 이미지 규격과 지원하는 파일 형식이 다릅니다. 상세 페이지는 세로 사이즈 상관 없이 가로 사이즈 규정만 지키면 됩니다. 웹, 모바일용 이미지를 비롯한 모든 디지털 매체용 이미지는 픽셀px 단위를 사용합니다.

—— 규칙 세우기

강조하고 싶은 요소는 많겠지만, 모두가 '나도 주인공이야'라고 외친다면 중요한 정보가 가려지게 됩니다. 가장 중요한 요소를 결정하고 그 요소를 중심으로 나머지를 조율하는 규칙을 세웁시다.

a. 텍스트를 강조하여 내용을 주인공으로 내세우는 경우

b. 제품을 강조하여 사물의 이미지를 앞으로 내세우는 경우

c. 인물을 중심으로 배치하여 모델을 강조하는 경우

—— 톤앤매너 tone & manner 정하기

톤앤매너는 앞으로 전개될 시각적 자료의 재료가 되고, 상세 페이지 전체의 분위기를 잡아주는 역할을 하게 됩니다. 브랜드 디자인 작업을 시작할 때 무작정 이미지부터 만들지마세요. 상품의 주요 컬러를 추출하여 상세 페이지를 돋보이게 할 메인 컬러와 서브 컬러를 지정합니다. 앞서 만든 무드 보드를 참고하면서 브랜드의 톤앤매너를 만들어보세요.

↳ 상세 페이지의 기획서

(tip)

시선을 끄는 GIF 사용하기

GIF는 짧은 길이의 가벼운 용량의 영상입니다. 쉬운 예로 움짤이나 이모티콘 등입니다. 영상은 클릭을 해야 하지만, GIF는 반복해서 쉬지 않고 움직여 시선을 끌기 때문에 상세 페이지에서 점차 존재감을 나타내고 있습니다. 고객이 상세 페이지에서 제품 사용 방법이나 활용 방식을 보여주기에 적합합니다.

온라인 광고 배너 기획하기

광고 배너는 제품이나 브랜드를 시각적으로 간결하게 보여주는 이미지입니다. 주로 블로그, 웹 페이지, 쇼핑몰 등 온라인 공간에서 이벤트나 프로모션 등을 알리는 목적으로 제작됩니다. 보통 긴 바^{Bar} 형태에 타이틀과 한 줄 내외의 코멘트, 한 가지의 대표 이미지 정도를 넣어 디자인합니다. 특히 굉장히 작은 사이즈의 배너를 만드는 경우 헤드라인은 짧게하고 직관적인 레이아웃이 좋습니다.

—— 광고 배너의 사이즈

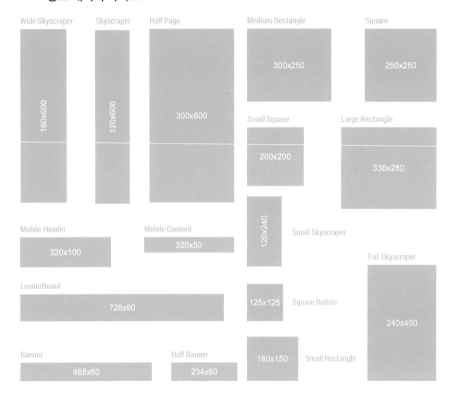

—— 시선을 끄는 레이아웃

같은 형식의 콘텐츠를 담고 있는 배너를 살펴보겠습니다. 두 배너의 차이가 보이시나요? 같은 콘텐츠, 같은 톤의 내용을 가진 광고 배너임에도 불구하고 배치가 약간 다릅니다. 특히 광고 배너의 경우 한쪽으로 긴 경우가 많으므로 각 요소들의 위치를 잘 배치하는 것이 중요합니다.

↳이미지 중심 배너(사진 강조형)

↳ 텍스트 중심 배너(글자 강조형)

인스타그램 홍보 이미지 기획하기

온라인 홍보를 위한 필수 채널인 인스타그램은 가장 쉽게 접근하는 홍보 채널 중 하나입니다. 인스타그램을 적절히 활용한다면 브랜드의 이미지를 빠르게 보여줌과 동시에 브랜드의 생동감을 소비자에게 전달할 수 있습니다.

—— 인스타그램의 사이즈^{최소}
인스타그램 프로필 이미지: 110×110px
인스타그램 사진 이미지: 1080×1080px
인스타그램 스토리 이미지: 1080×1920px

—— 프로필 만들기
휴대폰에서 보여주는 프로필 사진은 정사각형 비율로 제작하는 것이 중요합니다. 이미지의 선명도를 위해 110×110px 이하의 작은 사이즈 이미지는 안 됩니다. 프로필 이미지로 얼굴이나 풍경 등 풀 컬러 사진을 올린다면 320×320px 이상, 벡터를 변환한 로고 파일 등 저용량 이미지는 1080×1080px을 추천합니다.

—— 피드 만들기
피드 게시물은 너비 1080px 기준으로 높이는 566~1350px까지 설정이 가능합니다. SNS 대표 이미지 비율인 1:1부터 4:5, 1.91:1까지 설정 가능합니다.

① **Vertical/Portrait 형**: 세로 이미지의 경우 이미지 사이즈는 1080×1350px, 비율은 4:5입니다. 1:1 비율보다 많은 콘텐츠를 담을 수 있는 장점이 있지만, 전체 보기 화면이 1:1 비율이어서 섬네일 이미지가 잘릴 수 있습니다.

② **Square 형**: 정사각형 1:1 비율의 이미지는 900×900px, 1080×1080px로 작업합니다. 업로드할 수 있는 최소 크기는 600×600px입니다.

③ **Landscape/Horizontal 형**: 수평 이미지는 1.91:1의 비율로 권장 사이즈는 1080×566px입니다. 보통 풍경 사진에서 이 비율이 많이 쓰이며 인스타그램 계정 전체 보기 화면에서는 양옆이 잘린 채 게재됩니다.

—— 시선을 끄는 레이아웃
인스타그램에서는 마케팅을 위한 사진 이미지가 쓰이는 경우가 많으며 주로 모바일 환경에서 노출되는 콘텐츠인만큼 이미지와 글자를 크게 넣어주는 것이 좋습니다. 특히 크기가 작은 이미지에서는 글자 수가 너무 많거나 자잘한 장식이 많이 들어가면 전달하고자 하는 내용을 오히려 방해할 수 있으니 주의하세요.

상세 페이지와 홍보 이미지 기획하기 ➡

---

tip

프로필 사진에서 주의할 점

프로필 사진을 업로드하기 전에 이미지가 원형 프레임에 들어갈 시 로고가 잘리지는 않는지, 이미지가 너무 작아서 식별이 안 되는지 등을 꼭 확인하세요.

↳프로필 사진의 나쁜 예

↳프로필 사진의 좋은 예

대표 이미지 기획하기

대표 이미지^{섬네일}는 제품 검색 시 가장 먼저 노출되는 이미지입니다. 소비자가 만나는 가장 첫 이미지입니다. 그렇기에 대표 이미지는 비슷한 상품 군에서 나만의 상품을 효과적으로 보여줘야합니다. 대표 이미지는 정사각형^{정방형}이 많이 사용됩니다. 규정에 맞지 않은 비율로 이미지를 등록하는 경우 이미지가 늘어나거나 깨져서 왜곡되는 현상이 생기니 주의하세요. 또한 이미지 크기가 제한된 경우도 있으니 이미지 크기의 제한이 있다면 권장 사항을 지키는 것이 중요합니다.

—— 대표 이미지를 만드는 규칙

① 아이콘 사용: 섬네일은 상품 이미지→상품명→메인 카피를 넣고, 로고나 호환되는 시스템의 정보는 간결하게 아이콘으로 표현하며 양쪽 상단에 넣었습니다. 아이콘은 그림 언어이기 때문에 크기가 크지 않아도 분별이 잘 된다는 장점이 있습니다. 이와 같이 아이콘으로 대체할 수 있는 부분은 텍스트 대신 아이콘으로 넣어주세요.

② 사진을 크게: 상품 이미지를 최대한 크게 보여주기 위해 무전기의 각도를 대각선으로 조절하였습니다.

③ 강조 설정: 서술한 텍스트의 경우에도 중요한 포인트가 되는 부분은 서체 굵기나 색상을 다르게 설정하여 포인트를 주세요. 얼핏 보아도 이 상품의 특징이 무엇인지 알 수 있도록 합니다.

④ 테두리나 배경색 넣기: 대표 이미지에 테두리를 넣으면 차별점을 줄 수 있습니다. 브랜드의 메인 컬러를 활용해도 좋습니다. 단, 많은 색상을 사용할 경우 이미지가 복잡해 보일 수 있으니 주의합니다.

↳① 아이콘 사용 예시 이미지

↳② 사진을 크게 예시 이미지

↳③ 강조 설정 예시 이미지

↳④ 테두리나 배경색 넣기 예시 이미지

플랫폼 대표 이미지 사이즈

대표 이미지는 플랫폼에서 규정한 이미지 사이즈에 맞게 등록해 주세요. 해당 사이즈는 최소 권장 사이즈이며,
이미지 규격이 다를 시 이미지가 왜곡되거나 깨져 보일 수 있으니 주의합니다.

사이트	가로x세로(px)	파일 형식	비고
네이버 스마트스토어	640×640	JPG, JPEG, PNG, GIF, BMP	
쿠팡	500×500	JPG, JPEG	* 권장 사이즈가 아닌 경우 쿠팡에서 자동 리사이징
옥션	600×600	JPG, PNG	* 상세 이미지에 해당 * 권장: 1000×1000px, 2mb 이하
11번가	600×600	JPG, PNG	* 상세 이미지에 해당 * 1000×1000px 이상 시 확대 보기로 등록 * 2017.07.21 이후 GIF 이미지 등록 불가(기존 등록 이미지는 유지되며 수정 시에는 등록 불가)
G마켓	600×600	JPG, PNG	* 권장: 1000×1000px ,2mb 이하
인터파크	600×600	JPG, PNG	* 1000×1000px 이상 시 확대 보기로 등록
카카오톡 스토어	375×375	JPG, JPEG, PNG	* 직사각형: 375×500px * 권장: 750×750px
SSG(신세계몰, 이마트몰)	720×720	JPG, JPEG, PNG	* 권장: 1200×1200px
텐바이텐	1000×1000	JPG	* 추가 이미지로 JPG, GIF 가능
위메프	460×460	JPG, JPEG, PNG	* 최소 사이즈: 200×200px
쇼피	1024×1024	JPG, JPEG, PNG	
티몬	720×758	JPG, GIF	* 권장: 600×600px, 2mb 이하
에이블리	640×640	JPG, PNG, GIF	* 최대 사이즈며 그 이하를 권장 * 1mb 이하
무신사	1500×1500	JPG, JPEG, PNG, GIF	
위즈위드	640×640	JPG	* 5mb 이하
다이소몰	600×600	JPG, GIF	* 자동 리사이징
AK몰	제한 없음	JPG	
LF몰	1500×1904		* 권장 사항
스타일쉐어	500×500	JPG, PNG	* 권장: 720×720px, 최대 사이즈 2000px, 2mb 이하
에이랜드	800×800	JPG, JPEG, PNG, GIF	* 자동 리사이징
CJ몰	550×550	JPG, BMP, PNG	* 1mb 이하
롯데ON	1000×1000	JPG, PNG	* 품목별 이미지(대표/목록 이미지 없음) * 5mb 이하(품목별)
이랜드몰	1400×1400	JPG	* 최소 사이즈: 500×500px * 추가 이미지 최대 4개 * 이미지 용량 5120kb 이하
하이마트	450×450	JPG	* 자동 리사이징
신세계TV쇼핑	1200×1200	JPG	* 추가 이미지 4장까지 가능 * 최대 용량 150kb 이하
패션플러스	600×600		* 첫 번째 이미지가 대표 이미지로 자동 적용되며, 대표 이미지 등록 시 진열 페이지에 동일하게 적용

Lesson _(N)_ 03

완성도를
높이는 포토샵,
일러스트레이터
필수 기능

패스 연습하기

펜 도구

포토샵과 일러스트레이터를 자유자재로 다루고 싶다면 펜 도구를 연습해 보세요. 처음에는 복잡해 보여도 요령만 익히면 능숙하게 다룰 수 있을 거예요. 펜 도구를 이용하여 로고를 만들거나, 일러스트를 그리는 등 다양하게 활용해 보세요.

—— 자주 쓰는 포토샵 펜 도구
- 펜 도구: 패스 그리기
- 기준점 추가 도구: 고정점 추가 (+)
- 기준점 삭제 도구: 고정점 삭제 (-)
- **고정점 변환 도구**: 한쪽 핸들만 컨트롤, 핸들 생성/없애기
- **패스 선택 도구**: 패스 전체 선택
- 직접 선택 도구: 고정점/핸들 직접 선택

—— 자주 쓰는 일러스트레이터 펜 도구
- 펜 도구: 패스 그리기
- 기준점 추가 도구: 고정점 추가 (+)
- 기준점 삭제 도구: 고정점 삭제 (-)
- **고정점 변환 도구**: 한쪽 핸들만 컨트롤, 핸들 생성/없애기
- **선택 도구**: 전체 선택
- **직접 선택 도구**: 고정점이나 핸들을 직접 선택하거나 패스 다듬기
- Shaper 도구: 자동으로 도구 그리기

펜 도구 다루기

펜 도구 아이콘을 선택하면 펜 도구 밑에 작은 별 모양이 있습니다. 이 아이콘은 첫 점을 클릭하라는 뜻입니다. 첫 점을 클릭하고 움직이면, 별 모양이 사라집니다. 클릭, 클릭하여 직선을 만들 수도 있고 마우스 왼쪽 버튼을 누르면서 당기면 둥근 형태의 선이 생깁니다. 이것을 핸들이라고 부릅니다. 핸들은 곡선 형태를 잡아주는 역할을 합니다. 이렇게 말로 설명하면 어렵게만 느껴질 거예요. 뒷장의 예제를 하나씩 따라하면서 방법을 익혀보겠습니다.

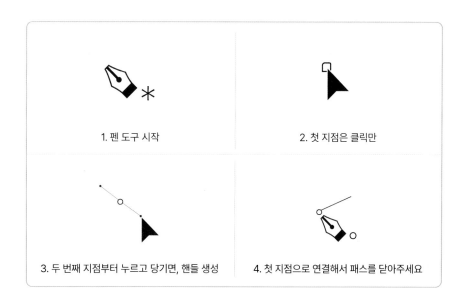

1. 펜 도구 시작

2. 첫 지점은 클릭만

3. 두 번째 지점부터 누르고 당기면, 핸들 생성

4. 첫 지점으로 연결해서 패스를 닫아주세요

(tip)

핸들

핸들은 고정점과 다음 고정점 사이의 곡선 형태를 만들어줍니다. 핸들은 양쪽이 반대로 움직이며 함께 움직입니다. 늘리면 곡선이 볼록해지고, 줄이면 곡선의 높이가 낮아집니다.

펜 도구 다루기

펜 도구 연습
파일 다운로드

⊙ 1 ⊙

[펜 도구]를 누른 후 별 모양이 뜨면 클릭해 주세요. 조금 떨어진 곳에서 클릭을 하면 직선이 생깁니다. 별 모양은 사라졌을 거예요.

⊙ 2 ⊙

직선이 만들어졌으면 마우스 왼쪽 버튼을 누른 상태에서 둥근 형태의 곡선이 생기고, 양쪽 끝부분에 원이 있는 직선이 함께 뻗어나오게 됩니다. 이것이 핸들입니다.

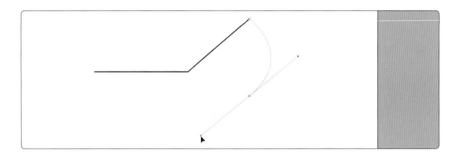

⊙ 3 ⊙

[Alt]를 누르고 고정점에 갖다 대면 [펜 도구] 밑에 뾰족한 각도기 모양의 고정점 도구가 뜹니다. 이때 고정점을 클릭하면 한쪽 핸들이 사라지고 다음 방향으로 이동할 수 있습니다.

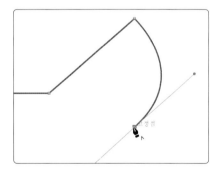
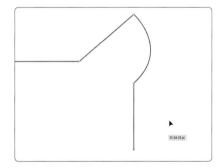

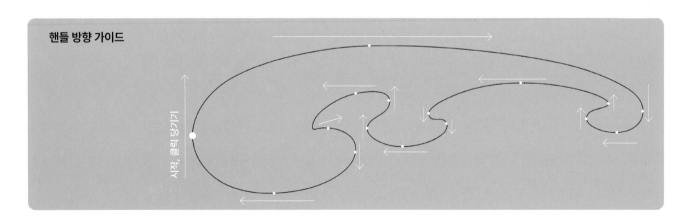

핸들 방향 가이드

시작, 클릭 당기기

제품 사진 촬영과 자르기

제품 사진 촬영하기

제품 사진을 찍을 때 제품의 성격이 잘 드러날 수 있도록 구도를 잡는 것이 중요합니다. 제품을 잘 보이게 하기 위해 기물을 활용, 배치할 수도 있습니다. 그러나 기물과 배경이 제품보다 눈에 더 들어오지 않도록 주의가 필요합니다. 그리고 제품을 중심으로 적당한 배경 여백을 두고 촬영하는 편이 이미지 편집에 유리합니다.

　　제품이 주변 환경에 비해 너무 작거나 각도가 틀어져서 제품의 전체 형태를 파악하기 어려운 사진은 활용하기 어렵습니다. 예시의 노트북 섬네일을 살펴보겠습니다. 두 번째 이미지는 측면만 강조하여 상품의 모습이 잘 보이지 않고, 세 번째 이미지는 너무 작아서 어떤 상품을 판매하고자 하는 것인지 쉽게 인지되지 않습니다. 반면에 첫 번째 이미지는 모니터, 키보드 등 전체적인 노트북의 형태가 제대로 보이고 크기도 적당하게 촬영되었습니다.

제품 사진 편집하기

사이트마다 필요한 사진의 비율은 다른데, 그 기준에 맞춰 매번 다른 비율의 사진을 찍을 수 없을 것입니다. 또한 모든 사진 촬영에 좋은 구도를 잡기도 어렵습니다. 그렇기 때문에 촬영 후 사진을 편집하는 것이 필요합니다.

　　제품 사진을 편집한 예를 살펴 보겠습니다. 아래 운동화 사진을 보면 두 번째 이미지처럼 상품의 비율이 깨져 아래로 늘어나 제품 이미지가 왜곡되거나 세 번째 이미지처럼 제품이 온전히 담기지 않도록 크롭되면 소비자는 구매하고자 하는 상품에 대한 정보를 충분히 이해하지 못하게 됩니다. 그러므로 첫 번째 이미지처럼 제품 전체의 모습이 정비율로 적절한 구도가 되도록 사진을 편집해주세요. 이후 부가적으로 디테일을 보여주기 위해 세 번째 이미지같은 편집이 필요할 수 있습니다.

이미지 사이즈의 중요성

가이드에 맞지 않은 비율의 이미지를 업로드할 경우 이미지가 늘어나거나 왜곡되는 현상이 생길 수 있습니다. 예를 들자면 정방형 형식의 섬네일에 직사각형 이미지를 올리면 이미지가 찌그러지거나 잘려서 업로드됩니다. 꼭 적정 비율로 이미지를 만들어주세요. 또한 업로드 할 수 있는 데이터 용량이 제한된 경우도 있으니 이미지를 추출할 시 해상도를 조절하여 업로드의 권장 용량을 맞춰주세요.

포토샵에서 색상 변경하기

다양한 색상의 제품 이미지가 필요하지만 샘플이 나오지 않았거나, 촬영을 하지 못하는 경우가 있을 수가 있습니다. 혹은 내가 가지고 있는 이미지의 색상을 변경하고 싶을 수도 있어요. 그때 활용할 수 있는 기능이 바로 '색상 대체'와 '색조'입니다.

특정 부분
색상 대체 기능

⊙ 1 ⊙

편집하고자 하는 사진 레이어를 선택한 후 [이미지→조정→색상 대체]를 실행합니다.

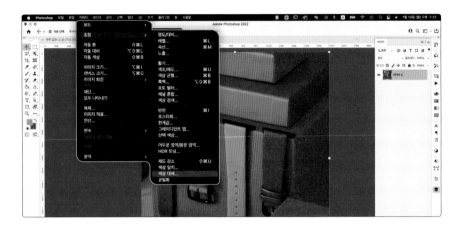

⊙ 2 ⊙

[색상 대체] 창이 나타나면 색상 컬러칩을 클릭하여 스포이드로 변경하고자 하는 개체의 색상 부위를 클릭합니다. 그럼 자동으로 그 부분의 컬러칩에 들어가게 됩니다.

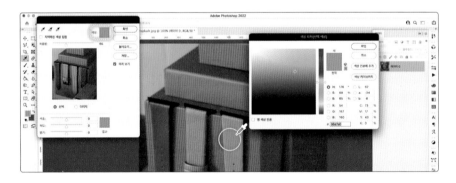

⊙ 3 ⊙

허용량이 최대치에 가까울수록 선택한 색상 범위의 색상이 해당 영역에 정확하게 반영됩니다.

결과 컬러칩을 선택한 후 변경하고 싶은 색상을 선택하고 [확인]을 누르면 원하는 색상으로 변경됩니다. 예시에서는 청록색 밴드를 파란색으로 변경하였습니다.

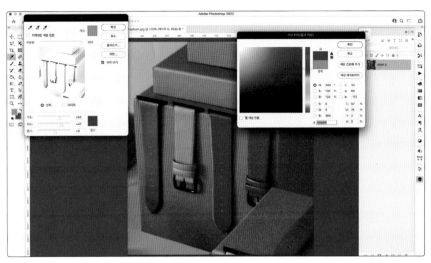

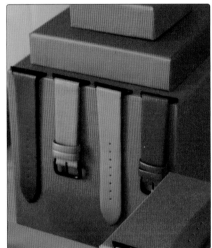
↳변경 전

↳변경 후

조정 레이어의
색조 기능

[개체 선택 도구]나 [올가미 도구], [펜 도구]를 사용하여 배경을 제외한 제품만 선택 영역으로 잡아주세요.

선택 영역을 조금 더 세밀하게 정리하기 위해 옵션 바에서 [선택 및 마스크]를 선택합니다. 선택 외 영역은 [보기 모드]를 붉은색으로 [오버레이]로 하여 구별이 쉽도록 해줍니다. [가장자리 도구] 를 사용하여 운동화 끈 구멍이나 신발 하단의 울퉁불퉁한 굴곡 등의 경계면을 다듬어주세요. 단, [가장자리 도구]는 매끄러운 아웃라인에서는 오히려 제대로 작동하지 않으니 머리카락, 나뭇가지 등 울퉁불퉁한 라인을 다듬을 때 사용합니다. 정돈이 완료되면 [확인]을 누르고 나와 주세요.

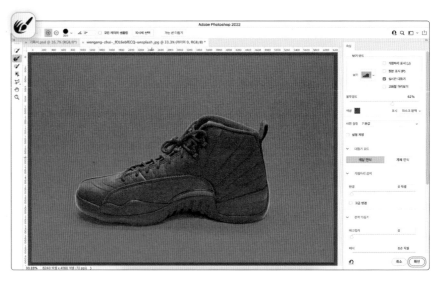

레이어 하단의 [조정 레이어→색조 및 채도]로 들어갑니다. 그리고 색조 값을 움직여 보세요. 제품의 색이 변하는 것을 확인할 수 있습니다.

tip

[색상화]를 체크하고 색조를 조정할 경우 더 자연스러운 색상 변환 값을 얻을 수 있습니다.

포토샵에서 블랜딩 기능을 활용해 그림자 넣기

나무 그늘, 창문에 드리운 그림자 등 다양한 그림자를 표현하고 싶을 때 블랜딩 기능과 레이어 마스크를 활용하면 편리합니다.

⊙ 1 ⊙

[파일→포함 가져오기]로 그림자를 올릴 사진을 불러옵니다. 그 다음 스톡 이미지 사이트에서 작업할 이미지와 어울릴 그림자 사진을 다운받아 동일한 방식으로 가져오세요.

 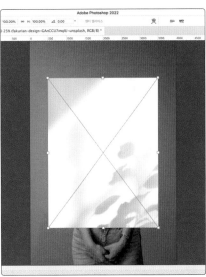

⊙ 2 ⊙

[Ctrl + T] 자유 변형으로 크기와 위치를 맞춘 다음, [Enter]를 눌러주세요. 레이어 패널에서 그림자 레이어를 선택하고, [표준]으로 되어 있는 블랜딩 모드를 열어 그림자와 이미지가 적절히 섞이는 모드로 변경합니다. 예시에서는 [색상 번]을 선택하였습니다.

완성도를 높이는 포토샵, 일러스트레이터 필수 기능 ➡

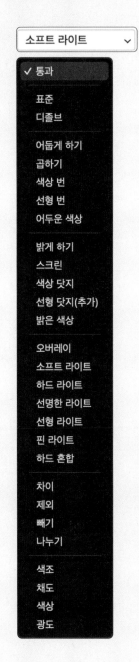

(더 알아보기)
블랜딩 모드

* 블랜딩 모드는 선택한 레이어와 아래에 있는 레이어의 이미지를 합성하는 기능입니다. 블랜딩 모드 적용 후 레이어 불투명도를 활용해 강도를 조절할 수 있습니다.
* 표준: 표준 모드입니다.
* 디졸브: 임의의 픽셀로 전환하여 흩어뿌리는 방식입니다.
* 어둡게 하기~어두운 색상: 밝은 색상은 투명하게, 어두운 색상은 밑에 깔려 있는 이미지와 혼합합니다.
* 밝게 하기~밝은 색상: 어두운 색상은 투명하게, 밝은 색상은 밑에 깔려 있는 이미지와 혼합합니다.
* 오버레이~하드 혼합: 어두운 색상 부분에는 멀티 효과를 적용하고 밝은 색상 부분에서는 스크린 효과를 적용합니다.
* 차이~광도: 기타 효과

[색상 번]은 사진을 어둡게 하는 블랜딩 모드로 사진에 그림자가 혼합되어 기존 인물이 어두워졌습니다. 이때 그림자 이미지의 불투명도를 조절하여 그림자의 농도를 조정합니다.

그림자 사진에 레이어 마스크를 입혀 그림자가 없는 부분은 지워보도록 하겠습니다. 그림자 사진 레이어를 선택한 후 레이어 패널 하단의 [레이어 마스크] 아이콘을 눌러주세요. 그러면 그림자 사진 레이어 행에 사슬과 흰 박스처럼 보이는 마스크가 생깁니다. 이 마스크를 클릭합니다. 그리고 작업 화면에서 검은색을 지정한 [브러시 도구]로 그림자의 지워줄 부분만 칠해주세요. 예시에서는 그림자 부분만 남기고 모두 칠해서 좀 더 정밀한 그림자를 만들었습니다.

> **tip**
>
> **마스크 레이어 칠하기**
>
> 레이어 마스크의 영역을 검은색으로 칠하면 그 영역은 제외되고, 흰색으로 칠하면 그 영역이 포함됩니다.

↳변경 전

↳변경 후

포토샵의 스마트 오브젝트

포토샵에서 작업하다 보면 이미지 크기를 바꿔야 할 때가 있습니다. 판형에 딱 맞는 이미지가 없는 경우가 더 많기 때문입니다. 그러나 크기 조절이 많을 수록 이미지는 손상됩니다. 이때, 스마트 오브젝트를 활용할 수 있습니다.

스마트 오브젝트는 포토샵이나 일러스트레이터에서 이미지의 원래 속성과 해상도를 손상 없이 편집하도록 이미지를 벡터화시켜 사용하는 것입니다. 반복되는 변경에도 이미지의 해상도와 품질을 손실, 왜곡 없이 유지하여 이미지의 깨짐 현상을 방지해 줍니다. 또한 다양한 필터 효과도 원본의 이미지 손상 없이 적용 가능합니다.

—— 스마트 오브젝트 만들기

[포함 가져오기], [연결 가져오기]로 외부에서 이미지를 가져온 경우에 기본적으로 스마트 오브젝트로 설정되어 있습니다. 필요에 의해 스마트 오브젝트로 변환하는 경우, 스마트 오브젝트로 묶고자 하는 레이어들을 함께 선택한 뒤 마우스 오른쪽 버튼을 누르고 [고급 개체로 변환]을 선택해 주세요. 이후 스마트 오브젝트가 적용된 이미지를 변경할 때에는 해당 레이어의 스마트 오브젝트 아이콘을 더블 클릭하세요. 원본 문서를 편집할 수 있도록 새 창이 뜨도록 되어 있습니다. 그 창에서 변경을 진행, 저장하고 작업 중이던 본 문서로 돌아오면 적용됩니다.

↳스마트 오브젝트 표시

스마트 오브젝트가 필요한 경우

* **자유 변형 속성이 유지되어야 할 때:** 이미지나 텍스트, 여러 필터와 함께 묶여 있는 레이어 등 자유 변형을 활용한 왜곡 효과를 주고 난 이후 속성이 유지되어야 할 때 필요합니다.

* **이미지 해상도가 유지되어야 할 때**

* **레이어를 관리를 용이하게 하고싶을 때:** 스마트 오브젝트를 적절히 활용하면 여러 가지 레이어나 조정 레이어 등을 묶어 간편하게 레이어를 관리할 수도 있습니다.

자주 사용하는 조정 레이어

직접 찍은 사진의 색감이 칙칙하거나, 혹은 원하는 톤이 아니거나, 실제와 다르게 찍혀 아쉬운 경우가 종종 있습니다. 이럴 경우 사진을 보정하게 되는데 주로 레이어 패널 하단의 '조정 레이어'를 통해서 작업합니다. 메뉴 바의 [이미지→조정]에서도 조정 레이어와 흡사한 기능이 있지만, 조정 레이어로 조정값을 변경해야 원본을 유지할 수 있습니다.

조정 레이어의 장점은 원본 레이어의 이미지 손실 없이 색상, 채도, 명도 등을 보정할 수 있다는 점입니다. 필터처럼 레이어 패널에서 조정 레이어가 따로 생성되기 때문에 보정 효과를 적용한 후에도 이미지 품질의 훼손 없이 수정이 가능합니다. 그리고 적용한 조정 내용이 마음에 들지 않는 경우 조정 레이어를 숨기거나 삭제하면 원래 이미지로 되돌릴 수 있다는 장점이 있습니다. 기본적으로 조정 레이어는 레이어 패널에서 조정 레이어 아래에 있는 모든 레이어에 적용됩니다.

따라서 특정 이미지에만 이 효과를 넣고자 한다면 조정 레이어 생성 시 조정 패널 하단 가장 첫번째에 위치한 버튼 [↘□]을 눌러주거나, 레이어 패널 상에서 [Alt]를 눌러 조정 레이어 아래 갖다 댄 후 클리핑 마스크를 통해 바로 아래 있는 레이어 조정 레이어를 적용하려는에만 효과가 적용될 수 있도록 해주세요.

버전에 따라 조금씩 다르지만, 조정 레이어에는 크게 네 가지 카테고리로 나눠져 있습니다 버전에 따라 조금씩 다를 수 있습니다. 조정 레이어는 비슷한 기능끼리 묶여 있습니다. 그럼 조정 레이어를 하나씩 반영해 보며 기능에 따라 어떠한 변화가 생기는지 한번 살펴보도록 하겠습니다.

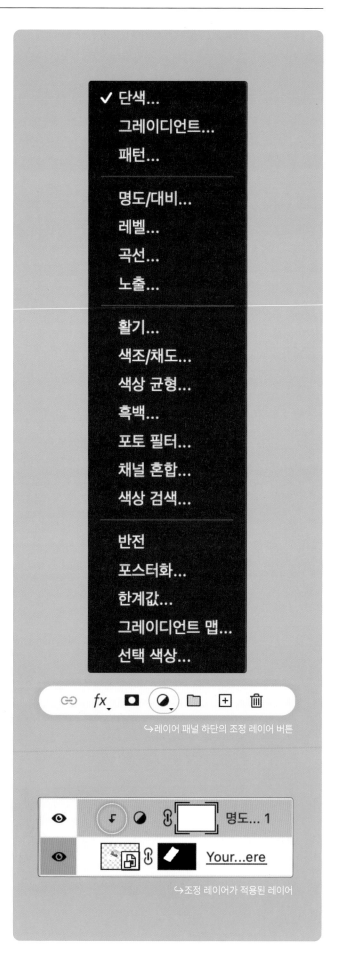

↳레이어 패널 하단의 조정 레이어 버튼

↳조정 레이어가 적용된 레이어

1 **단색:** 단색 섬네일을 더블 클릭하여 색상 피커 창을 열어주고, 원하는 색으로 색상을 변경해 주세요. 색상을 선택할 때 피커 창 우측에서 컬러군을 먼저 설정한 후, 좌측 큰 색상 창에서 색을 디테일하게 잡아주면 됩니다. 그리고 모든 색상은 6자리의 색상 코드가 있어, 색상 코드를 복사하여 사용할 수도 있습니다.

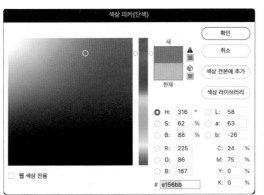

2 **그레이디언트:** 조정 레이어에서 그레이디언트 사용 시 배경 컬러로 활용하거나 이미지에 그레이디언트를 오버랩함으로써 멋진 이미지를 만들 수도 있습니다. 그레이디언트 편집기를 열어 색상을 편집하거나 샘플을 활용할 수 있습니다. 색뿐만 아니라 각도, 스타일, 비율 등을 조정합니다. 그레이디언트 칠의 색상 순서를 뒤집으려면 [반전]을 선택하고, 밴딩 현상을 줄여 매끄럽게 혼합하려면 [디더]를 선택합니다. 그레이디언트 칠에 투명 마스크를 사용하려면 투명도를 조정합니다.

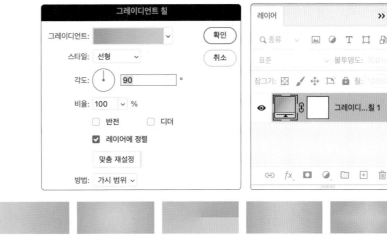

↪ 왼쪽부터 선형, 방사형, 각도, 반사, 다이아몬드

3 **패턴:** [각도]는 패턴 적용 각도를 지정하고, [비율]은 패널 크기패턴 내 유닛 크기를 변경합니다. 값을 직접 입력하거나, 슬라이더를 드래그합니다. [레이어와 연결]은 레이어가 이동할 때 레이어와 함께 패턴이 이동하고 [원본 스냅]은 패턴의 원점을 문서의 원점과 같도록 배치합니다.

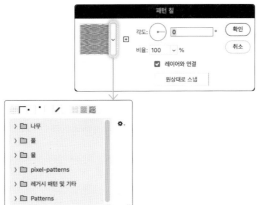

4 **명도/대비:** [명도] 슬라이더를 움직이면 대상 레이어의 밝기가 변합니다. 왼쪽으로 움직여 -값이 되면 어둡게, 오른쪽으로 움직여 +값이 되면 밝아집니다. [대비] 슬라이더를 움직이면 레이어의 대비를 조절할 수 있습니다. 왼쪽으로 움직여 -값이 되면 대비가 약해지고, 오른쪽으로 움직여 +값이 되면 대비가 강해집니다.

↪ 위에서부터 원본 사진, 대비 올린 사진, 명도 올린 사진

완성도를 높이는 포토샵, 일러스트레이터 필수 기능 ◐

5 **레벨:** 레벨은 가장 많이 사용하는 명도 대비 기능으로 노출과 대비를 조정하는 또 다른 방법입니다. 보이는 그래프 형태는 이미지의 모든 톤을 나타내는 ①입력 레벨의 슬라이더로 세 가지 지점을 움직이며 값을 조정합니다. 흰색 지점은 밝은 톤, 회색은 중간 톤, 어두운 회색 지점은 어두운 톤을 담당합니다. 간격이 줄어들 수록 명암 폭이 줄어들면서 대비가 강해집니다. 즉, 밝기를 조절하고 대비를 강하게 보정할 수 있습니다. 그리고 ②출력 레벨의 슬라이더로는 대비 값을 조절할 수 있습니다. 흰색 지점을 왼쪽으로 당기면 가장 밝은 면이 점점 어두운 값으로 변해 전체적으로 짙은 이미지가 되고, 어두운 회색 지점을 오른쪽으로 당기면 가장 어두운 면이 밝아지기 때문에 뿌연 이미지가 됩니다. 스포이드 도구를 선택한 후 이미지의 한 부위를 클릭하면 해당 부위를 검정, 회색, 흰색이 되도록 컬러를 보정할 수 있습니다. 이 작업은 해당 레벨 기능을 통한 이전 조정 값을 초기화 시킬 수 있으니 이점 유의해 주세요.

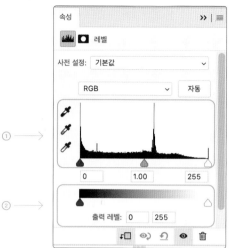

6 **곡선:** 곡선은 노출과 대비를 수정함으로써 이미지의 밝기와 컬러를 보정하기 위해 사용하는 기능입니다. 기울어진 그래프는 현재 이미지의 톤을 나타냅니다. 선의 기울기를 조정하면 각 톤 그룹에 영향을 주는 방식입니다. 예를 들어, 중간 밝기 영역보다 어두운 곳은 더 어둡게 만들고 밝은 곳은 더 밝게 만들면 곡선은 S자 형태가 됩니다. 슬라이더 방식인 레벨보다 방식은 어렵지만 더 디테일한 조정이 가능합니다. 선의 양쪽에는 두 개의 기본 조절점이 있는데, 이것을 드래그하면 레벨 기능과 같은 방식으로 대비를 조절할 수 있습니다. 전체적인 기울기를 가파르게 조절하면 대비가 강해지고 완만하게 조절하면 대비가 약해집니다. 밑에 있는 밝은 영역과 어두운 영역을 나타내는 지표는 레벨과 같습니다. 그리고 레벨과 마찬가지로 스포이드도 있습니다. 조절 점은 원하는 만큼 개수를 추가할 수 있으며 위치 값 수정도 자유롭게 가능합니다.

↳원본사진　　　　　　↳곡선을 조절한 사진

7 　노출: 이미지의 노출도를 빠르고 간편하게 조정하는 기능입니다. [노출]은 슬라이더를 오른쪽 방향으로 당겨 +값을 줄 경우 노출이 부족한 영역을 밝게 처리합니다. 왼쪽으로 당겨 -값을 줄 경우 노출 값이 낮아지며 이미지가 어두워집니다. [오프셋] 이미지의 중간 톤과 어두운 톤을 조절합니다. 슬라이더를 왼쪽으로 움직일 수록 이미지는 어둡고 진해지며 슬라이더를 오른쪽으로 보낼 수록 밝고 흐려집니다. [감마 교정]은 기존 색상과 명암을 유지하면서 밝기를 조정합니다. 1.0보다 높으면 어두워지고, 1.0보다 낮으면 밝아집니다.

8 　활기: 채도가 높은 색상에 거의 영향을 주지 않고 채도가 낮은 모든 색상의 채도를 변경합니다. 오른쪽으로 드래그하면 채도보다 더 미세하게 색상을 선명하게 올리면서, 채도 값이 지나치지 않도록 적용되어 이미지가 깨지는 것을 방지해 줍니다. 주로 인물이 포함된 사진에서 피부 톤의 채도가 과도하게 높아지는 것을 방지하면서 다른 부분의 채도를 높일 때 이용합니다. 반면에 채도는 모든 이미지 색상의 채도를 -100(흑백)부터 +100(채도 2배로 증가)까지 동일하게 조정합니다. 활기보다 더욱 더 쨍하게 만들어지지만, 채도 조정과 함께 사진의 디테일 묘사 품질이 떨어질 수 있으므로 1:1로 확대해 확인해 보는 것이 좋습니다.

↳채도를 낮춘 사진　　　　　　↳활기만 올린 사진

9 　색조/채도: 이미지에서 특정 색상 범위의 색조, 채도 및 밝기를 조정하거나 이미지에서 모든 색상을 동시에 조정할 수 있습니다. 모든 색상을 한 번에 조정하려면 [마스터]를 선택합니다. [색조]는 전체적인 색상을 제어하여 오른쪽과 왼쪽을 왔다갔다 하면서 적정 톤을 찾으면 됩니다. [채도]는 색상의 강도를 제어하며, 채도 슬라이더를 오른쪽으로 드래그하여 채도를 높이거나 왼쪽으로 드래그하여 채도를 낮춥니다. 여기서의 채도는 '활기'의 채도보다 색이 더 많이 튀면서 이미지가 깨질 수 있으므로 미세하게 조정하면서 사용하는 것

완성도를 높이는 포토샵, 일러스트레이터 필수 기능 ●

을 권장합니다. [명도]는 색의 밝기 정도를 조정하는 기능입니다. 사전 설정 밑에 있는 컬러 계열을 선택하여 특정 컬러 부분에 대한 값을 재조정할 수도 있습니다. 또한 [색상화]를 누르면 각 컬러 톤이 제각각 변하는 것이 아닌, 하나의 톤으로 변하는 것을 확인할 수 있습니다.

↳색조, 채도 조절한 사진   ↳색상화한 사진

10 **색상 균형**: 색상 균형은 색감을 조정하는 또 다른 방법입니다. 보색 관계 색상을 조정하게 되는데, 각 색상을 전체적으로 보정하게 됩니다. [톤]에서 어두운 영역, 중간 영역, 밝은 영역을 나누어 조정할 수 있어 미세한 조정이 가능합니다. 주로 따뜻한 느낌, 차가운 느낌, 필터 느낌을 나타낼 때 사용하게 됩니다.

11 **흑백**: 흑백 조정 레이어는 이미지를 흑백으로 변환하는 가장 효과적인 방법입니다. 포토샵의 기본 색상마다 하나씩 여섯 개의 슬라이더가 있습니다. 각 슬라이더는 해당 색상이 회색 톤으로 변환되는 방식을 컨트롤합니다. 각각의 색상의 슬라이더를 오른쪽으로 드래그하면 해당 색상이 반영되어 어두워지고, 왼쪽으로 드래그하면 밝아집니다.

12 **포토 필터**: 포토 필터는 사진에 필터 효과를 입혀 이미지의 톤을 변환시킬 수 있는 기능입니다. [필터] 메뉴를 클릭하고 필터를 선택합니다. 따뜻한 감성의 이미지를 원할 경우, 색 온도 증가 필터를 사용하여 오렌지 빛을 더해 사진을 따뜻하게 만들 수 있습니다. 반대로 기존 사진에 오렌지 빛이 많을 경우, 색 온도 감소 필터를 선택하여 약간의 파란색을 더해 붉은 정도를 줄일 수 있습니다. 또는 컬러칩을 클릭하여 색상을 선택해 나만의 색상 포토 필터를 만들 수도 있습니다.

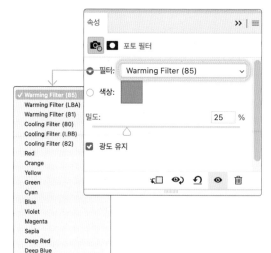

13 채널 혼합: 채널 혼합 또한 이미지의 컬러 변환을 만들어내는 기능입니다. 이미지의 기존 색상 채널을 혼합하여 사용하여 출력 색상 채널을 수정할 수 있습니다. 출력 채널의 채널을 선택한 후, 그 특정 채널의 음영과 컬러 톤을 설정합니다.

14 색상 검색: CMYK일 때와 RGB일 때 설정할 수 있는 방법이 조금 다릅니다. RGB인 경우 3D LUT이라는 패널을 설정할 수 있는데요. 다양한 사진 톤을 간편하게 시도할 수 있습니다. 단, CMYK의 경우 추상의 패널에서 RGB보다는 한정된 컬러 톤 변화를 시도하실 수 있습니다. CMYK 모드에서는 3D LUT가 로드되지 않습니다.

↳원본 사진 ↳3D LUT 적용 사진

15 반전: 이미지의 색상을 반전시키는 기능으로, 주로 네거티브 이미지를 만들 때 사용하며 이미지의 색상을 보색으로 반전시킵니다. 반전 실행 후 다시 색상을 반전하면 본래의 색상으로 돌아옵니다.

↳반전 적용 사진

16 포스터화: 포스터화는 그림처럼 만들어줍니다. 값이 작을수록 이미지는 포스터화되지만 그만큼 색상 수가 적어져서 투박한 이미지로 바뀌게 됩니다.

17 한계값: 이미지를 명암 농도 없는 흑백으로 변환하여 마치 판화처럼 표현합니다. 검은색 영역과 흰색 영역의 반비례하는 증감을 한계값 레벨을 통해 조절할 수 있습니다. 한계값은 빈티지 느낌의 이미지를 만들고자할 때도 활용할 수 있습니다. 예를 들어 한계값이 들어간 이미지 위에 단색 조정 레이어를 두고 [레이어 혼합 모드]를 변환하여 색을 입힌 단색 판화같은 표현이 됩니다.

↳한계값을 적용한 사진

18 그레이디언트 맵: 그레이디언트 맵 기능은 그레이디언트 컬러를 사용하여 0~100% 단계의 밝기로 구분된 원본 컬러를 대체시킵니다. 그 결과 2도로 찍힌 이미지로 만들어줍니다. 그레이디언트 기능과 동일하게 그레이디언트 편집기를 통해 색상을 편집하거나 샘플을 활용할 수도 있고 각도, 스타일, 비율 등을 조정 가능합니다.

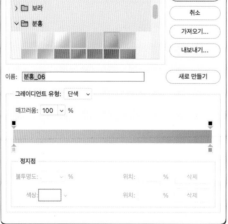

↳그레이디언트 맵을 적용한 사진

19 **색상 선택:** 선택 색상은 미지의 기본 색상 구성 요소 각각의 원색CMYK의 양을 변경하는 데 사용하는 기능입니다. 다른 기본 색상에 영향을 주지 않고 선택적으로 원색의 양을 수정할 수 있습니다. [상대치]는 기존의 녹청, 마젠타, 노랑, 검정의 양을 해당 색상의 비율에 따라 변경합니다. 예를 들어, 마젠타가 50%인 픽셀에 10%를 추가하면 마젠타에 실제로 5%(50%의 10%는 5%)가 추가되므로, 마젠타는 총 55%가 됩니다. 이 옵션으로는 아무 색상 구성 요소도 들어 있지 않은 순수한 흰색은 조정할 수 없습니다. [절대치] 값으로 색상을 조정합니다. 예를 들어, 마젠타가 50%인 픽셀에 10%를 추가하면 마젠타는 총 60%로 설정됩니다.

↳색상 선택을 조절한 사진

포토샵으로 상세 페이지 사이즈 조정하기

상세 페이지를 업로드하다 보면 용량이 커서 이미지를 한 번에 올릴 수 없는 경우가 생깁니다. 이럴 때는 이미지를 분할해서 올리는 방법을 추천합니다.

분할하기

⊙ 1 ⊙

[파일→열기]로 상세 페이지 이미지를 불러오세요. [Ctrl + R]을 눌러 눈금자를 불러옵니다. 눈금자를 클릭한 채 드래그하여 가이드 라인을 만들어 이미지를 2~3등분 정도 나눠주세요.

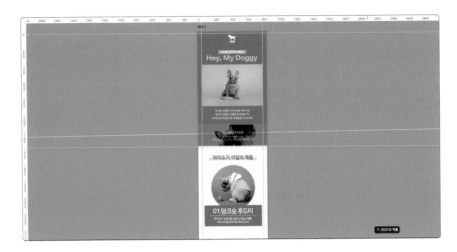

⊙ 2 ⊙

좌측 도구 패널에서 [분할 영역 도구]를 선택하여 분할합니다.

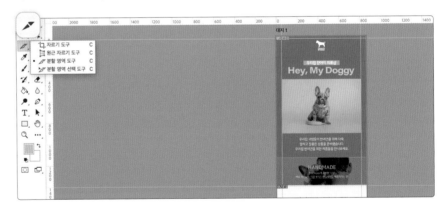

⊙ 3 ⊙

[파일→내보내기→웹용으로 저장]으로 분할된 화면을 저장해 주세요.

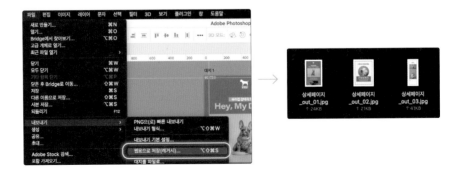

사이즈 변경하기

⊙ 1 ⊙

[파일→열기]로 상세 페이지 이미지를 불러오세요. [이미지→이미지 크기]에서 너비와 높이가 잠금 상태인지 확인합니다. 잠금이 되어 있어야 가로 비율에 맞게 세로 비율도 변경됩니다. 가로 사이즈를 각 마켓 규정에 맞춰 변경한 다음, [확인]을 눌러주세요.

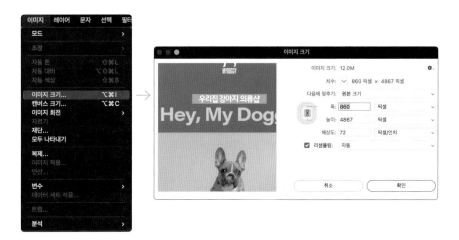

⊙ 2 ⊙

[파일→내보내기→웹용으로 저장]으로 변경된 사이즈의 이미지를 저장해 주세요.

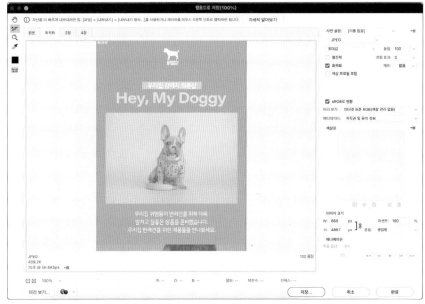

GIF 이미지 만들기

GIF는 그래픽 이미지를 압축하여 최대한 빠르게 전송하려는 목적으로 개발된 파일 형식입니다. 파일 하나에 여러 장의 이미지를 표현할 수 있도록 지원하는 방식 덕에 이미지들을 이어 붙여서 움직이는 이미지를 만들 수 있습니다. 포토샵에서 애니메이션 기능을 사용하거나 영상을 변환 저장하는 것으로 GIF를 만들 수 있어요.

GIF는 가벼운 용량의 움직이는 이미지를 업로드할 수 있어 상세 페이지에서 상품에 대한 이해를 돕는 용도로 많이 사용되고 있습니다. 쇼핑 플랫폼뿐만 아니라 와디즈, 텀블벅 등 크라우드 펀딩 사이트에서도 필수 요소로 자리잡고 있습니다.

스틸 이미지를 연속으로 붙여서 GIF 이미지 만들기

⊙1⊙

여러 장의 사진을 가져올 때 [파일→스크립트→스택으로 파일 불러오기]를 해주세요. 만약 구 버전이라면 [파일→포함 가져오기]로 각각의 이미지를 불러와도 괜찮습니다.

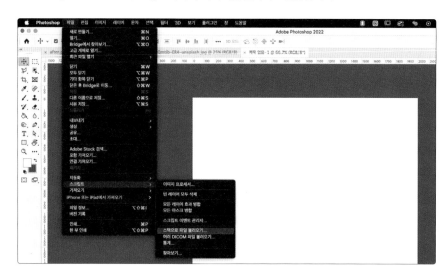

⊙2⊙

[찾아보기]를 선택하여 불러올 이미지를 선택하고 [열기]를 클릭하면, 불러온 파일 목록이 나열됩니다. 파일을 모두 불러왔으면 [확인]을 눌러주세요.

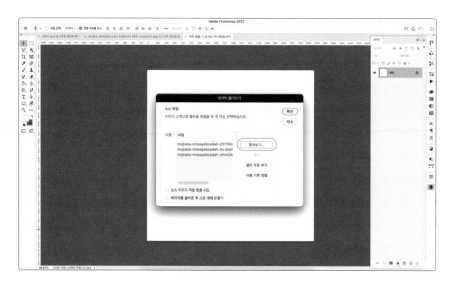

⊙ 3 ⊙

레이어 패널에 불러온 이미지들의 레이어가 생성되었습니다. 이렇게 생성된 개별 레이어는 애니메이션 GIF의 프레임으로 사용할 수 있습니다. [창→타임라인]을 열어주세요.

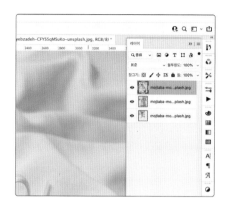 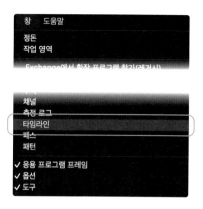

⊙ 4 ⊙

타임라인 패널에서 [+]를 눌러 프레임을 추가한 후 각 프레임에서 보여주고 싶은 레이어만 눈을 켜서, 해당 프레임에 맞는 이미지가 보이도록 지정합니다. 각 프레임의 하단의 지속 시간을 클릭해 원하는 지속 시간으로 수정하세요.

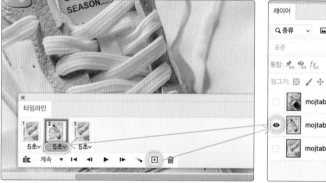 

⊙ 5 ⊙

[파일→내보내기→웹용으로 저장]을 눌러주세요. [사전 설정] 메뉴에서 GIF로 확장자를 변경하고 색상 메뉴는 256으로 설정해 GIF 이미지를 추출합니다.

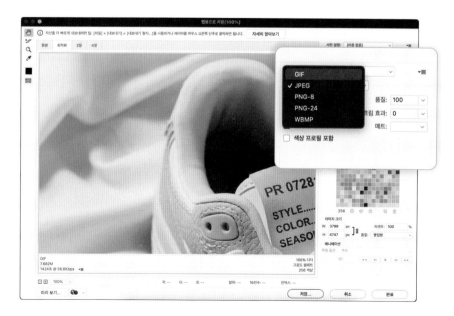

비디오 파일로
GIF 이미지 만들기

⊙1⊙

[파일→가져오기→비디오 프레임을 레이어로]에서 사용할 비디오 파일을 불러옵니다. 포토샵은 영상을 정지 이미지로 캡처하여 이미지를 한 장씩 가져오기 때문에 너무 긴 영상은 가져올 수 없습니다. [가져오기] 창의 [제한 기준] 옵션을 사용하여 가져올 프레임의 수를 제한할 수 있습니다. 혹은 우측 섬네일 밑에 있는 재생 바의 스타트 점과 엔드 점을 조정하여 재생 범위를 선택할 수도 있습니다. 설정을 마치고 [확인]을 눌러주세요.

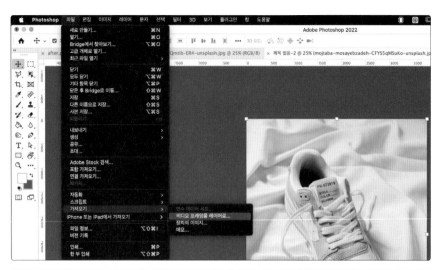

⊙2⊙

레이어 패널에 시간의 흐름에 따라 캡처된 정지 이미지 레이어가 생성됩니다.

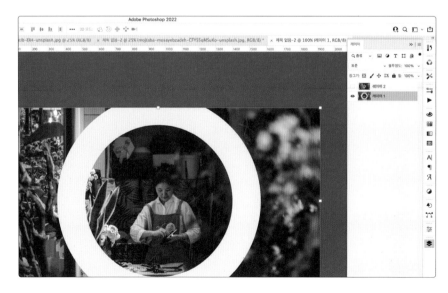

불러온 이미지 소스를 GIF로 변환하겠습니다. [창→타임라인]을 열어주세요.

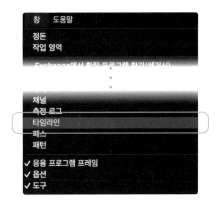

타임라인 패널을 [프레임 애니메이션 만들기] 모드로 변경해 주세요. 만약 비디오 타임라인으로 되어 있다면 좌측 하단 프레임 애니메이션 만들기 모드 버튼을 클릭하여 변경합니다.

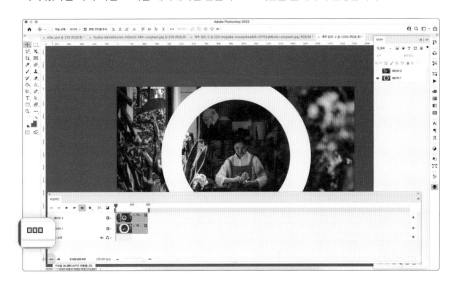

타임라인 패널의 오른쪽 상단에 있는 메뉴 아이콘을 클릭하고 레이어에서 [프레임 만들기]를 클릭합니다. 그러면 레이어 패널에 있는 모든 레이어가 애니메이션 개별 프레임으로 변환됩니다.

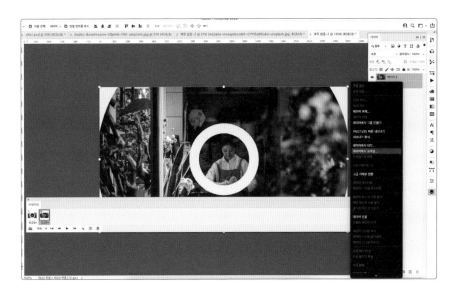

⊙ 6 ⊙

만약 레이어 프레임 만들기를 사용하지 않고 직접 각 프레임마다 입력 값을 넣어주는 경우에는 편집하고자 하는 프레임을 선택한 후 레이어 패널에서 해당 프레임에 노출하고자 하는 레이어만 눈을 켜주어 장면을 완성합니다. 프레임 1에서는 레이어 2가, 프레임 2에서는 레이어 1이 보이도록 각각의 프레임을 만들어주세요.

⊙ 7 ⊙

[타임라인]에서 반복되는 횟수를 변경할 수 있고, [기타]를 클릭하면 사용자 정의 값을 입력할 수 있습니다.

tip

웹 브라우저에서 해당 GIF 이미지가 어떻게 재생되는지 궁금하다면 [웹용으로 저장] 패널 하단의 지구본 모양을 눌러 브라우저 창을 실행하면 됩니다.

⊙ 8 ⊙

작업을 끝낸 후 [파일→내보내기→웹용으로 저장]을 클릭합니다. 사전 설정 메뉴에서 GIF로 파일 확장자를 변경하고 색상 메뉴는 256으로 설정합니다. 사이즈를 조정하고 싶을 경우 우측 하단의 사이즈 변경 값을 조정하고, 파일 크기를 변경하고 싶을 경우 우측 상단 품질 수치를 낮춰서 용량을 줄여주세요. 이미지 크기 및 용량은 미리보기 화면 좌측 하단에서 확인이 가능합니다.

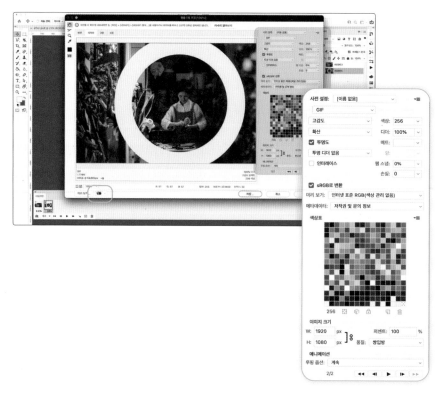

(for) 브랜드를 준비하는 사장님께

완성도를 높이는 포토샵, 일러스트레이터 필수 기능 ➲ 로고를 만들기 위한 일러스트레이터 튜토리얼

로고를 만들기 위한 일러스트레이터 튜토리얼

(for) 브랜드를 준비하는 사장님께

더 알아보기

로고를 만들 때 이런 질문을 해보세요

* 비즈니스 방향성을 갖고 있는가?
* 키 메시지를 담고 있는가?
* 적절한 톤앤매너를 갖추고 있는가?
* 흔한 스타일로 보는 이로 하여 지루함을 유발하는가?
* 인식이 쉽고, 가독성이 좋은가?
* 유행을 타지 않고, 지속성이 있는가?
* 인쇄, 디지털, 현수막 등 다양한 작업 환경에서 사용이 가능한가?

로고 기획하기

로고는 한 브랜드의 철학, 문화, 목적, 비전, 전문 분야 등을 시각적으로 체계화한 간결한 이미지의 형태로써 소비자의 이목을 집중시키고, 브랜드의 정체성 Brand Identity 을 확실하게 인식시켜 주는 도구입니다. 그렇기에 '브랜드의 얼굴'이라고도 합니다. 로고는 브랜드만의 특징이 쉽게 기억될 수 있도록 글자와 기호, 색 등의 다양한 시각적 요소들을 사용하여 디자인하게 됩니다. 실제로 디자이너는 로고 작업을 할 때, 브랜드의 정체성을 다듬어 스케치하고, 추려가면서 브랜드의 존재 이유와 목표를 담아 스토리텔링을 하기 위해 노력합니다. 여러분도 브랜드의 정체성을 표현하는 로고를 고민해 보고, 시도하면서 브랜드의 얼굴을 마련해 보세요.

대부분의 로고는 일러스트레이터를 사용하여 제작합니다. 포토샵이나 다른 그래픽 프로그램으로 로고를 제작할 수 있지만 로고는 브랜드 인쇄물, 광고 배너, 현수막 등 다양한 작업 사이즈에 사용되므로 벡터를 기반으로 한 파일로 만드는 것이 적합합니다.

—— 로고는 이렇게 만들어요

① 브랜드 아이덴티티 정의

브랜드의 키워드를 두세 가지 정도 추려주세요. 이때 키워드는 구체적일수록 좋습니다. 키워드를 종합하여 브랜드의 주 메시지, 전달하고자 하는 서비스 메시지를 담은 문장을 만들어주세요. 키워드와 메시지를 통해 브랜드 콘셉트를 만들고, 이 콘셉트에 맞게 로고의 이미지 방향성을 결정하게 됩니다.

② 경쟁사 체크 및 분석

동종 업계의 로고를 살펴보고 장점들을 분석합니다. 가독성이 좋다거나, 색상의 조합이 좋거나, 브랜드의 아이덴티티가 돋보이는 등의 장점들을 생각해 보세요.

③ 디자인 영감 찾기

이미지 레퍼런스 사이트에서 리서치해 브랜드 디자인에 참고할 수 있는 이미지를 수집합니다.

④ 로고에 맞는 글자 스타일 배치 및 크기 찾기

무드 보드를 만들어 자신이 편한 방식으로 가볍게 스케치를 해보세요.

⑤ 컬러로 시선 집중하기

브랜드 키워드를 나타내는 색상을 선택해 봅니다. 예를 들어 조용한 드립 커피 전문점의 로고를 만든다고 생각하면 편안하고 따뜻한 색을 선택하여 브랜드의 느낌을 충분히 나타내 줍니다.

⑥ 타이포그래피 서체 선택

로고이 서체는 간결하고 한눈에 들어와야 합니다. 가독성이 좋거나, 브랜드의 느낌을 대변할 수 있는 서체를 선택해 주세요.

⑦ 제3자와 의견 나누기

다른 이들의 의견을 듣는 것은 매우 중요합니다. 소비자가 될 수 있는 주변인들의 조언을 꼼꼼하게 들어보세요.

⑧ 로고 발전시키기

위의 과정을 거치면서 수집된 데이터와 의견을 모아 로고를 발전시키는 과정이 필요합니다.

⑨ 완성

로고가 완성되었으면 여러 작업에 활용해 보세요.

간단하게 로고 만들기

간단한 도형으로 조금만 변화를 주어도 여러 형태의 로고를 만들 수 있습니다. 도형과 타이포그래피의 결합만으로도 훌륭한 로고를 만들기도 합니다. 다만, 로고를 작업할 때는 브랜드의 정체성을 제대로 잘 표현하는지 확인해야 합니다. 예를 들어 반려 동물 브랜드를 만든다면, 뾰족한 형태의 프레임과 폰트보다는 둥글고 부드러운 느낌의 프레임과 폰트를 선택하는 편이 친근감이 느껴집니다.

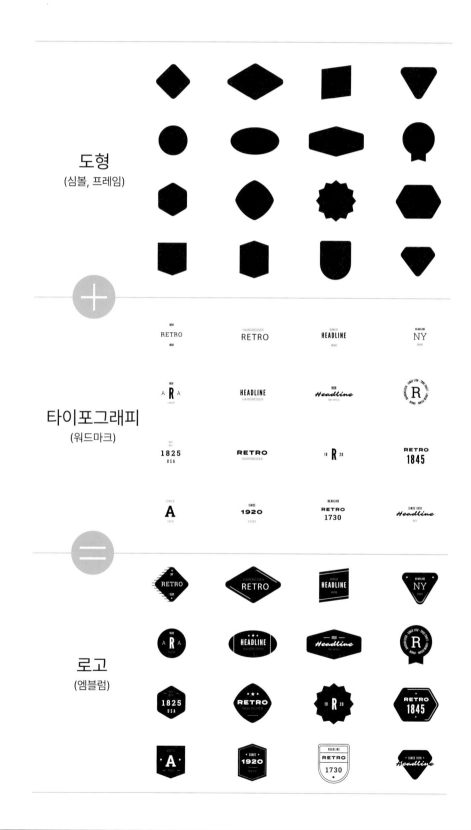

도형
(심볼, 프레임)

타이포그래피
(워드마크)

로고
(엠블럼)

원형 응용해서
다양한 도형 만들기

⊙ 1 ⊙

일러스트레이터에서 대지를 열고, [타원 도구]로 원을 그리고 원하는 색으로 바꿔주세요.

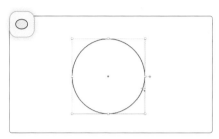
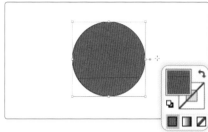

⊙ 2 ⊙

상단 메뉴 바에서 [효과→스타일화→스크리블]에서 수치를 바꿔 크레파스로 칠한 것과 같은 효과로 바꿔줍니다.

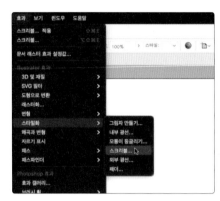
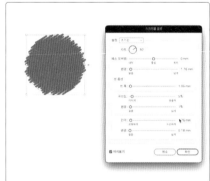

⊙ 3 ⊙

다른 원을 하나 더 만든 다음, [효과→왜곡과 변형→오목과 블록]을 눌러주세요. [오목과 블록] 창에서 바를 오른쪽으로 보내면 밖으로 볼록한 형태가 되고, 왼쪽으로 바를 당기면 반짝이는 형태처럼 안으로 라인이 오목하게 들어갑니다.

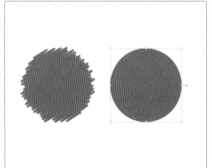

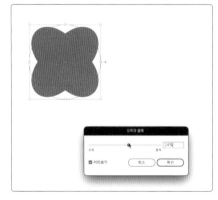
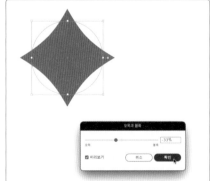

원을 하나 더 만든 다음 [효과→왜곡과 변형→지그재그]를 눌러주세요. [크기]는 뾰족하게 솟아나는 깊이 값을 조정합니다. [매끄럽게]를 선택하면 뾰족했던 모서리가 둥글게 바뀝니다.

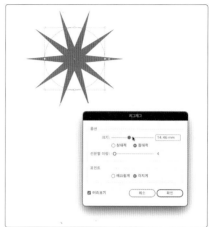

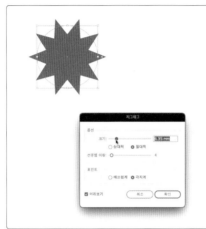
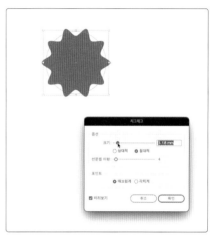

[선분별 이랑] 값을 조절하면 뾰족한 모서리의 개수를 조절할 수 있습니다.

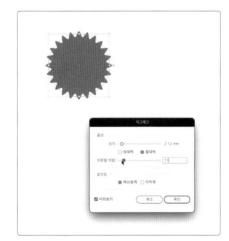

사각형 응용해서
다양한 도형 만들기

⊙ 6 ⊙

마지막으로 선으로만 이루어진 사각 프레임을
만들어보겠습니다. 정사각형을 만드려면 [사
각형 도구]를 누른 다음 [Shift]를 누른 상태에
서 마우스를 드래그 해주세요.

⊙ 7 ⊙

사각형을 하나 더 만들기 위해 [선택 도구]를
선택한 다음 [Ctrl + C]를 눌러 사각형을 복사
합니다. [Ctrl + Shift + V]를 눌러 제자리에
붙여 넣어주세요. 그 자리에 붙여넣기되며 모
서리 바깥쪽으로 커서를 옮겨 회전 표시가 떴
을 때 [Shift]를 누른 후 45도 회전합니다.

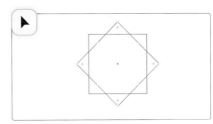

⊙ 8 ⊙

사각형을 다르게 응용해 보겠습니다. 사각형을 하나 더 만든 후 [직접 선택 도구]로 변경하여 오른
쪽 상단 고정점을 클릭해 보세요. 방금 선택한 고정점만 움직일 수 있습니다.

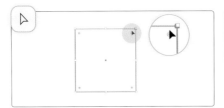
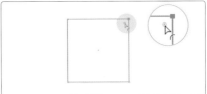

⊙ 9 ⊙

선택한 고정점 안쪽에 있는 흰색 동그라미를 안으로 끌어당기면 모서리가 둥글게 변합니다. 옵션
바에서 모퉁이 수치 값을 조정할 수 있습니다.

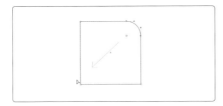
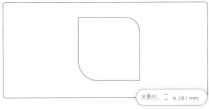

⊙ 10 ⊙

도형을 이용하여 원하는 이미지를 만들어보세요.

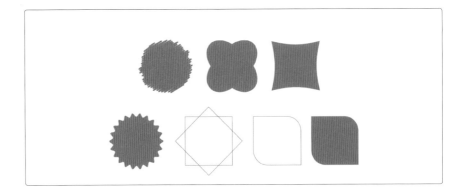

텍스트 스타일 다양하게 시도하기

글자가 나열된 형태를 다양하게 바꿔보겠습니다. 도형 윤곽에 따라 텍스트를 나열할 수도 있고, 직접 그린 패스 형태에 맞춰 텍스트 모양을 바꿀 수도 있습니다.

도형 위에 글자 쓰기

◎1◎

[타원 도구]로 원을 만들어 준 다음 [문자 도구]를 꾹 누르거나, 도형 위에 마우스 커서를 옮겨 마우스 오른쪽 버튼을 클릭하여 [패스 상의 문자 도구]를 선택합니다.

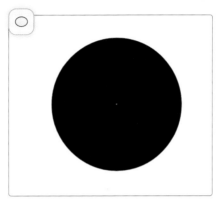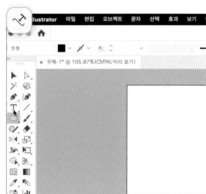

◎2◎

글자를 써준 후 문자 패널에서 원하는 서체로 바꿔주세요.

◎3◎

글자가 써진 패스를 자세히 보면 세 개의 라인bar이 보입니다. [선택 도구]를 이용하여 첫 번째 라인으로 문자 앞부분을 움직일 수 있고, 두 번째 라인은 문자의 위치를 안, 밖으로 옮길 수 있습니다. 세 번째 라인은 문자가 들어가는 영역의 뒷 부분을 움직일 수 있습니다. 글자가 들어가는 폭이 좁아져 패스 안에 글자가 모두 표시되지 않는다면 글자 끝에 [+] 모양이 나타납니다.

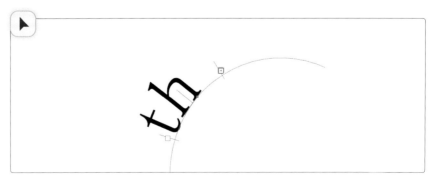

라인을 앞뒤로 당겨서 글자 공간을 넓혀주세요. 그리고 앞의 라인을 움직여 글자의 위치를 조정합니다. 라인을 움직일 때 커서 아래에 화살표가 뜨는 것을 확인해 주세요.

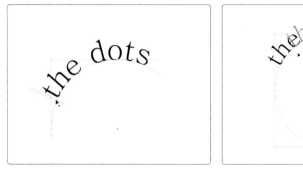

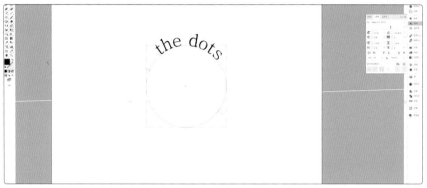

문자 패널에서 원하는 서체로 바꾼 뒤 자간 등을 조정하여 마무리합니다.

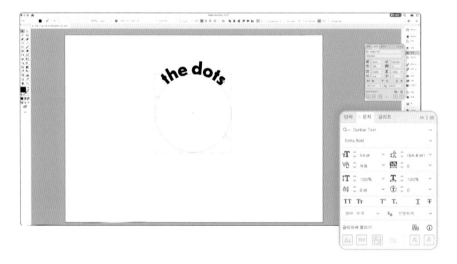

둘러싸기 기능 사용하기

⊙ 6 ⊙

상단에 있는 [둘러싸기] 기능을 활용하여 글자의 형태를 변경할 예정입니다. [문자 도구]로 문자를 입력한 후 [둘러싸기]를 선택하세요.

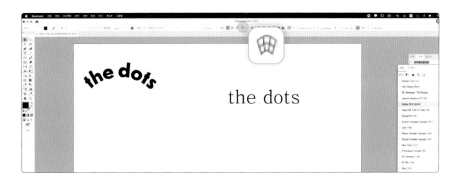

⊙ 7 ⊙

[변형] 옵션 창이 나타나면 다양한 옵션 값을 선택해 문자의 형태를 변형해 보세요. 수치를 조정하여 모양을 바꿀 수도 있습니다.

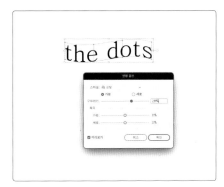 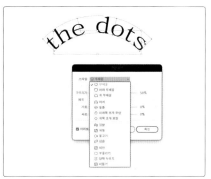

tip

다양한 둘러싸기 기능들을 연습하기

왜곡, 원근, 아치, 확대 등 다양한 형태로 타이포그래피 구성 연습을 해보세요. 다만, 메인인 브랜드명을 중심으로 세부 사항이 조화롭게 들어가야 한다는 것을 잊지 마세요.

둘러싸기 기능은 일러스트레이터에서 [오브젝트→둘러싸기→왜곡→변형으로 만들기] 기능과 같습니다. 텍스트 수정은 굳이 상단 메뉴로 들어가지 않아도, 편집하려는 텍스트 개체 선택 시 상단에 뜨는 둘러싸기 아이콘을 클릭하여 바로 변형 도구 사용이 가능합니다. 둘러싸기 변형 후 옵션 바에 있는 둘러싸기 편집에서 수정이 가능합니다. 왼쪽의 그물 모양 아이콘은 텍스트를 둘러싼 프레임을, 오른쪽의 별 모양의 아이콘은 프레임 안에 콘텐츠 즉, 텍스트를 수정할 수 있게 됩니다.

패스 위에 글자 넣기

[펜 도구]를 사용하여 ~ 모양을 그려보세요. 그런 다음 [문자 도구]로 글자를 작성합니다. 글자를 모두 넣은 후 [Esc]를 누르면 커서 상태가 해지되며 자동으로 [선택 도구]로 변경됩니다.

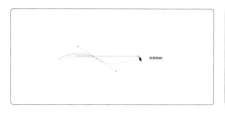

⊙ 9 ⊙

문자 패널에서 서체를 바꾸고, 자간을 조정하여 글자 간격을 안정적으로 만들어주세요.

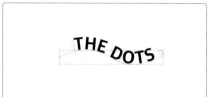

⊙ 10 ⊙

글자를 회전하여 수평을 맞춰주어 마무리합니다. 글자만 변형하여도 다양한 형태의 로고 유형을 만들 수 있습니다.

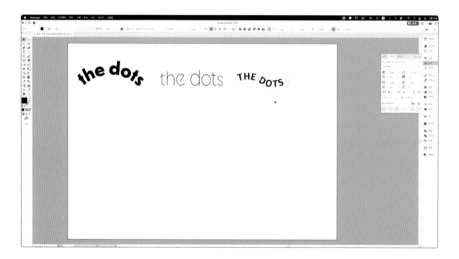

(tip)

처음은 흑백으로 작업하기

로고를 만드는 시작 단계에서는 형태를 집중해서 볼 수 있도록 흑백으로 작업해 주세요. 처음부터 색상, 텍스처 등을 넣으면 많은 것을 한 번에 고려해야 하기 때문에 형태를 정확하게 판단하기 어려워집니다. 형태를 거의 완성 단계까지 다듬은 이후 색상을 입히는 식으로 디자인을 단계적으로 진행해 주세요.

CASE 1. 로고

(for) 커피 전문점을 준비하는 사장님께

완성도를 높이는 포토샵, 일러스트레이터 필수 기능

학습 포인트 정리

✓ 로고에 어울리는 콘셉트를 기획하고 무드 보드를 만듭니다.

✓ 기본 모양을 활용하여 아트워크를 만들어봅니다.

✓ 로고에 어울리는 색을 추출합니다.

작업을 시작하기 전에

콘셉트

'the dots.'는 드립 커피 전문점입니다. 1인이 운영하는 조용한 카페로, 심플한 인테리어가 특징입니다. 브랜드 메시지로는 '편안한 공간에서 주인장이 정성스레 내려주는 커피 전문점'으로, 브랜드 메시지에서 '심플＝1인', '조용한', '드립 커피'라는 세 가지 키워드를 추출합니다.

무드 보드

무드 보드 템플릿
다운로드

위의 키워드에서 심플한, 편안한calm, 따뜻한 컬러의, 내려주는dripping의 키워드를 시각 요소로 바꿔보겠습니다. '정성스레 내려주는 커피 전문점'이 연상되도록 커피 방울이 떨어지는 과정을 단순화함과 동시에 the dots.의 브랜드 이름도 직관적으로 보여지도록 표현함으로써 브랜드의 시각적 아이덴티티를 강화할 수 있습니다.

이미지를 넣는 부분에서는 고객이 들어왔을 때 느껴지는 브랜드의 공간온/오프라인의 톤앤매너가 될 수 있는 이미지나 그 공간에서 일어날 수 있는 이벤트 이미지, 그래픽 이미지 등을 넣어주세요. 그리고 컬러 팔레트에서는 이 브랜드 혹은 제품과 어울릴 것 같은 컬러를 직접 선정하거나 제품, 브랜드 사진에서 스포이드로 추출하여 넣습니다. 마지막으로 스타일에서는 앞으로 이 브랜드나 상품을 판매하면서 파생될 애플리케이션에서 소스로 활용할 수 있거나 영감을 얻을 수 있는 이미지들을 넣습니다.

무드 보드는 브랜드의 최종 이미지가 아닌, 브랜드나 상품의 시각 애플리케이션을 다듬어나가는 과정의 초기 단계에서 만드는 브랜드 소스 이미지로써 브랜드 톤앤매너의 큰 방향을 잡아나가는 툴로 활용하시는 것을 권장합니다.

(tip)

작업을 시작하기 전에 비핸스나 핀터레스트, 구글 등 다양한 레퍼런스 사이트에서 어울리는 이미지를 찾는 것도 작업에 도움이 됩니다. 작업하려는 이미지와 유사한 이미지를 찾아보세요. 메인 컬러를 정할 때 유용하게 사용되기도 합니다. 레퍼런스 사이트 p.258 참고

기본 모양을 사용하여 아트워크 만들기

tip

[Alt]를 누르면 화살표 검은색, 흰색 화살표 두 개가 뜹니다. 반드시 [Alt]를 먼저 누른 후에 개체를 옆으로 당겨주세요. 그 후 마우스를 먼저 뗀 뒤 [Alt]를 손에서 떼어줍니다. 복사할 때 [Shift]를 함께 누르면 수평이 유지됩니다.

⊙ 1 ⊙

시그니처 모양을 만들어보겠습니다. 먼저 일러스트레이터에서 대지를 열고 [타원 도구]로 원을 하나 만들어주세요. 원을 선택한 뒤 [Alt]를 눌러 옆으로 당겨 복사해 주세요.

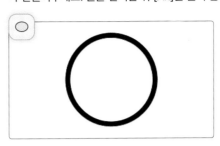
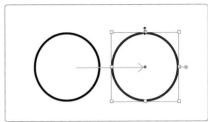

tip

* 고정점 도구 단축키 [Shift + C]
* 고정점의 핸들을 없앨 경우 고정점 도구를 클릭하거나 변환 도구를 클릭하여 핸들을 사라지게 합니다.

⊙ 2 ⊙

[직접 선택 도구]를 선택하여 원 가운데 점을 위쪽으로 올려주세요. [고정점 도구]로 위 고정점을 클릭하여 양쪽 핸들을 사라지게 합니다.

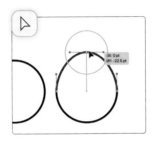
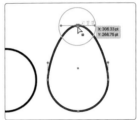
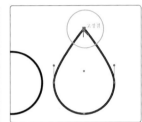

⊙ 3 ⊙

고정점에 딸린 핸들을 조정하여 물방울의 볼륨감을 조금 더 부풀려줍니다. 이때 한쪽 핸들만 움직여야 하기 때문에 아래 [고정점 도구]를 활용하여 위쪽 핸들을 조금 더 늘려줍니다.

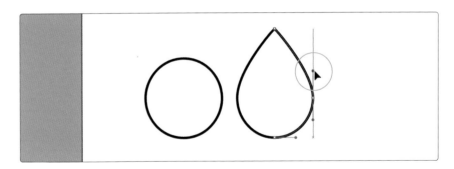

tip

좌측 도구 패널 하단의 면/선 컬러칩을 더블 클릭하여 색을 바꿔주어도 좋고, 상단 옵션 바의 견본칩에서 색을 변경해도 됩니다.

⊙ 4 ⊙

색상 패널에서 선은 없애주고 면만 검은색으로 채워줍니다.

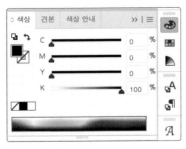
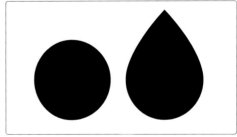

tip

글자 키우기

글자를 키울 때 처음부터 '수치'로 글자를 조정하면 글자 크기를 직관적으로 확인하는 것이 어렵습니다. 글자 크기를 먼저 [선택 도구]로 조절한 뒤 수치로 미세하게 조절해주세요.

⊙ 5 ⊙

[문자 도구]를 'the dots.'라는 브랜드 명을 작성합니다. 글자를 작성한 뒤 [선택 도구]로 도구를 변경한 다음 [Shift]를 누른 상태에서 글자 사이즈를 키워주세요.

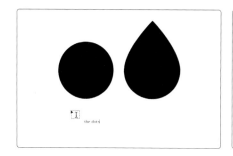

⊙ 6 ⊙

이미지와 브랜드 정체성에 맞춰서 글자체도 바꿔주세요. 처음부터 완벽하게 어울리는 글자체를 찾기 보다, 두세 가지 정도 추려보면 좋습니다.

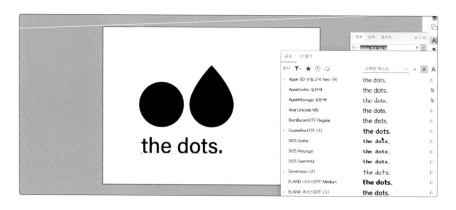

tip

가운데에 맞추어 놓았는데, 왜 한쪽으로 치우쳐 보일까요?

수치상으로는 두 개 이상의 요소가 기준선을 기준으로 원하는 방향에 알맞게 조정되었지만, 여백에 따라 무게가 한쪽으로 쏠려 보일 수 있습니다. 이때 눈으로 판단하여 무게 중심을 맞춰주어도 됩니다. 너무 수치에 의존하지 않아도 괜찮습니다.

⊙ 7 ⊙

물방울과 글자 정렬하기 위하여 안내선을 활용하겠습니다. [보기→눈금자]에서 눈금자를 켜주세요. 좌측 눈금자에 마우스를 끌어당겨 안내선을 도형 양 끝에 맞춰주세요. 안내선에 맞추어 글자의 너비도 맞춰줍니다. [선택 도구]로 변경한 뒤 [Shift]를 눌러 오른쪽 아래에 있는 고정점을 당겨주세요.

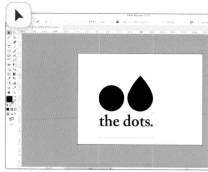

⊙ 8 ⊙

물방울 이미지의 색상을 바꾸기 위해서 [선택 도구]와 [Shfit]를 이용하여 이미지를 세 개 복사해줍니다. 색상을 추출하여 적용하기 위하여 작업 이미지에 어울리는 이미지를 가져와 주세요. 부드럽고 편안한 느낌을 주기 위하여 '카페 라테'의 색감을 이용하겠습니다. [파일→가져오기]로 이미지를 불러옵니다.

⊙ 9 ⊙

색을 변경하고자 하는 개체를 클릭한 뒤, 스포이드로 색을 추출하면 개체에 바로 색이 반영됩니다. 세 가지 색을 원하는 색상으로 변경해 주세요.

tip

색을 지정할 때 면에 해당 색을 넣을 것인지, 선에 색을 넣을 것인지 고려하여 도구 패널 하단의 면/선의 컬러칩을 앞으로 빼주세요. 앞으로 나와 있는 컬러칩이 현재 변경하려는 부분의 색상입니다. 단, 사진에서 스포이드 사용해 색을 추출하여 반영하면 색은 칠 색으로 들어갑니다.

⊙ 10 ⊙

프레임 안에 로고가 들어가면 어떤 느낌인지 보기 위해 원 안에 앞에서 만든 이미지를 넣어보겠습니다. 대지 안에 원형을 만들어준 다음, 색상을 바꿔주세요.

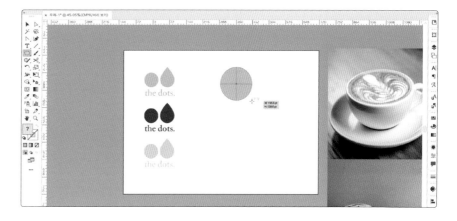

tip

맨 뒤로 보내기 단축키: [Ctrl+Shift+[ ]

원 앞에 이미지가 나올 수 있도록 배치하겠습니다. 뒤로 보내고자 하는 개체를 선택한 후 마우스 오른쪽 버튼을 누르고 [정돈→맨 뒤로 보내기]를 눌러주세요.

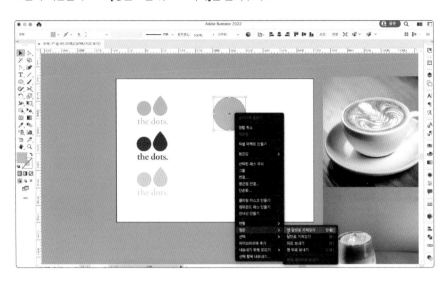

tip

견본 컬러가 아닌 색상을 지정할 때는 피커창을 불러와서 색을 변경해 주세요.

프레임으로 쓰인 원형에 테두리를 만들어보겠습니다. [선택 도구]로 원을 누르고 상단에 위치한 견본칩또는 좌측 하단 컬러칩을 선택하여 색을 넣어준 뒤 획 패널에서 원하는 굵기로 조정해 주세요.

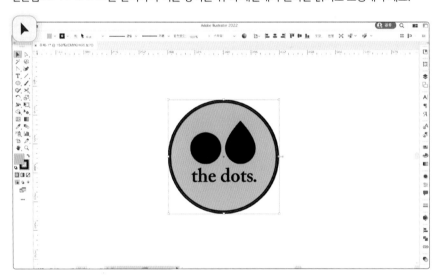

⊙ 13 ⊙

세부적인 사항들을 조정하여 완성도를 높여보겠습니다. 그 중 서체를 변경하여 반대되는 느낌, 비슷한 무드 등을 시도해 봅니다. [문자 도구]를 열어서 마음에 드는 서체를 변경해 주세요. 서체와 어울리는 배경색도 다양하게 만들어보세요.

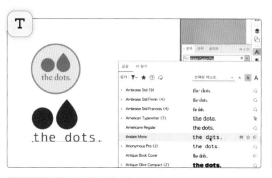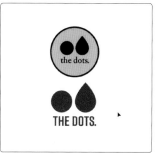

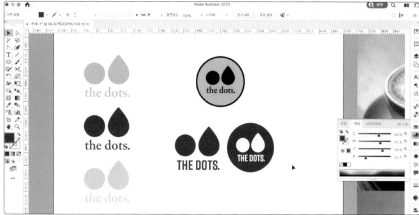

⊙ 14 ⊙

로고는 배경색이 있는 경우와 없는 경우 두 가지 시안을 최종 시안으로 작업합니다. 우리가 만들 상세 페이지나 굿즈, 패키지 등에 로고를 적용했을 때의 상황을 고려합니다. 밝은 배경에 사용했을 때, 어두운 배경에 사용했을 때 등의 모든 상황을 적용해 봅니다.

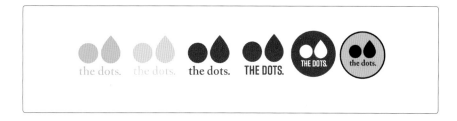

> **더 알아보기**
>
> **그룹 만들기**
>
> 함께 묶을 개체들을 선택한 후 마우스 오른쪽 버튼 클릭 후 [그룹]을 누르거나 [Ctrl + G]를 눌러 주세요. 선택된 개체들이 하나의 그룹으로 묶입니다.

⊙ 15 ⊙

다양하게 만든 로고 시안 중 나의 브랜드, 상품과 가장 잘 어울리는 형태를 최종안으로 골라주세요. 완성된 시안은 이미지를 그룹화하여 하나의 이미지로 묶어 마무리합니다.

학습 포인트 정리

✓ 일러스트레이터의 간단한 도구로 나만의 캐릭터를 만들고, 캐릭터를 이용하여
상품을 제작할 수도 있습니다.

작업을 시작하기 전에

콘셉트

브랜드에서 캐릭터를 잘 만들어 놓으면, 브랜드의 긍정적인 효과를 가져오기도 하며 다양한 디자인 소스로 활용하기도 좋습니다. 일러스트레이터의 기본 도형만으로도 충분히 귀여운 나만의 캐릭터를 만들 수 있습니다. 예제에서는 핫도그 브랜드에서 사용할 '핫도그 캐릭터'를 만들어보겠습니다.

간단하게 캐릭터 만들기

⊙ 1 ⊙

[파일→열기]로 대지를 열어주세요. 대지 크기는 자유롭게 열어주세요. 다만 인쇄용 파일인지, 화면용인지에 따라 색상 모드와 해상도, 단위를 변경하여 작업 화면을 만듭니다.

⊙ 2 ⊙

캐릭터의 눈을 먼저 그려볼게요. [타원 도구]를 사용하여 원을 그려줍니다. [Shift]를 눌러 동그라미를 그려주세요. [Ctrl + C]로 원을 복사한 뒤, [Ctrl + Shift + V]를 누르거나 [편집→제자리에 붙이기]로 제자리 붙이기를 해주세요.

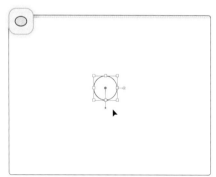

⊙ 3 ⊙

[선택 도구]로 변경하여 [Shift]를 누르고 제자리에 붙인 원을 작게 줄여주세요. 좌측 상단에서 우측 하단으로 당기면 눈동자의 위치를 쉽게 잡을 수 있습니다.

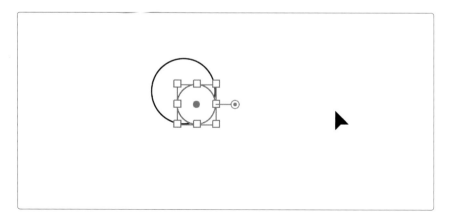

⊙ 4 ⊙

눈 겉면은 선 색만 지정하고, 면 색은 지정하지 않습니다. 눈동자는 면 색을 검은색으로 변경하고 선 색은 지정하지 않습니다.

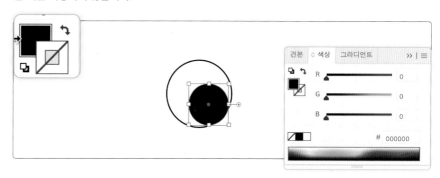

⊙ 5 ⊙

키보드 방향키로 미세하게 움직이거나 마우스를 움직여 눈 안쪽으로 위치를 잡아주세요. 키보드 방향키로 이동할 시 개체가 움직이는 단위가 크거나 혹은 너무 작다면, [환경 설정→패널→일반→키보드 증감]에서 원하는 수치로 변경합니다.

⊙ 6 ⊙

눈 전체를 [선택 도구]로 선택하고 [Alt]를 함께 누른 채 [Shift]를 함께 누르면 수평을 유지하며 복사할 수 있습니다.

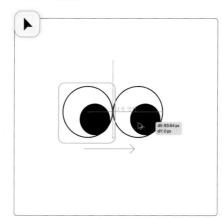
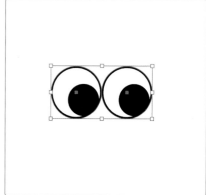

⊙ 7 ⊙

핫도그의 빵을 표현할 거예요. [사각형 도구]로 직사각형을 하나 그려주세요.

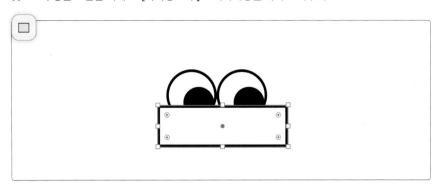

⊙ 8 ⊙

두 눈을 하나의 덩어리로 묶어 주기 위해 [그룹]을 설정하겠습니다. 직사각형을 제외한 두 눈만 전체 선택한 뒤 마우스 오른쪽 버튼을 누르고 [그룹]을 눌러주세요.

⊙ 9 ⊙

[선택 도구]로 그룹 설정한 눈과 직사각형, 총 두 개체를 함께 선택합니다. 상단 옵션 창에서 [세로로 가운데 정렬]을 눌러 두 개체 간의 정렬 기준선을 맞춰주세요.

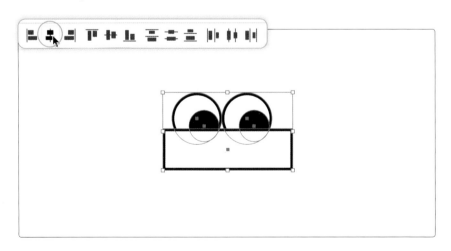

10

눈 앞으로 올라온 사각형을 눈 뒤로 보내기 위해 직사각형을 선택한 후 마우스 오른쪽 버튼을 클릭해 [정돈→맨 뒤로 보내기]를 해주세요.

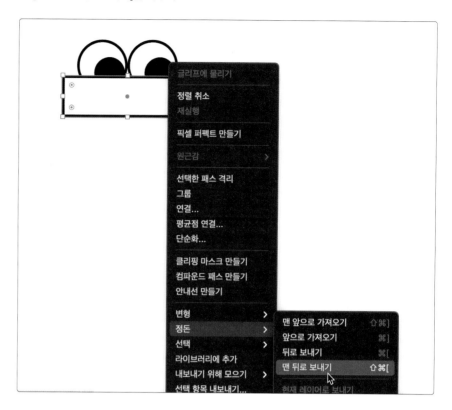

네 방향의 모서리를 동그랗게 하기 위해 직사각형의 모퉁이 점을 선택하고 당겨주세요. 이때 네 방향의 모퉁이 점이 모두 떠 있어야 합니다. 모퉁이 점이 없을 경우 [Ctrl]를 눌러 모퉁이 점을 띄워주세요. 혹은 개체 선택 시 상단 옵션 창에 뜨는 모퉁이 값을 조정하여 수정할 수도 있습니다.

핫도그 소스를 만들겠습니다. 검은색 직사각형 하나를 만든 뒤 모퉁이를 둥글게 바꿔주세요.

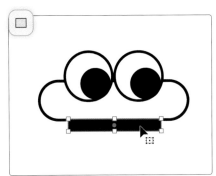 

소스가 주르륵 흐르는 장면을 만들기 위해 아래쪽에 짧은 세로형 직사각형을 하나 더 만든 후 네 방향의 모퉁이를 둥글게 바꿔주세요. 테두리에 빨간색 선이 뜨는 것은 둥글게 변환할 수 있는 최대 치만큼 당겼다는 의미입니다.

[선택 도구]로 ⊙ 13 ⊙의 사각형을 선택한 뒤 [Alt]를 눌러 옆으로 당겨 복사한 다음, [자유 변형 도구]로 변경하여 아래에서 위로 당겨 짧게 만들어주세요.

 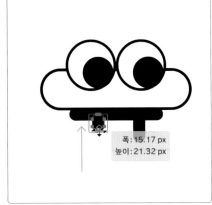

둥근 직사각형 세 개를 하나의 모양으로 합치겠습니다. [선택 도구]로 세 개의 개체를 모두 선택한 후 패스파인더 패널을 열어주세요. 첫 번째에 있는 합치기 모드를 눌러 하나로 합쳐주세요.

이어 소시지 부분을 만들겠습니다. [사각형 도구]로 긴 직사각형을 만들어주세요.

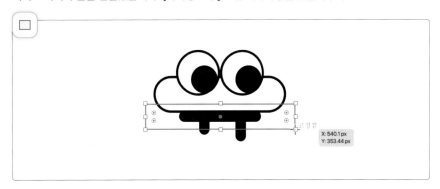

개체를 선택하고 [스포이드 도구]를 선택하여 눈 밑에 빵 부분을 클릭하여 선과 면의 정보를 소시지 부분에 반영하도록 합니다. [직접 선택 도구]로 변경하여 모퉁이 점을 당겨 각진 모서리를 둥글게 만들어주세요.

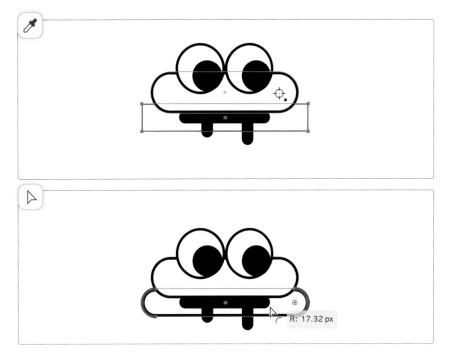

[선택 도구]로 위의 빵을 클릭한 채 [Alt]를 누르면서 아래로 당겨 복사합니다. 빵-소스-소시지-빵 순으로 아래 그림과 같이 보일 수 있도록 조정합니다. 만약 아래 빵이 위로 올라와 있으면 마우스 오른쪽 버튼을 클릭하여 [정돈→뒤로 보내기]를 눌러 개체 간 순서를 조정해 주세요.

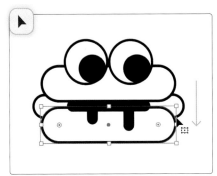 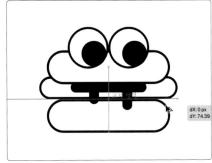

[선분 도구]를 선택합니다. [Shift]를 누른 채 핫도그 아래에 일직선으로 바닥을 그려주세요.

[선택 도구]로 전체 이미지를 선택한 뒤 옵션 바에서 세로로 가운데 정렬을 해주세요.

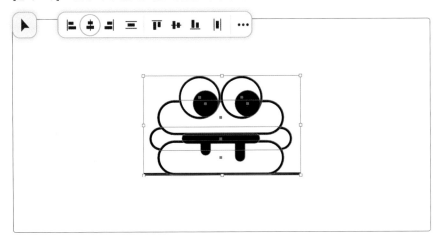

⊙ 21 ⊙

이제 색을 넣어보겠습니다. [선택 도구]로 색을 변경하고자 하는 개체를 선택하여 면색 컬러칩을 더블 클릭하여 색을 변경합니다.

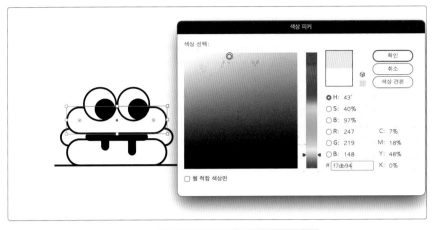

⊙ 22 ⊙

[스포이드 도구]로 색을 불러오고자 하는 부분을 클릭하면 클릭한 개체의 색상과 선의 굵기 정보까지 모두 복사됩니다. 개체 모두에 원하는 색상을 지정하고, 선의 굵기도 조정합니다.

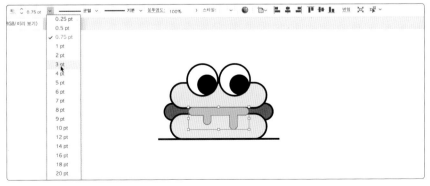

tip

라이브 페인트 통

색상 변경 시, [라이브 페인트 통]을 사용하는 방법도 있습니다. [라이브 페인트 통]도구를 선택한 다음 개체 위에 마우스를 올리면 '선택한 개체를 라이브 페인트 사용이 가능한 개체로 전환한다'는 안내문이 뜹니다. 개체를 클릭합니다. 면 색에서 원하는 색을 선택해 주세요. 라이브 페인트는 닫힌 면에서만 사용이 가능하며 패스가 겹쳐지는 선에 의해 면으로 쪼개지며 색이 들어갑니다.

캐릭터의 디테일을 높이기 위해서 [선분 도구]로 변경한 다음 [Shift]를 누르며 아래 빵 부분에 짧은 선을 그려주어 캐릭터를 완성합니다

색상 편집 기능 활용하기

⊙ 24 ⊙

완성한 캐릭터를 [선택 도구]로 선택하고 [Alt]를 눌러 복사합니다. 복사한 개체를 [편집→색상 편집→아트웍 색상 변경]으로 들어가주세요.

⊙ 25 ⊙

아트웍 색상 변경에는 '고급 옵션' 모드와 '일반 옵션' 모드가 있습니다. 먼저 '고급 옵션' 모드부터 살펴보겠습니다. 알반 옵션 패널 하단에 있는 [고급 옵션]을 클릭하세요.

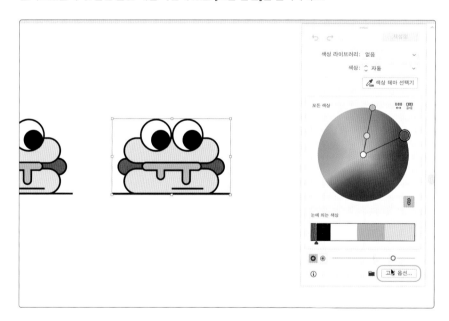

26

전체 색상을 보면 작업한 개체에서 사용한 색상들이 나타납니다. 여기서 사용된 컬러칩을 더블 클릭하여 색상 피커 창을 띄운 상태에서 색을 수정할 수 있습니다.

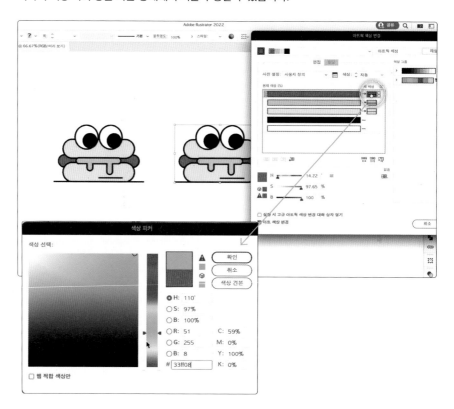

원하는 색상으로 변경해 보세요.

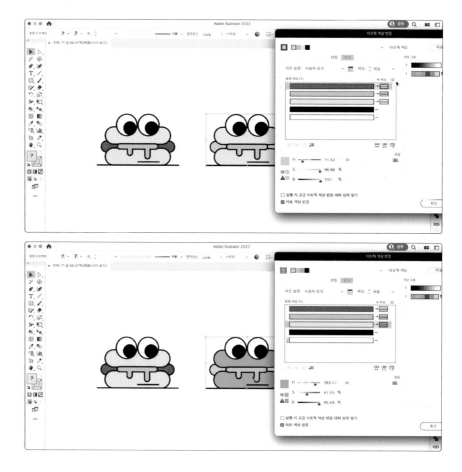

[아트웍 색상 변경] 창 하단에는 랜덤 색 배치가 있습니다. 첫 번째 아이콘은 현재 쓰인 색상의 톤을 랜덤으로 변경하고, 두 번째 아이콘은 랜덤으로 채도와 명도를 배치합니다. 세 번째 아이콘은 색을 선택하고 클릭하면 선택한 색이 적용된 오브젝트만 보입니다.

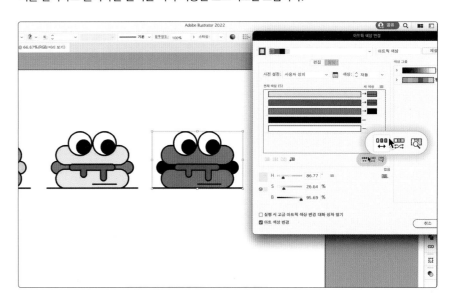

29

'일반 옵션'의 기능도 살펴보겠습니다. [눈에 띄는 색상]에서 개체 내에서 사용한 컬러 목록이 나옵니다. 가운데 휠에서 원하는 색상을 클릭하여 색을 변경할 수 있습니다.

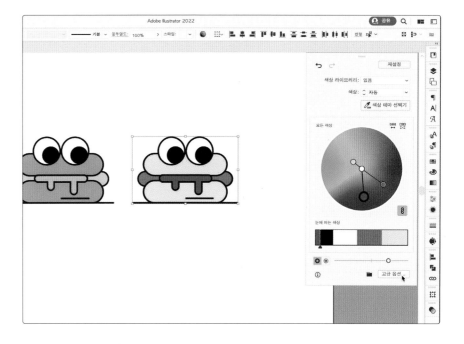

Lesson(N) 04

포토샵으로
상세 페이지
만들기

멋진 상세 페이지를 만들기 위해서는 탄탄한 기획이 필요합니다. 상품의 타깃 연령층은 어떻게 되는지, 선호 성별은 어떻게 되는지, 고객이 어떤 키워드로 제품을 검색하는지, 고객이 해당 제품의 어떤 정보를 원하는지 등을 생각한 후 고객의 시선과 마음을 사로잡을 수 있는 내용과 이미지 등을 만들어주세요. 체계적인 기획으로 상세 페이지를 제작해야 고객들이 보다 쉽게 상품을 이해할 수 있으며 구매 성공률을 높일 수 있습니다.

CASE 1. 쿠팡

(for) 휴대폰 케이스를 판매하는 사장님께

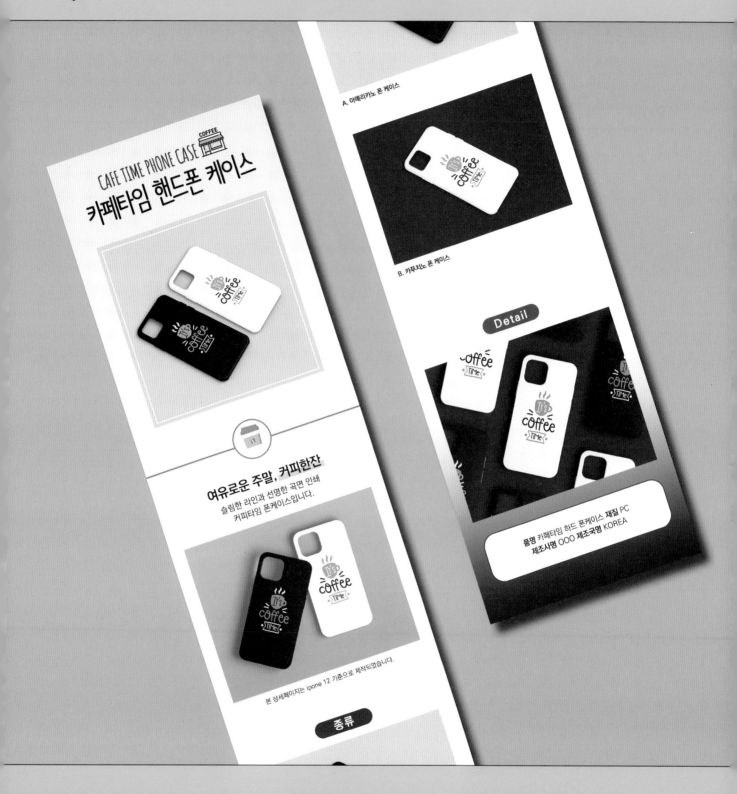

학습 포인트 정리

✓ 목업 이미지를 활용하여 다양한 제품을 소개할 수 있습니다.
✓ 무료 아이콘 소스를 다운받아 다채로운 상세 페이지를 만들어봅니다.

작업을 시작하기 전에

쿠팡 알아보기

쿠팡 상세 페이지를 만들기 전에, 우선 쿠팡에 판매자 아이디를 등록해 주세요. 판매자 승인을 받은 후 택배 회사를 확정해야 상품 등록을 할 수 있습니다. 보다 수월한 온라인 판매를 위해서는 상세 페이지 제작 전에 판매하고자 하는 판매 채널에 승인을 받은 후 상세 페이지를 제작하는 것이 좋습니다. 쿠팡은 다른 판매 채널보다 한 가지 까다로운 점이 있습니다. 상품을 등록할 때 여러 상품을 함께 업로드할 수 없고 개별로 등록해야 합니다. 다소 번거로울 수 있지만 쿠팡은 대표적인 마켓 플랫폼 중 하나이기 때문에 방법을 익혀 놓으면 수월하게 진행할 수 있습니다.

—— **쿠팡 작업 사이즈(최소 권장 사항)**
1. 대표 이미지 정사각형 ^{필수} 500x500px
2. 상세 페이지 ^{필수} 가로 780px, 세로 길이 제한 없음

기획하기

스스로 기획하고 상세 페이지를 제작하는 경우라면 무작정 작업 파일을 열기 전에 어떤 콘텐츠를 어떻게 풀어내고 싶은지 등을 정리하여 기획하는 것이 좋습니다. 기획서에 따라 디자인의 퀄리티가 결정되기 때문에 꼼꼼하게 기획하는 것이 중요합니다. 기획이 탄탄한 상세 페이지는 디자인 작업도 훨씬 수월해집니다. 기획 단계에서 메인 타이틀, 서브 타이틀, 들어갈 이미지 개수 등 정보의 우선 순위를 단계별로 정리해 보세요. 소비자에게 원하는 정보를 쉽게 전달할 수 있고, 디자인 작업 속도도 빨라집니다.

쿠팡 상세 페이지 제작은 <u>인트로 – 상품 정보 – 배송 안내</u> 순으로 제작하면 됩니다. 인트로의 경우 고객의 시선을 끌 수 있는 카피 문구 및 제품의 사진을 돋보이게 제작하는 것이 좋습니다. 상세 페이지의 인트로는 '메인 포스터'라고 생각해 주세요. 상세 페이지의 첫인상으로 이 페이지를 보고 더 내려보고 싶은지, 아닌지를 결정하는 데 큰 역할을 합니다. 시각적인 매력을 높여야 하기에 필요한 정보만 작성합니다.

CAFE TIME PHONE CASE
카페타임 휴대폰 케이스

메인 이미지

Ⓐ 인트로

여유로운 주말, 커피한잔
슬림한 라인과 선명한 곡면 인쇄
커피타임 폰케이스입니다

폰케이스 이미지

본 상세 페이지는 iphone 13을 기준으로 제작되었습니다.

종류

폰케이스 이미지
(아메리카노 느낌)

A.아메리카노 폰 케이스 iphone x, iphone12, iphone 13

폰케이스 이미지
(카푸치노 느낌)

Ⓑ 상품 정보

B.카푸치노 폰 케이스   iphone x, iphone12, iphone 13

Detail

A,B 폰케이스 이미지

품명: 카페타임 하드 폰케이스   재질: PC
제조사명: OOO   제조국명: KOREA

시작하기

작업 파일 생성과
작업 환경 만들기

◉ 1 ◉

[파일→새로 만들기→웹]을 열어주세요. 설정에서 가로 780px, 세로 3000px^{변경 가능}로 설정합니다. 아트보드Artboard는 체크해 줍니다. 아트보드를 사용할 경우 대지 사이즈 조정이 용이합니다. 해상도는 72픽셀, 색상은 RGB로 설정하고 [만들기]를 눌러주세요

tip

세로는 원하는 사이즈로 만들면 되지만 처음에는 대략 가로 길이의 3배 정도 값을 정합니다.

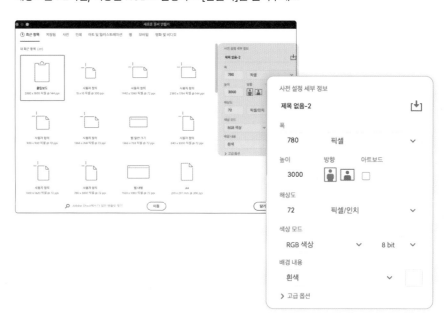

tip

기획서의 이미지는 jpg, pdf, psd 등 이미지 파일이라면 확장자는 크게 상관없습니다.

◉ 2 ◉　　　화면 분할하여 사용하기 p.044 참고

작업 편의를 위해 대지 옆에 기획서를 함께 띄어 놓고 작업하겠습니다. 화면 분할은 [보기→정돈]에서 창을 세로 분할로 두고 보아도 되고, 기획서 이미지 파일을 포토샵으로 연 뒤 문서 탭을 당겨 우측에 놓아주어도 됩니다. [창→정돈→2장 세로]를 클릭하여 양쪽을 정렬합니다.

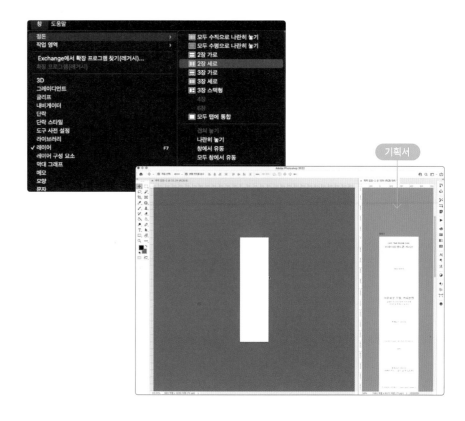

타이틀 배치하기

⊙ 3 ⊙

이 페이지는 상세 페이지의 메인 포스터라고 생각해 주세요. 상세 페이지의 첫인상으로 큼지막하게 정말 필요한 정보와 이미지만 넣어주세요.

tip

화면 보기를 위한 단축키

* 캔버스 확대하기: [Ctrl + +]
* 캔버스 축소하기: [Ctrl + -]
* 화면 맞춤: [Ctrl + 0]

tip

메인과 서브 타이틀은 시선을 끌 수 있는 그래픽적인 서체로, 본문 텍스트는 가독성이 좋은 서체로 골라주세요. 결과물에 너무 많은 서체가 사용되면 오히려 이미지가 복잡해 보이니 세 개 이내의 서체로 조화롭게 만들기를 추천합니다.

⊙ 4 ⊙

헤드라인에는 판매하고자 하는 상품명과 같은 메인 타이틀을 [문자 도구]로 넣어주세요. 예시에서는 '카페타임 휴대폰 케이스'를 적었습니다. 서브 타이틀에서는 브랜드명이나 보충 설명 등 두 번째로 내세우고 싶은 카피를 적어주세요. 예시에서는 'CAFE TIME PHONE CASE'라는 서브 타이틀을 달아주었습니다.

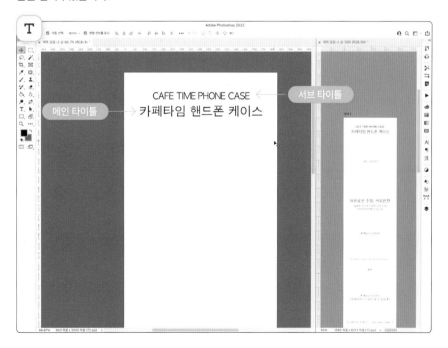

목업 이미지 활용해 상세 페이지 만들기

목업 이미지 찾기

⊙ 5 ⊙

메인 텍스트의 위치를 잡은 후 메인 이미지를 넣어주세요. 메인 이미지는 미리 만들어 놓은 샘플 이미지나 실제 제품의 사진을 넣어줍니다. 예제에서는 휴대폰 케이스 목업 이미지를 활용하겠습니다. 만약 목업용 이미지를 따로 가지고 있지 않다면 Mockup world www.mockupworld.co와 같은 무료 사이트를 이용합니다. 'phone case'를 검색한 후 원하는 이미지를 찾아 [free download]를 눌러주세요.

> **tip**
>
> **목업 mockup**
>
> 제품의 디자인을 확인하기 위해 실물 크기로 만든 모형입니다. 작업할 그래픽 이미지를 목업 이미지에 합성하여 가상 이미지를 만들면 실제로 어떤 느낌인지 쉽게 설명할 수 있어 포트폴리오에서도 많이 사용합니다.

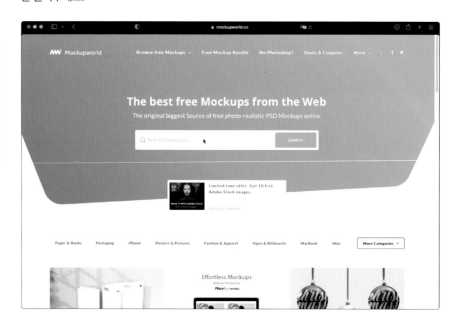

⊙ 6 ⊙

[파일→열기]에서 .psd 확장자를 가진 목업 파일을 열어주면 아래와 같이 psd 파일이 열립니다. 레이어 패널을 살펴보면 아래와 같이 원작자가 만들어 놓은 여러 레이어들이 나열됩니다.

> **tip**
>
> **레이어**
>
> 레이어는 말 그대로 '쌓아 올린' 이미지입니다. 레이어가 아래로 갈수록 이미지가 밑으로 깔리게 됩니다. 예를 들어 배경색이 들어간 레이어라면 가장 하단에 위치합니다. 보통 목업 소스 파일은 'Your design here'와 같이 누가 보아도 식별이 가능한 이름으로 레이어가 생성됩니다. Your design here라는 스마트 오브젝트 레이어 섬네일을 더블 클릭하면 원본으로 이동합니다. 이때 이름을 더블 클릭하면 이름 편집이 활성화되어 텍스트 수정 기능이 활성화되니 주의하세요.

목업 이미지에 휴대폰 케이스 디자인 적용하기

⊙ 7 ⊙

레이어 섬네일을 더블 클릭하면 휴대폰 케이스 크기와 같은 대지가 열립니다. 바로 이 대지에 디자인한 이미지를 넣으면 됩니다. [파일→포함 가져오기]로 미리 디자인한 이미지를 가져온 다음 [Enter]를 눌러 이미지를 고정합니다.

(tip)

* 목업 이미지에 들어갈 로고나 이미지를 미리 Ai, JPG 등 이미지 파일로 준비합니다.
* 목업 파일에 있는 스마트 오브젝트 레이어 섬네일을 더블 클릭할 경우 원본으로 연결되며 문서가 열립니다.

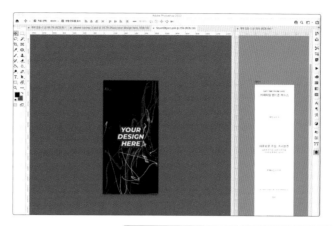

⊙ 8 ⊙

작은 이미지를 가져오면 휴대폰 케이스 높이와 맞지 않아 배경이 채워지지 않을 거예요. 이럴 경우에는 배경색을 넣은 새 레이어를 하나 생성하여 시안 이미지 레이어보다 아래에 위치하게 순서를 변경하면 됩니다.

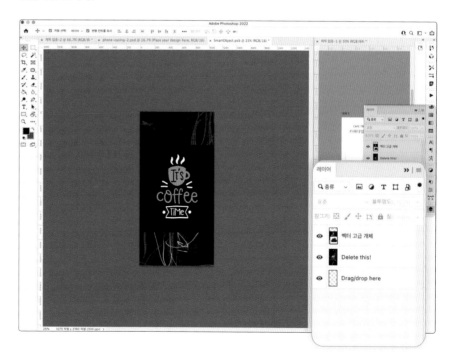

9

이번에는 [단색]을 활용하여 배경색을 넣겠습니다. 레이어 패널 하단에 들어가 [조정 레이어→단색]을 클릭하세요. 생성된 단색 레이어를 이미지 레이어 아래로 내려주세요.

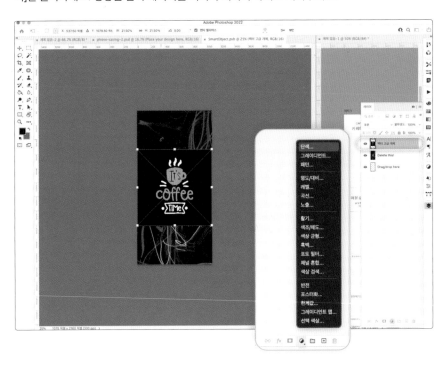

단색 레이어 섬네일을 더블 클릭하여 색상 피커 창에서 원하는 색으로 지정하거나 작업 이미지에서 스포이드로 어울리는 색을 추출해도 됩니다. 이미지가 모두 완성되었으면 [파일→저장]이나 [Ctrl + S]를 눌러서 저장합니다.

---

tip

색상 추출

색상 추출 기능을 이용하면 이질적이지 않도록 보다 쉽게 같은 톤의 색상을 맞출 수 있습니다.

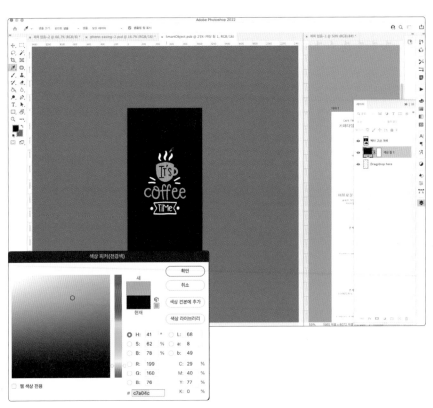

다시 목업 파일로 돌아오면 방금 작업한 시안이 목업 이미지에 반영됩니다. 오른쪽 레이어 패널에서 [Color]라고 되어 있는 배경색 레이어 섬네일을 더블 클릭하여 이미지의 배경 색상을 변경할 수 있습니다. 제품 콘셉트를 잘 보여줄 수 있는 배경색으로 변경해 줍니다.

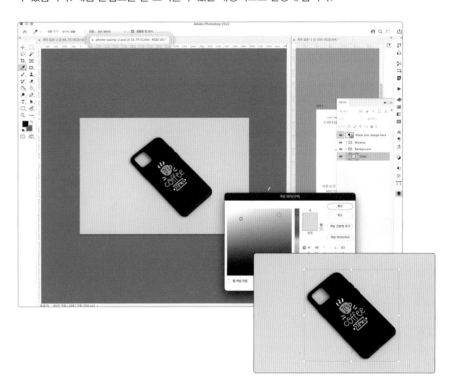

비교 목업 이미지 만들기

메인 이미지에서는 판매하려는 모든 제품이 보여야 하므로 두 콘셉트블랙, 화이트의 휴대폰 케이스를 모두 보여주기 위해 휴대폰 케이스 레이어를 하나 더 복제합니다. 복제하려는 레이어에 마우스 오른쪽 버튼을 눌러 [레이어 복제]를 선택합니다. 배경색 레이어의 눈을 끄면 배경색이 꺼지면서 투명 배경으로 바뀝니다.

레이어 복사 방법

① [Ctrl + J]
② 복사하려는 레이어에 마우스 오른쪽 버튼→ [레이어 복제] 선택
③ 복사하려는 레이어를 하단 [새 레이어] 아이콘에 끌여 당겨 복사

* 복제한 레이어는 선택한 레이어 바로 위에 생성됩니다.

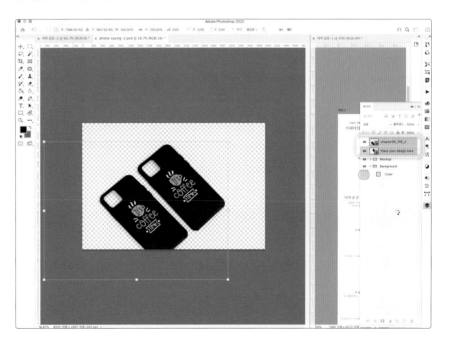

레이어가 생성되었으면 [이동 도구]로 두 개의 휴대폰 케이스를 원하는 위치로 조정합니다. 복제한 스마트 오브젝트 레이어 섬네일을 더블 클릭하여 원본으로 이동합니다.

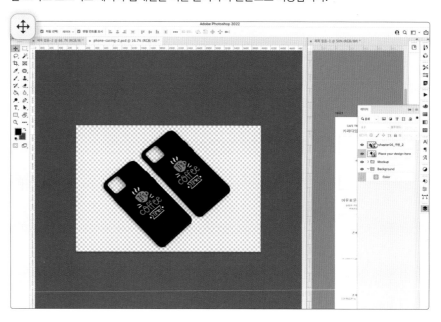

두 개의 검은색 휴대폰 케이스에서 하나는 흰색으로 변경하겠습니다. [파일→포함 가져오기]에서 일러스트레이터에서 흰색 버전으로 만들어 놓은 다른 이미지를 가져옵니다. 기존 검은색 이미지 레이어는 삭제해 주세요. 앞서 검은색 휴대폰 케이스의 단색 레이어의 섬네일을 더블 클릭하여 색상 피커 창을 띄어줍니다. 그리고 흰색으로 선택한 다음, [확인] 버튼을 눌러주세요.

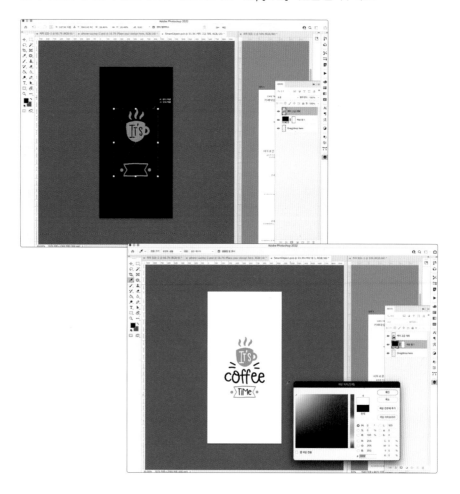

[Ctrl + S]를 눌러 저장한 다음 원래 작업하던 목업 파일로 이동하면 다음과 같이 케이스 시안이 목업에 반영된 것을 볼 수 있습니다. 배경 레이어의 눈을 켜서 배경색이 다시 보이도록 해주세요.

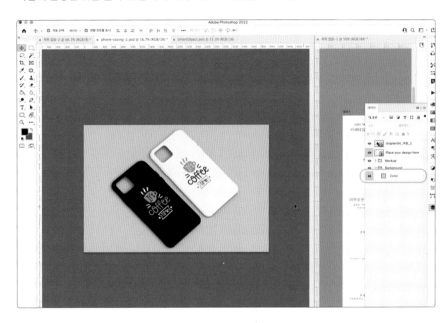

16

좌측 도구 패널에서 [자르기 도구]를 선택하여 이미지 높이를 높여줍니다. 프레임 변경 후 [확인]을 누르거나 [Enter]를 치면 자동으로 배경색이 채워지며 이미지가 고정됩니다.

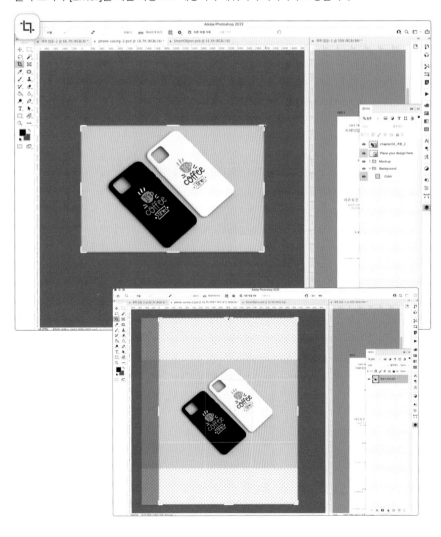

목업 이미지 저장하기

⊙ 17 ⊙

완성한 이미지를 상세 페이지에 넣기 위해 저장하겠습니다. 물론 레이어 패널에서 작업한 모든 레이어를 상세 페이지 문서로 복제할 수도 있지만 이번에는 이미지 소스를 따로 저장해 가져오겠습니다. [파일→내보내기→웹용으로 저장]으로 이미지를 저장합니다.

> **tip**
>
> **웹용으로 저장**
>
> 웹용으로 저장하는 이유는 파일 용량을 줄여 인터넷에서 사진을 더 빨리 표시하기 위해서입니다. 상세 페이지나 배너, 섬네일의 경우 업로드가 가능한 용량이 제한되어 있고 용량이 클 경우 업로드가 안 되므로 용량 조절이 중요합니다.

⊙ 18 ⊙

웹용으로 저장한 이미지를 상세 페이지 문서에 [포함 가져오기]로 가져옵니다. 원하는 비율과 크기로 배치합니다.

텍스트 삽입하기

본문에 들어가는 문구를 삽입하겠습니다. 글씨를 모두 작성한 다음 [Esc]를 누르거나 [이동 도구]로 커서 상태를 해지해 주세요. 정보의 중요도 따라 제목, 본문의 크기와 굵기를 어느 정도 맞춰주세요. 예시에서는 '여유로운 주말, 커피 한잔'과 '슬림한 라인과 ~ 폰 케이스입니다.' 두 문구를 위와 같은 방법으로 정리했습니다.

(tip)

텍스트 사이즈 조절하기

사이즈를 조절할 때는 문자 패널의 문자 크기에서 직접 수치를 변경해 조절해도 되지만, 작업의 효율을 높이기 위해 [Ctrl +T] 자유 변형으로 먼저 크기를 맞춰준 다음, 문자 패널에서 서체 크기를 정수로 반올림하여 맞춰줍니다.

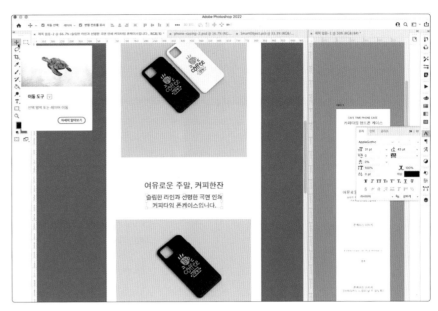

상품의 특징을 한 번 더 짚어 주기 위해 사진 밑에 안내 문구를 추가로 넣었습니다. 글씨가 너무 작을 경우에는 모바일 환경에서는 읽히지 않을 수 있으니 주의하세요.

(tip)

텍스트의 정렬이 완벽하지 않아도 괜찮습니다. 어느 정도 자리를 잡아가며 레이아웃 기초를 잡기 위해 하나의 이미지를 복사하며 초반 틀을 잡아도 괜찮습니다. 처음부터 하나씩 완벽하게 완성해 나가려고 한다면 오히려 시간이 오래 걸리고 초반부만 집중하게 되어 작업이 더디고 지루할 수 있으니 큰 틀을 잡아준 다음 점차 세부적인 부분을 만들어가는 것을 추천합니다.

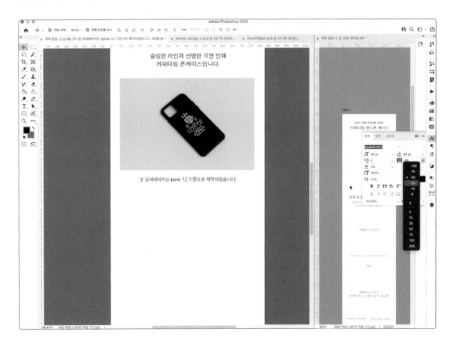

위의 글자를 이동하여 아래에도 같은 크기의 글자를 넣어보겠습니다. [문자 도구]로 작성 후에 위의 크기와 수치를 동일하게 일일이 입력하는 방법도 있지만, [이동 도구]를 사용하면 조금 더 쉽게 작업할 수 있습니다. 복사할 요소를 선택한 다음 [Alt]를 누른 후 원하는 위치로 당겨주세요. 글자를 더블 클릭하여 커서 상태로 변환 후 내용을 수정합니다.

여기까지 작업한 내용을 보니 아래 페이지 작업 공간이 모자랍니다. 대지 기능을 활용하여 작업 영역을 늘려보겠습니다. [이동 도구]로 선택한 뒤 레이어 패널 혹은 페이지 상단에 [대지]라고 적혀있는 부분을 클릭하면 대지가 선택됩니다. 그리고 원하는 길이만큼 당겨주세요. 다만 가로의 길이는 변경되면 안 되니 주의하세요.

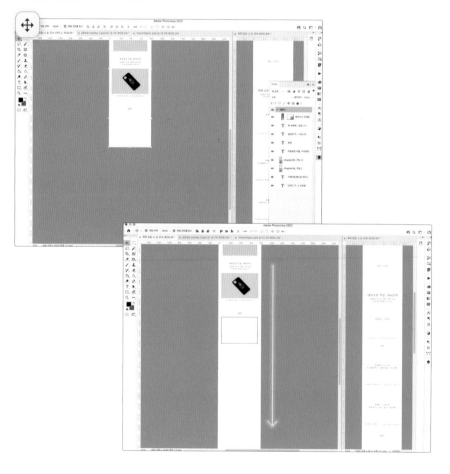

프레임 도구 이용하기

기획서에 중간 과정인 '종류' 파트에서는 검은색과 흰색 휴대폰 케이스의 이미지가 각각 들어갈 예정입니다. 도구 패널에서 [프레임 도구]를 선택해 주세요. 원하는 크기만큼 마우스를 잡아당겨 프레임을 만들어줍니다.

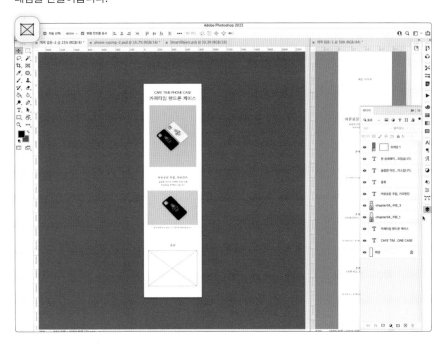

> **tip**
> ### 프레임 도구
> 프레임 도구는 생성된 프레임 마스크에 이미지를 보다 쉽게 원하는 사이즈로 삽입할 수 있습니다. 프레임 도구 활용 시 이미지가 프레임에 맞게 크기를 자동으로 조정됩니다. 프레임에 다른 이미지를 놓아 기존의 이미지를 쉽게 바꿀 수도 있습니다.

24

호기심을 끌 수 있는 인상적인 사진을 넣어주세요. 레이어 패널에서 섬네일을 선택한 후 [파일→포함 가져오기]로 이미지를 가져옵니다. 사진 프레임에 넣었을 때 예쁘게 크롭될 수 있는 사진으로 골라주세요. [이동 도구]로 프레임 안에서 사진의 크기나 위치를 적절하게 맞춰줍니다.

> **tip**
> 레이어 패널에서 프레임 도구 섬네일을 더블 클릭한 후 [속성 창→인세트 이미지→로컬 디스크에서 가져오기→포함]으로 이미지를 불러와도 됩니다.

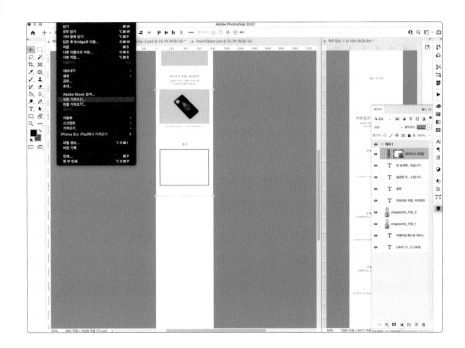

⊙ 25 ⊙

이전에 만들었던 개별 상품 이미지를 넣어준 다음 ⊙ 20 ⊙에서 작성한 텍스트 파일을 [이동 도구]로 [Alt]를 누르며 복사합니다. 상품명, 취급 기종 등 상세 정보를 작성하세요.

⊙ 26 ⊙

[이동 도구]로 정렬을 맞추고자 하는 개체들을 함께 선택할 시 상단에 뜨는 정렬 기능을 활용해 좌측과 우측 기준선에 맞추어 이미지 양 끝에 글자를 배치합니다.

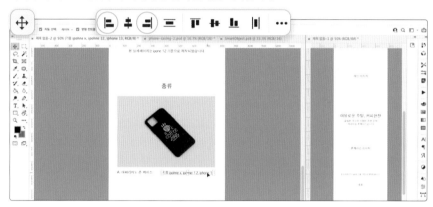

⊙ 27 ⊙

검은색 휴대폰 케이스 정보를 소개했으니 흰색 케이스의 정보도 입력하겠습니다. ⊙ 24 ⊙ ~ ⊙ 26 ⊙ 과정을 반복합니다. 특히 이미지의 경우 프레임 도구를 활용했으므로 바로 레이어를 선택하여 필요한 이미지로 변경하면 됩니다.

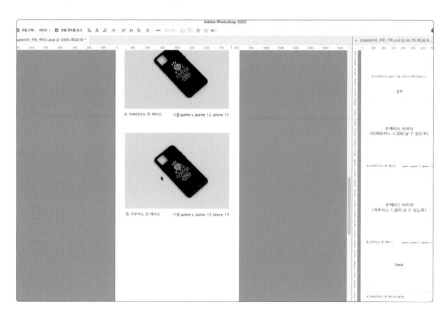

프레임 도구 이용하기

⊙ 28 ⊙

아래 들어갈 이미지는 흰색 케이스를 넣어주세요. ⊙ 6 ⊙ ~ ⊙ 11 ⊙ 과정을 참고하여 흰색 케이스 이미지를 만들어주세요.

<table>
<tr><td>tip</td></tr>
</table>

일러스트레이터에서 작업한 시안일 경우 일러스트레이터에서 바로 백터 이미지를 선택, 복사하여 포토샵으로 넘어와 붙여넣어도 됩니다. 단, 불러오기 형태에서 픽셀로 불러올 경우 이미지가 깨질 수 있으므로 고급 개체로 선택하여 이미지를 불러옵니다.

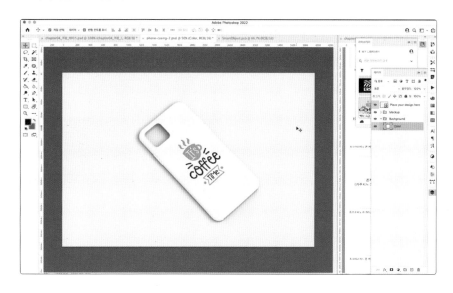

⊙ 29 ⊙

흰색 케이스가 더 잘 보이도록 조금 더 짙은 배경색으로 변경해 주세요. 원하는 이미지가 나왔으면 [파일→내보내기→웹용으로 저장]을 눌러주세요.

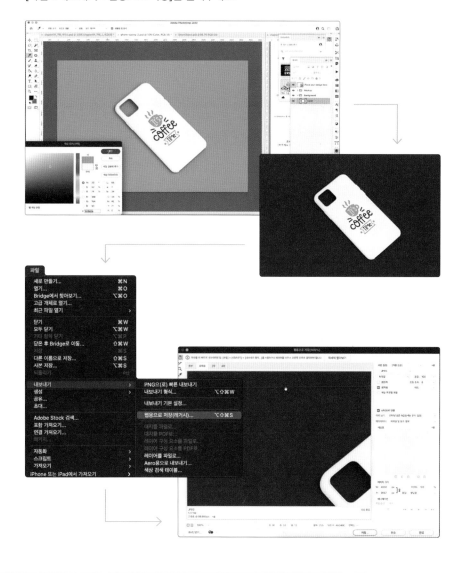

저장한 이미지를 상세 페이지 작업 문서로 넘어와 검은색 케이스 이미지를 넣어주었던 것처럼 [프레임 도구]로 만든 레이어 파일을 [파일→포함 가져오기]로 넣어주세요.

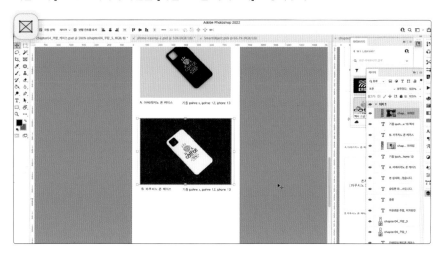

응용하기

⊙ 31 ⊙

Detail 페이지에서는 상세 페이지를 읽는 소비자가 휴대폰 케이스에 관한 구체적인 정보를 얻을 수 있어야 합니다. 제품에 대한 정보와 디테일이 잘보이는 이미지가 필요합니다. 작성한 제목과 정보는 윗부분의 텍스트 스타일과 동일하게 변경하여 정보의 우선 순위를 맞춰 주세요. 또 다른 이미지를 보여주기 위해서 목업 이미지를 다시 활용하겠습니다.

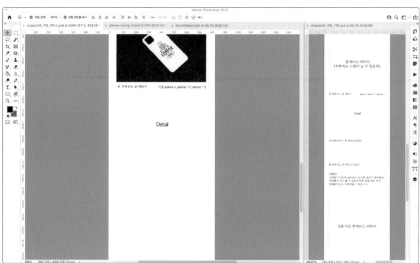

tip

이미지를 적용하는 스마트 오브젝트 레이어가 폴더 안에 숨어 있을 수 있으므로 레이어를 찾기 어려울 때는 폴더 레이어를 찾아주세요.

원하는 목업 이미지를 다운 받고, 레이어 중에 'design'을 넣으라는 표식이 있는 레이어를 찾아주세요. 해당 스마트 오브젝트에 시안을 넣어주세요. 다양한 각도와 연출의 상품 이미지를 넣어 상세 페이지를 보는 소비자가 휴대폰 케이스에 대한 충분한 이해를 할 수 있도록 합니다.

↳다양한 목업 이미지를 만들어줍니다.

⊙ 33 ⊙

배경색을 변경하기 위해 레이어를 선택한 후 레이어 패널 하단에 [조정 레이어→단색] 또는 [조정 레이어→그레이디언트]로 배경색을 넣어주세요.

⊙ 34 ⊙

그레이디언트 메뉴를 클릭하면 칠 창이 나타납니다. 색을 편집하기 위해 그레이디언트 옆[∨]를 클릭해 그레이디언트 편집기를 열어 주세요. 기본적으로 제공하는 샘플도 있습니다. 상세 페이지의 메인 컬러와 어울리는 샘플을 활용해 봅시다.

tip

그레이디언트 편집기

그레이디언트 편집기는 각 구성마다 서로 다른 역할을 합니다.
① 사전 설정
② 불투명도 정지점
③ 색상 정지점
④ 값을 조정하거나 선택한 불투명도 또는 색상 정지점 삭제

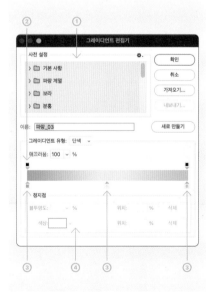

상세 페이지 작업 문서로 돌아와서 각각의 이미지를 기획 의도에 맞게 배치해 주세요.

↑
콘셉트 이미지

콘셉트 이미지

디테일용 ←

상세 페이지의 디테일 만들기

전체 배경 삽입

⊙ 36 ⊙

어느 정도 큰 틀은 완성되었으니 디테일한 부분을 조정하여 완성도를 올리겠습니다. 가장 상단으로 올라와서 배경을 깔아보도록 하겠습니다.

⊙ 37 ⊙

[사각형 도구]를 선택하여 배경 이미지 크기만큼 넣어주세요. 사각형 배경을 넣을 때 가로 양 끝에 딱 맞지 않아도 괜찮습니다. 프레임 아웃되는 이미지는 자동으로 크롭되니 괜찮습니다. 세로의 길이만 제대로 맞춰주세요.

tip

단색이 아닌 그레이디언트로 배경을 깔아줄 경우 이미지가 깊이 있어 보이거나 풍성한 이미지를 만들 수 있습니다. 단, 상황에 따라 다소 이질감이 들 수 있으니 배경 위에 올라간 이미지와 조화를 맞추어 보세요.

⊙ 38 ⊙

배경색은 그레이디언트로 색상을 넣어보겠습니다. 포토샵에는 나중에 만든 레이어가 위로 쌓이게 됩니다. 보여야 하는 순서에 맞추어 레이어를 정리해 주세요. 예를 들어 배경은 가장 밑에 깔려야 하기 때문에 레이어 순서 상 하단으로 내려주세요.

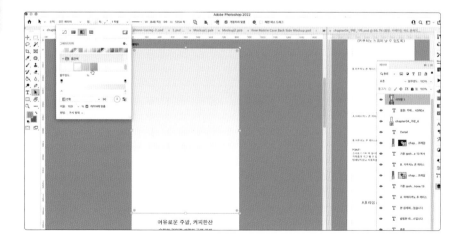

◉ 39 ◉

전체 페이지에서 가운데 정렬을 맞춰주겠습니다. [이동 도구]로 개체를 선택한 후 우측 정렬 기능 패널에서 가운데를 누르면 가운데에 맞추어 자동으로 정렬됩니다.

tip

여러 개의 개체를 선택할 경우 개체 간 정렬로 작동합니다. 여러 개체를 함께 대지 가운데 정렬할 때는 [Ctrl + A]를 눌러 전체 페이지를 선택 영역으로 잡아준 후 정렬 기능 패널에서 가운데를 눌러주세요.

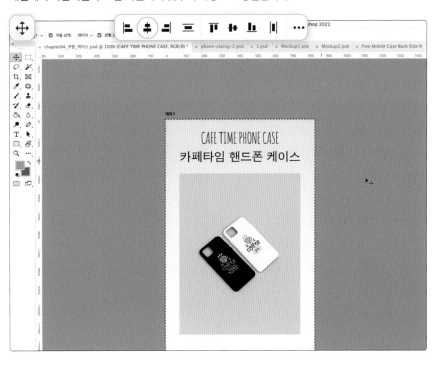

◉ 40 ◉

[Alt]를 눌러 가운데 중심점을 고정하고 적정 크기를 맞추고 문자 패널에서 굵기를 변경합니다.

tip

2019년 이전 포토샵 버전을 사용하는 분들은 [Shift]도 함께 누르고 크기 조절을 해야합니다.

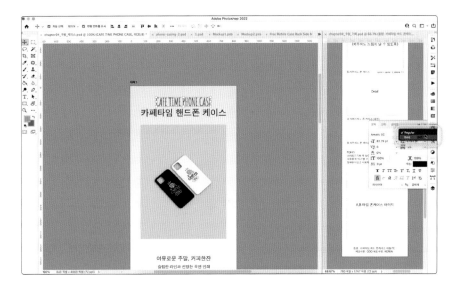

가이드 라인으로
여백 넓히기

⊙ 41 ⊙

좌우 양쪽의 여백을 조정하기 위해 안내선을 사용하겠습니다. [보기→새 안내선 레이아웃]을 누르면 [새 안내선 레이아웃] 패널이 나타납니다.

<div class="tip">

tip

[새 안내선 레이아웃] 기능이 없는 버전의 경우 [사각형 도구]로 원하는 너비의 사각형을 만들어 대지 양 끝에 붙인 다음 사각형 너비만큼 눈금자로부터 안내선을 끌어와서 만들어주세요.

</div>

⊙ 42 ⊙

안내선은 요소들이 들쭉날쭉하게 배치되는 것을 예방하기 위한 장치라고 생각해 주세요. 좌, 우 50px의 값을 입력합니다. 수치는 절대적인 것이 아니므로 각자의 상세 페이지에 어울리는 여백 값을 잡아주세요. 만약 상품 이미지가 큰 경우에는 되도록 여백 값을 작게 잡아 화면 구성을 해주세요. 개체들을 여백에 맞추어 정렬해 주세요

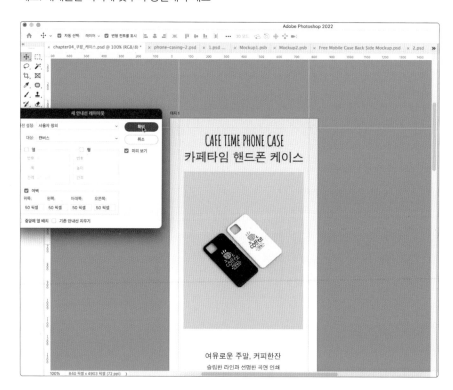

서체 정리하기

⊙ 43 ⊙

타이틀의 서체는 한 가지의 분위기 톤으로 조정해 주세요. 메인과 서브 타이틀을 서로 다른 톤으로 사용할 경우 시선이 분산되고 제목이 묻힐 수 있습니다. 텍스트 레이어를 선택한 후 문자 패널에서 변경하거나 상단 패널에 뜨는 문자 정보 구간에서 서체를 변경합니다.

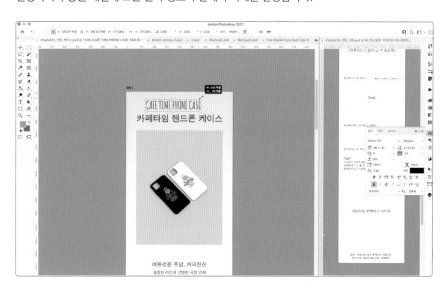

⊙ 44 ⊙

서체 중 'Bold' 스타일로 변경하여 글자 굵기를 바꿔주세요. 이때 하단의 [**T**]를 눌러 글자를 굵게 바꿔도 되지만, 서체가 가지고 있는 스타일 안에서 굵기를 조정해 주는 것이 자연스럽게 변화합니다. 만약 서체의 굵기가 한 가지만 있을 경우 레이어 패널 하단에 [레이어 스타일] 안에 [획] 스타일을 활용해 보겠습니다.

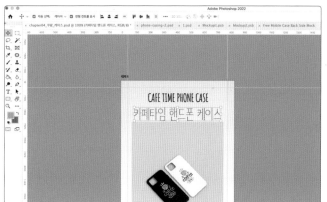

45

[획]은 해당 레이어 모양 외곽에 선을 입히는 기능입니다. [레이어 스타일]을 활용할 때는 반드시 미리보기를 체크하여 변화 상태를 확인합니다. 선의 굵기나 위치, 컬러 등을 조정하세요.

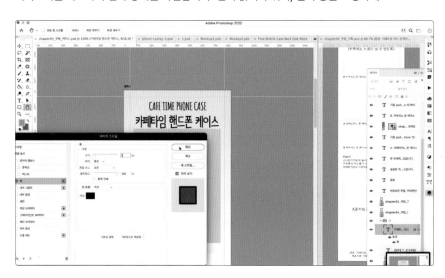

클리핑 마스크로
이미지 사이즈 조절하기

상세 페이지 내의 이미지 크기를 조정하기 위해서 '클리핑 마스크'를 사용합니다. 클리핑 마스크를 만들기 위해서는 [사각형 도구]로 클리핑 마스크를 아래에 위치하게 레이어 순서를 조정하고 [Alt]를 누른 상태에서 두 레이어 사이에 그려진 라인에 가져다 주세요. 아이콘이 뜨면 사진이 프레임 안에 들어가게 됩니다.

> **tip**
>
> 포토샵에서 클리핑 마스크를 하기 위해서는 들어갈 이미지가 위에, 이미지가 들어갈 프레임이 아래에 위치해야 합니다.

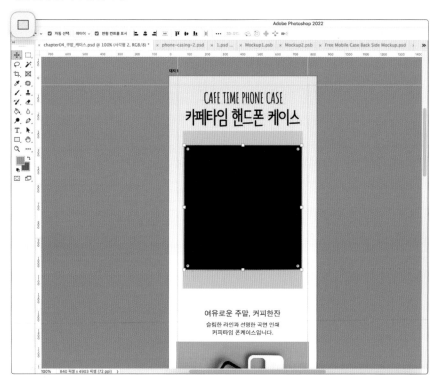

tip

레이어 정리는 작업하는 중에 바로 해주세요. 수정이 필요한 이미지를 바로 찾아 편집하기 훨씬 수월해집니다.

⊙ 47 ⊙

이미지가 알맞게 들어갔는지 확인한 후 [Ctrl]을 눌러 클립된 이미지와 사각형 레이어를 선택한 후 그룹으로 묶어주세요.

⊙ 48 ⊙

모바일 환경에서는 상품의 이미지가 너무 작을 경우 다소 답답해 보일 수 있습니다. 이미지가 작다면 클리핑 마스크 안에 있는 이미지 레이어를 선택해 [Ctrl + T]를 눌러 이미지를 확대해 주세요.

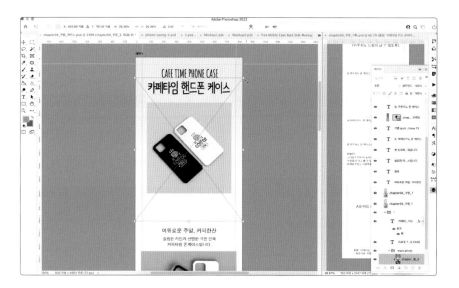

라인 프레임으로
이미지 강조하기

⊙ 49 ⊙

필수 요소를 모두 넣었는데도 조금 밋밋해 보일 때 라인 프레임을 적절히 사용하면 좋습니다. [사각형 도구]를 선택하여 여백 크기에 맞게 사각형을 그려준 후 [속성] 혹은 상단 패널에서 색상과 굵기를 선택합니다. 프레임에 맞게 [Ctrl + T]를 이용해 이미지를 조금 줄여주세요.

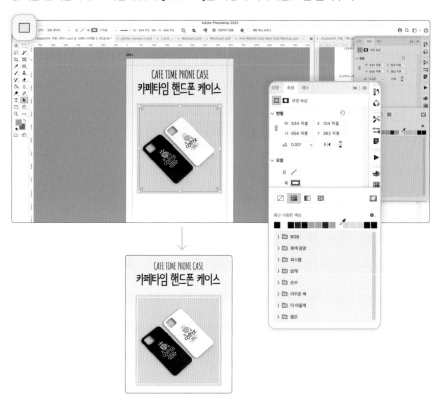

아이콘 넣기

⊙ 50 ⊙

무료 아이콘 사이트에 접속하여 원하는 검색어를 입력해 주세요. 예제에서는 'coffee'라고 검색하여 어울리는 아이콘을 다운받았습니다. 주의 사항, 경고 표시 등 시각 정보가 담긴 아이콘을 다운받아도 좋습니다. 'free download'를 누르면 PNG 파일배경이 없는 이미지가 다운로드됩니다.

tip
<flaticon> www.flaticon.com

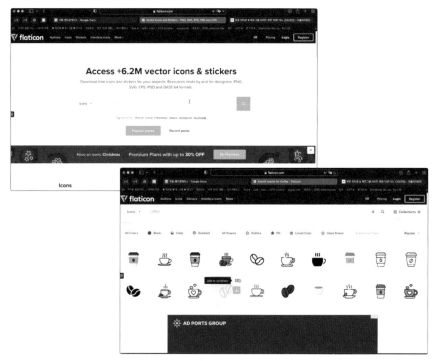

⊙ 51 ⊙

[파일→포함 가져오기]를 통해 다운 받은 아이콘을 작업 화면으로 가져옵니다. 크기를 설정하고 [Enter]를 눌러 이미지를 고정해 주세요.

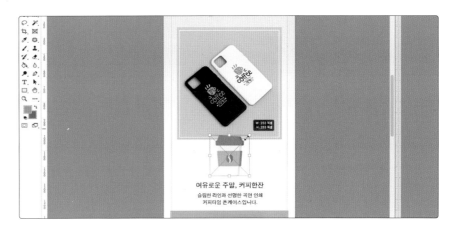

⊙ 52 ⊙

[타원 도구]를 선택하여 원하는 크기로 원을 그려주세요.

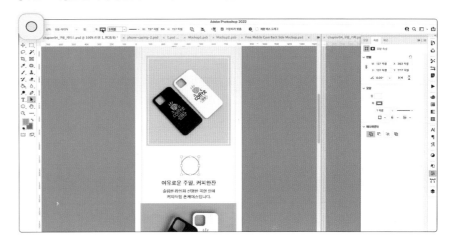

⊙ 53 ⊙

상단 패널 혹은 속성 패널에서 칠 부분을 흰색으로, 획 부분을 짙은 브라운으로 색을 변경한 후 획의 굵기를 변경합니다.

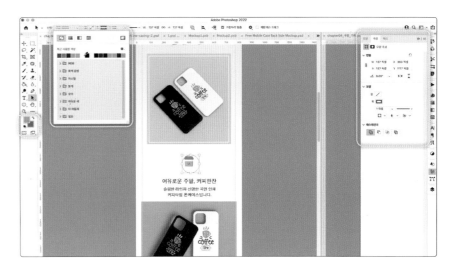

54

컵 모양의 아이콘과 원의 테두리를 [이동 도구]로 [Shift]를 누른 채 함께 선택한 후, 상단에 뜨는 정렬 패널 혹은 기능 패널의 정렬 패널로 수직, 수평 가운데 정렬을 해주세요.

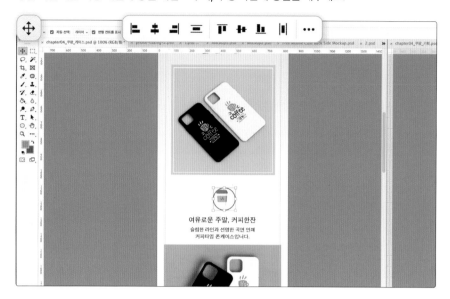

원 모양을 가로질러 배경에 수평으로 직선을 그려주겠습니다. [선 도구]를 선택해 주세요. 이때 [Shift]를 누르면서 당기면 일직선으로 선을 그릴 수 있습니다. 마찬가지로 선의 색과 굵기를 원형과 어울리도록 바꿔줍니다.

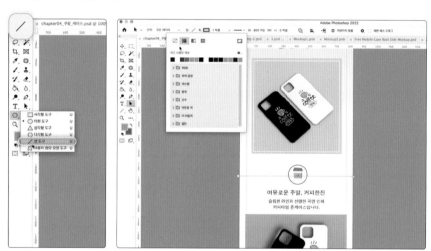

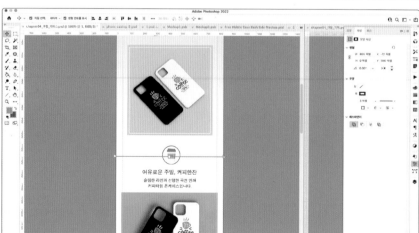

레이어 패널에서 각 요소의 순서나 배치를 정리해 주세요.

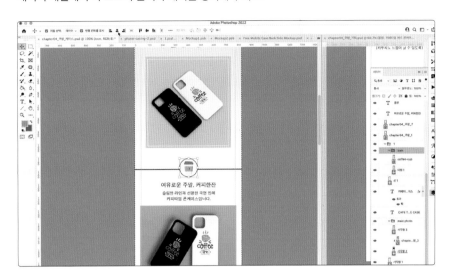

글자 밑에 색상 넣어
강조하기

예제에서는 가독성이 좋은 고딕체를 선택하고, 굵게 조정하여 눈에 띄도록 만들어주었습니다. 한 페이지 안에서 너무 많은 서체가 뒤섞일 경우 시선이 분산되고 다소 지저분한 느낌을 줄 수 있으므로 서체는 최대 세 가지 안에서 결정해 주세요. 글자 크기도 조정해 주세요.

(tip)

제품 정보는 특징이 강한 서체보다 가독성이 좋은 서체를 사용하는 것을 추천합니다.

 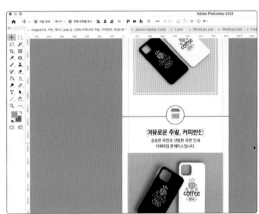

58

강조한 제목을 한 번 더 강조하기 위하여 '형광 펜' 효과를 주겠습니다. '커피 한잔' 글자 아래 [사각형 도구]로 적절한 크기를 만든 다음 속성 창에서 색을 넣어주세요. 메인 컬러에 맞추어 베이지 색을 넣어보겠습니다.

◉ 59 ◉

색이 너무 진하면 사각형 레이어를 찾아 레이어 패널의 상단 부분에서 [불투명도] 구간의 수치를 조정합니다. 이때 사각형 레이어는 반드시 글자 레이어보다 한 단계 아래에 있어야 합니다. 그렇지 않으면 사각형이 글자를 가려 글자가 안 보일 수 있습니다.

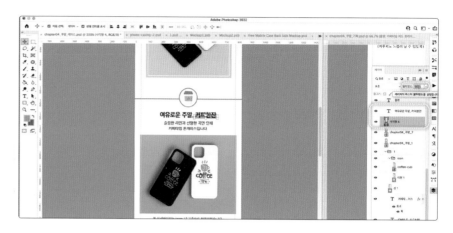

◉ 60 ◉

[이동 도구]로 변경한 뒤 화면을 드래그 하여 선택 영역에 들어온 이미지들을 한 번에 선택하여 레이어를 정리하거나, [Ctrl]을 눌러 정렬이 필요한 레이어를 하나씩 선택하여 정리해 주세요.

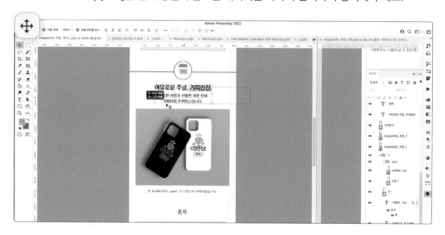

◉ 61 ◉

'종류' 글자도 강조하기 위해 [사각형 도구]로 단어 길이에 맞춰 사각형을 만들어주세요. 그리고 레이어 순서는 도형 레이어가 글자 레이어 아래에 위치하도록 조정합니다.

⊙ 62 ⊙

[속성]에서 사각형의 색을 짙은 브라운을 변경합니다. 글자 색상도 변경하겠습니다. 글자 색은 글자 레이어를 선택하고 문자 패널에서 색상을 바꿔주세요.

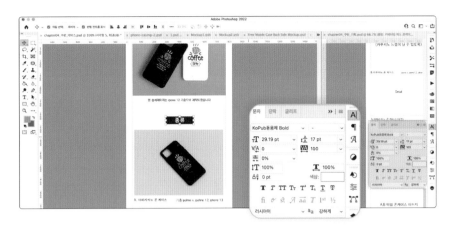

⊙ 63 ⊙

날카로운 인상을 부드럽게 하기 위해 사각형 프레임의 모서리를 둥글게 변형하겠습니다. 사각형 레이어를 선택한 후 [속성]을 눌러 하단으로 내리면 모서리 수치를 조정하는 부분이 있습니다. 여기서 수치를 조정하여 원하는 모양으로 바꿔주세요. 레이어 순서도 정리합니다.

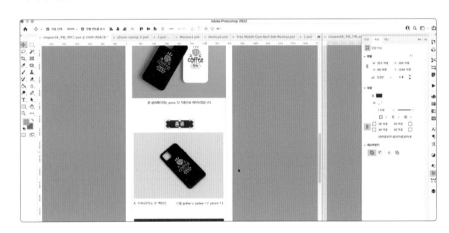

'Detail' 페이지 완성하기

⊙ 64 ⊙

위에서 만든 '종류'의 글자 레이어와 사각형 모양의 레이어를 패널에서 선택하고 복제합니다. 그리고 글자를 더블 클릭하여 'Detail'로 수정합니다. 이미지를 배치하고 이미지 아래에 재질, 품명 등의 상세 정보를 기입합니다. 문장에 길면 자간과 행간을 조정하여 균형을 맞춰주세요.

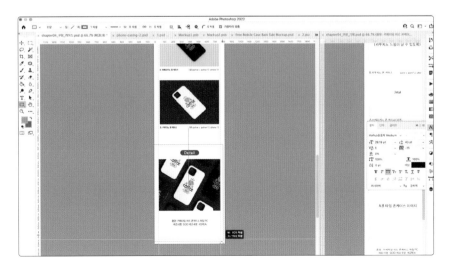

⊙ 65 ⊙

마지막 구간 역시 그레이디언트로 만든 배경색을 넣어주세요. [사각형 도구]로 원하는 크기만큼 배경을 만든 다음 배경색을 바꿔주세요.

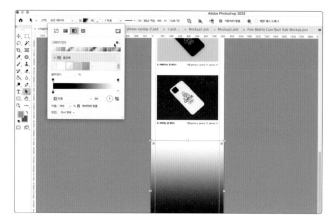

⊙ 66 ⊙

배경색이니 레이어의 순서는 가장 밑으로 내려주세요. 레이어 패널에서 레이어 순서를 변경해 줍니다.

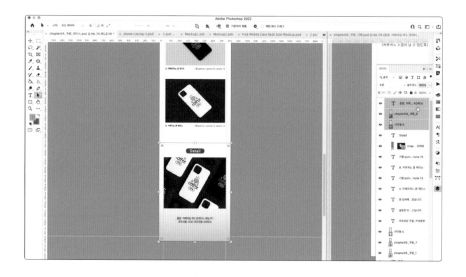

⊙ 67 ⊙

상세 정보가 더 잘 보일 수 있도록 사각형 칸을 만들어주겠습니다. [사각형 도구]로 사각형을 원하는 크기로 만든 다음, 글자 박스의 면 색은 흰색으로, 선은 짙은 브라운을 변경합니다. 예제에서는 1pt의 굵기로 조정했습니다.

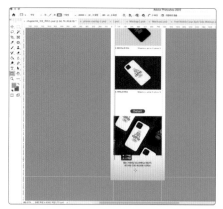

68

레이어 패널에서 레이어 순서를 글자 레이어 아래 네모 프레임이 오도록 하면 글자가 보입니다.

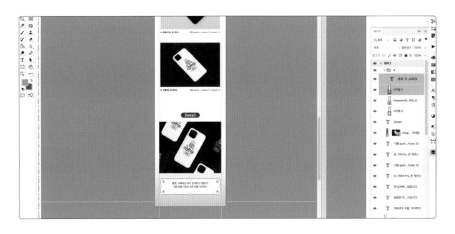

사각형의 모서리도 동그랗게 변형해 줍니다.

하단의 그라데이션을 짙은 브라운으로 변경하여 이미지와 조화를 이루도록 하였습니다. 끝단까지 완성하였다면 레이어를 최종으로 정리하여 마무리합니다.

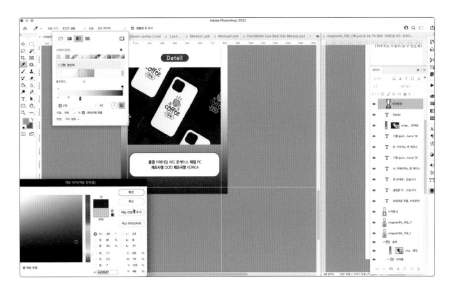

[파일→내보내기→웹용으로 저장]으로 파일을 추출하면 됩니다.

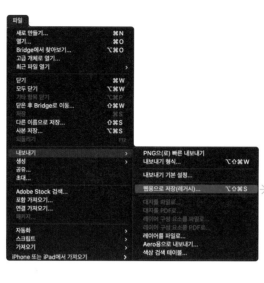

(for) 가구를 만들어 판매하는 공방 지기님께

학습 포인트 정리

✓ 이미지에서 개체와 배경을 분리하여 누끼 이미지를 만듭니다.

✓ 개체 간의 간격을 조정합니다.

✓ 패턴을 이용하여 질감이 있는 배경을 만들어봅니다.

작업을 시작하기 전에

네이버 스마트스토어 알아보기

네이버 스마트스토어는 네이버에서 제공하는 블로그형 원스톱 쇼핑몰 플랫폼입니다. 무료로 네이버에 입점이 가능하고 사업자 등록증이 필요 없이 ^{연 2,400만 원 이상은 사업자 등록증 필수} 온라인 쇼핑몰을 개설할 수 있습니다. 처음 입점 후 1년 동안 결제 수수료는 무료입니다. 독자적인 주소를 갖을 수 있으며 네이버 쇼핑에 자동으로 연동됩니다. 모바일 연동에도 최적화되어 인기가 많습니다. 네이버 페이 결제 기능이 있고 네이버 포인트가 적립되다 보니 네이버 페이를 사용하는 많은 고객 층을 상대할 수 있습니다. 스토어찜, 톡톡친구로 효율적인 고객 관리도 가능합니다.

—— 네이버 스마트스토어 작업 사이즈
1. 대표 이미지 1000×1000px ^{여러 장 업로드 가능}
2. 상세 페이지 가로 860px, 세로 길이 제한 없음

기획하기

예제의 네이버 스마트스토어 상세 페이지는 '신혼 부부를 위한 가구' 콘셉트로 디자인하였습니다. '신혼 부부'가 주는 따스하고 산뜻한 느낌과 '가구'라는 상품에 맞게 톤앤매너를 만들어주었습니다. '따스함', '가구', '산뜻함'을 각각의 질감과 서체, 색상 등의 디자인 요소로 연결지어 기획서를 시각화합니다. 기획서에 적힌 글의 톤, 단어 선택, 분위기 사진, 제품 사진 등을 고려하여 상세 페이지의 콘셉트를 정합니다.

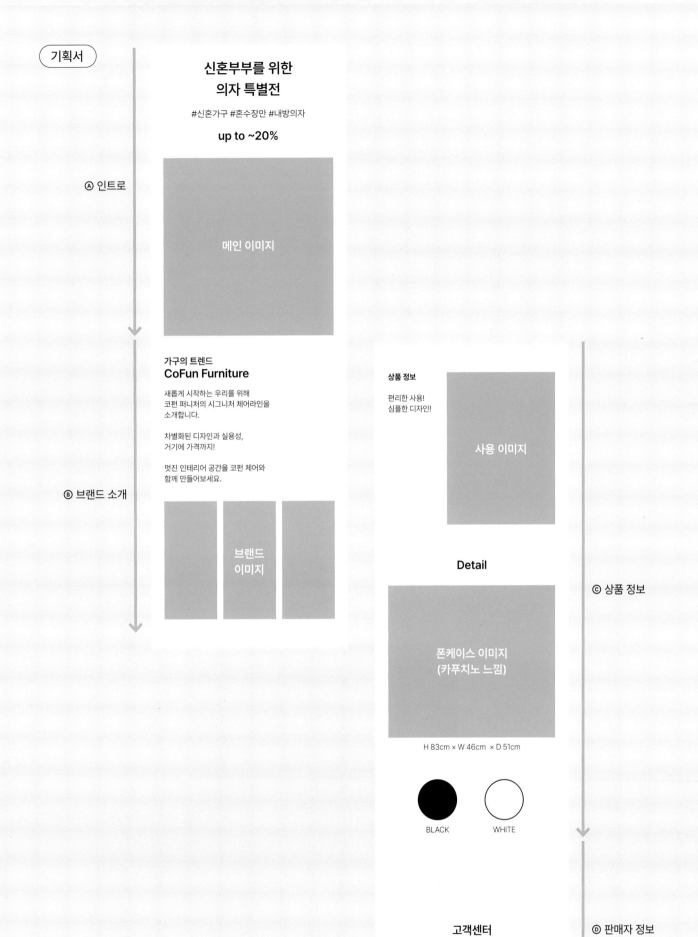

Ⓐ 인트로

신혼부부를 위한
의자 특별전

#신혼가구 #혼수장만 #내방의자

up to ~20%

메인 이미지

가구의 트렌드
CoFun Furniture

새롭게 시작하는 우리를 위해
코펀 퍼니처의 시그니처 체어라인을
소개합니다.

차별화된 디자인과 실용성,
거기에 가격까지!

멋진 인테리어 공간을 코펀 체어와
함께 만들어보세요.

Ⓑ 브랜드 소개

브랜드
이미지

상품 정보

편리한 사용!
심플한 디자인!

사용 이미지

Detail

Ⓒ 상품 정보

폰케이스 이미지
(카푸치노 느낌)

H 83cm × W 46cm × D 51cm

BLACK   WHITE

고객센터

Tel 02. 123. 4567
Fax 02. 123. 1234
E-mail sales@aaa.com

Ⓓ 판매자 정보

시작하기

작업 파일 생성과
작업 환경 만들기

⊙ 1 ⊙

[파일→새로 만들기→웹]을 열어주세요. 오른쪽 설정 부분에서 가로860px, 세로 3000px^{변경 가}능로 설정합니다. 해상도는 72픽셀, 색상은 RGB로 설정하고 [만들기]를 눌러주세요.

> **tip**
>
> 아트보드Artboard는 체크해 줍니다. 아트보드를 사용할 경우 대지 사이즈 조정이 용이합니다.

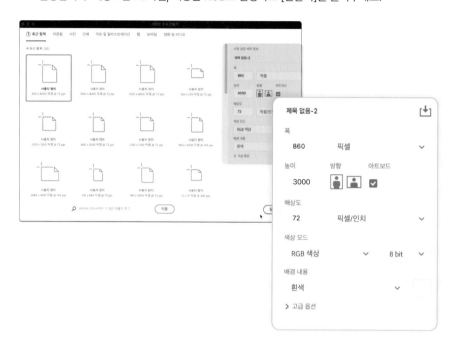

> **tip**
>
> 기획서의 이미지는 jpg, pdf, psd 등 이미지 파일이라면 확장자는 크게 상관없습니다.

⊙ 2 ⊙ 　　　　　　　　　화면 분할하여 사용하기 p.044 참고

작업의 편의를 위해 대지 옆에 기획서를 함께 띄어 놓고 작업하겠습니다. 화면 분할은 [보기→정돈]에서 창을 세로 분할로 두고 보아도 되고, 기획서 이미지 파일을 포토샵으로 연 뒤 문서 탭을 당겨 우측에 놓아주어도 됩니다. [창→정돈→2장 세로]를 클릭하여 양쪽을 정렬합니다.

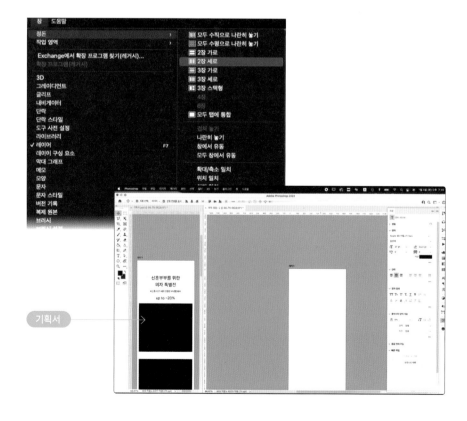

기획서

가이드 라인 만들기 p.136 참고

◉ 3 ◉

상단에 [문자 도구]로 메인과 서브 타이틀을 작성해 주세요. 개체들의 위치를 잡기 위해 가로의 양 쪽 여백만 맞추어 가이드 라인을 그려줍니다. 좌, 우 50px 만들어줍니다

◉ 4 ◉

대표 이미지를 가져오기 위해 [파일→포함 가져오기]로 이미지를 불러옵니다.

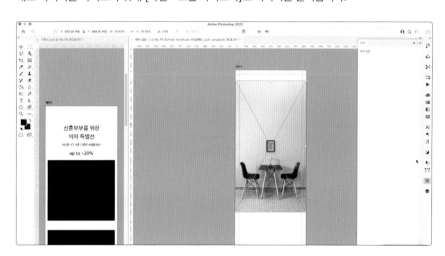

◉ 5 ◉

[사각형 도구]로 가구 사진을 넣어 주기 위해 적절한 프레임을 만들어주세요. 프레임이나 이미지 의 크기는 추후에 조정이 가능하므로 처음에는 크기를 대략적으로 넣어주어도 괜찮습니다.

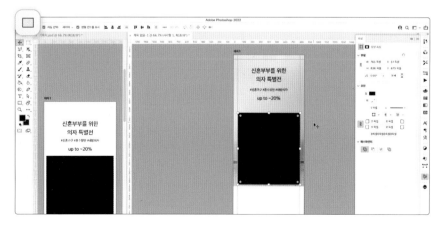

⊙ 6 ⊙

대표 이미지를 집 모양으로 변경하겠습니다 [펜 도구]로 변경하여 상단 라인 가운데에 점을 클릭합니다. 이때 패스가 선택된 상태에서 펜 도구로 고정점이 없는 패스 위에 가져다 대면 펜 도구 아이콘 하단에 + 모양이 뜨며 고정점을 추가할 수 있는 상태로 변경됩니다.

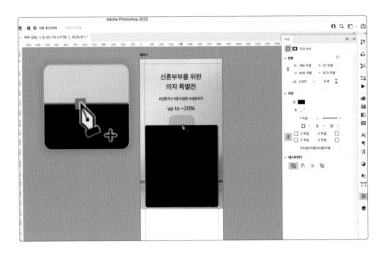

⊙ 7 ⊙

고정점 추가 시 생성된 핸들을 없애기 위해 [기준점 변환 도구]를 사용합니다. 이 도구로 고정점을 클릭하면 핸들이 사라집니다. 핸들은 곡선을 만드는 역할을 하므로 핸들이 있을 경우 둥근 모양으로 형태가 변해 지붕 모양으로 만들기 어렵습니다.

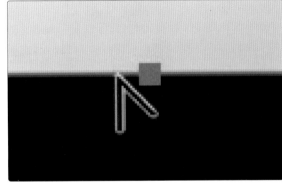

⊙ 8 ⊙

[패스 선택 도구]로 변경하여 고정점을 위로 올려주세요. [Shift]를 누른 상태로 올리면 수직, 수평을 유지한 채 이동합니다.

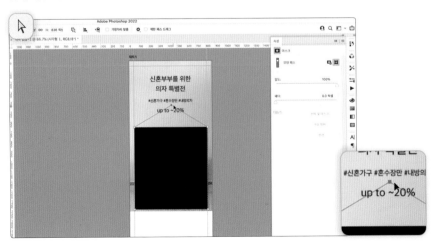

클리핑 마스크 만들기

⊙ 9 ⊙

가구 사진을 위로, 도형 레이어를 아래에 위치하도록 레이어 순서를 변경합니다. 두 레이어 사이에 마우스를 갖다 대고 [Alt]를 누른채 클리핑 마스크를 해주세요.

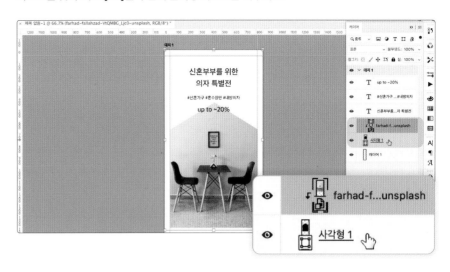

더 알아보기

클리핑 마스크

클리핑 마스크는 레이어끼리 마스크 효과를 내는 것으로 어떠한 이미지의 모양이나 문자 안에 이미지를 끼워 넣는 것입니다. 클리핑 마스크를 만들 때에는 클리핑 마스크를 만들고자 하는 두 레이어 사이에 마우스를 갖다 대고 [Alt]를 누른 채 클릭해 주세요. 클리핑 마스크를 해제하는 방법 또한 같습니다.

도형을 클리핑 마스크의 프레임으로 활용하고자 할 때에는 도형의 면색이 채워져 있어야 합니다. 면색이 채워져 있지 않을 경우 클리핑 마스크로 이미지를 도형 안에 넣어도 이미지가 보이지 않습니다.

⊙ 10 ⊙

이제 배경색을 넣어주겠습니다. [사각형 도구]로 첫 번째 페이지에 할당하고자 하는 영역만큼 사각형을 넣어주세요.

⊙ 11 ⊙

본문 글자 중 타이틀과 해시태그로 이루어진 키워드를 각각 단락 패널에서 좌측 정렬로 변경합니다. 그리고 너무 많은 정보가 몰려 있으면 답답해 보이고 정보 간 분리가 안 되니 정보의 간격을 조정합니다. 본 예제에서는 'up to ~20%'의 문구를 하단으로 내려 정보를 분리하였습니다.

펜 도구로 장식 넣기

⊙ 12 ⊙

포토샵에서도 펜 도구로 드로잉 라인을 만들 수 있습니다. 곡선 형태로 쉽게 그리는 방법을 안내하겠습니다. [펜 도구]를 선택한 후 첫 번째 점은 클릭만 해주세요. 누르고 당길 시에 핸들이 생기며 다음 형태를 그릴 때 영향을 미칠 수 있습니다. 그리고 [직접 선택 도구]로 형태를 수정해 다듬어주세요.

⊙ 13 ⊙

마지막 지점을 클릭하여 라인을 완성한 후 선 색과 두께를 변경합니다.

⊙ 14 ⊙

[이동 도구]로 변경 후 [Ctrl + T]를 눌러 선의 사이즈나 각도를 수정해 적절한 위치를 찾아주세요. 이때 글자와 겹치면 가독성이 떨어질 수 있으니 되도록 글자와 많이 겹치지 않도록 조절해 주세요.

레이어를 글, 사진, 배경 순서로 조정합니다. 집 모양의 지붕이 높으면 도형 레이어를 선택하여 [Ctrl + T]로 높이를 수정합니다. 개체들의 크기와 위치가 확정되었으면 프레임 안에 있는 개체들을 다시 한 번 정리합니다.

개체 정리 후 서체를 지정합니다. 서체 선택 시 고객에게 전하고자 하는 메시지를 고려하여 선택합니다. 편안하고, 감성적인 상세 페이지의 기획에 따라 명조체 카테고리 안에서 선택하겠습니다.

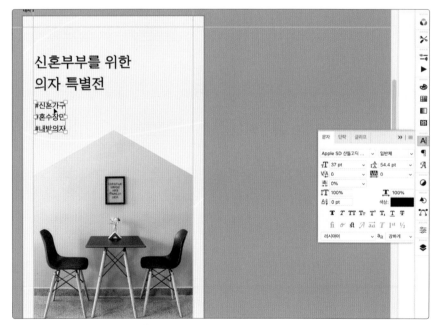

---

tip

서체에 따라 전달고자 하는 메시지의 톤이 달라집니다. 고딕체에 짙은 글자색, 좁은 간격은 메시지를 힘 있게 전달하고, 명조체에 연한 글자색, 넓은 자간은 감성적이고 차분하게 메시지를 전달합니다.

17

타이틀 서체를 정한 후 아래에 있는 해시태그 부분에 그래픽 요소를 더하겠습니다. 먼저 각각의 해시태그를 감싸기 위해 [사각형 도구]를 하나 만들어주세요. 사각형을 두 개 더 복제하여 각각의 단어 레이어에 아래에 배치해 주세요. 그리고 세 개의 도형 레이어를 선택한 후 [속성]에서 모퉁이 값을 조정하여 모서리를 둥글게 배치합니다.

18

타이틀의 색상을 해시태그와 전체적인 색상 톤에 맞추어 변경합니다. 타이틀에 형광 펜으로 그어 강조하는 느낌을 주기 위해 [사각형 도구]를 선택합니다. 사각형으로 두 문단에 맞추어 도형을 넣어주세요. 그리고 레이어 순서를 글자보다 한 단계 아래로 내려줍니다.

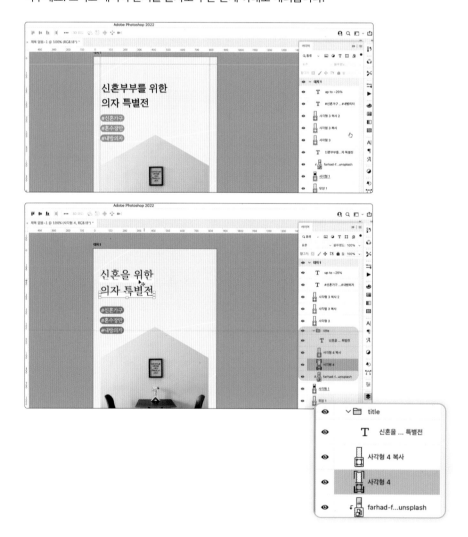

배경에 패턴 넣기

◉ 19 ◉

'홈', '가구', '따뜻한', '감성' 키워드에 맞추어 이번에는 배경에 패턴을 넣어주어 패브릭 질감을 나타내려고 합니다. 패턴을 깔아줄 배경 레이어를 선택한 후 [조정 레이어→패턴]을 눌러주세요.

◉ 20 ◉

패턴 창을 열어준 뒤 이미지에 적절한 패턴을 골라주세요. 패턴 레이어를 어떻게 넣느냐에 따라 느낌이 완전 달라지므로 색상보다 형태에 집중하여 패턴을 선택합니다. 비율과 각도 등을 조정하여 알맞은 형태를 찾아주세요.

21

레이어 패널 상단에서 [표준→블랜드 모드→소프트 라이트] 모드를 선택하여 배경에 패턴 레이어가 혼합될 수 있도록 합니다. 형태가 마음에 드는데 농도가 짙다면 [불투명도]를 낮춰 이미지를 옅게 만들어주세요.

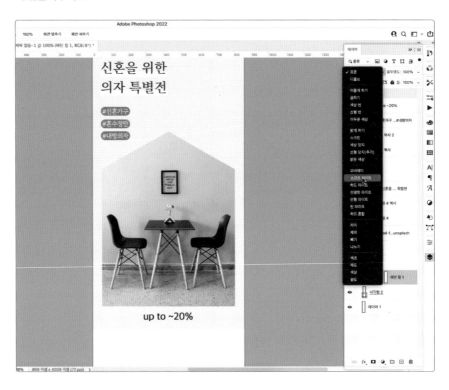

'up to ~ 20%'의 세일 정보에서 서체를 선택합니다. 해당 글자는 정보 전달 목적과 그래픽 요소로도 활용하고, 앞서 펜 도구로 그린 곡선과 어우러질 수 있도록 필기체를 선택합니다.

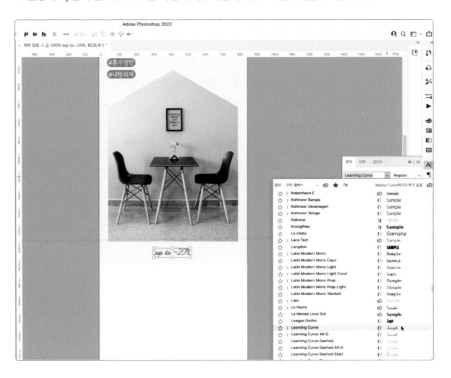

디테일 높이기

⊙ 23 ⊙

마스킹 테이프로 붙인 느낌을 내기 위해 [사각형 도구]를 만들어 세일 정보 텍스트 하단에 깔아주세요.

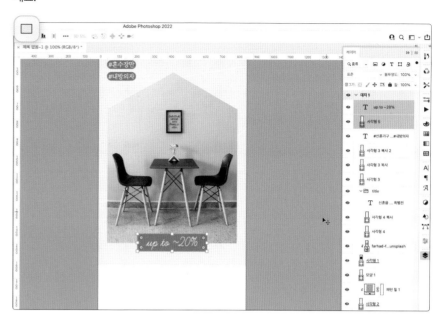

⊙ 24 ⊙

[타원 도구]로 변경하여 [Alt]를 누른 채 원을 만들어주세요. 마치 스티커로 사진을 벽면에 붙인 것 같은 느낌을 줍니다.

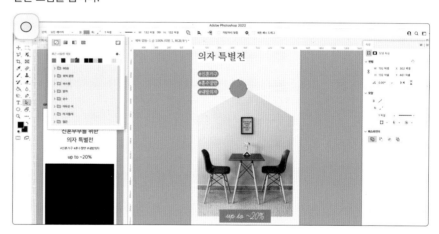

⊙ 25 ⊙

모든 개체가 같은 색상, 같은 농도로 들어가면 다소 복잡해 보일 수 있어서 레이어 순서를 변경한 후 원형의 불투명도를 낮추어 밸런스를 맞춰줍니다.

ⓑ 브랜드 소개하기

⊙ 26 ⊙

tip

브랜드를 대표하는 이미지는 무엇인지 고민한
후 브랜드 분위기를 잘 드러내는 이미지를 넣어
주면 좋습니다.

B 파트에서는 브랜드의 소개와 브랜드 메시지를 전달합니다. [문자 도구]로 브랜드 이름과 서브
타이틀을 입력하고 [파일→포함 가져 오기]로 브랜드 대표 이미지를 넣어주세요.

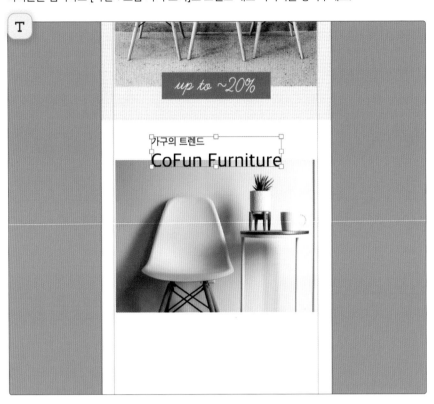

⊙ 27 ⊙

tip

한글 서체로 영문을 사용할 경우 한글 중심으로
만들어진 서체 디자인이 영문에 반영된 것이기
때문에 같은 서체라도 한글로 쓰였을 때보다 형
태가 예쁘지 않을 수 있어요. 그렇기에 메인 서
체로 잡은 한글 서체와 조화를 이룰 수 있는 영문
서체를 따로 사용하기를 권장합니다.

메인과 서브 타이틀의 서체를 골라주세요. 상단에서 명조체를 사용했으므로 영문 서체 역시 세리
프체 중에서 고르겠습니다.

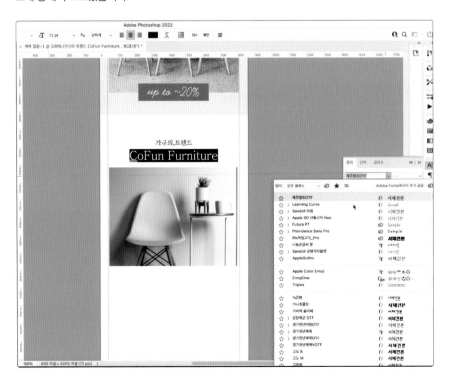

펜 도구로
클리핑 마스크 만들기

◎ 28 ◎

지금까지 주로 사각형 안에 클리핑 마스크를 만들었다면, 이번에는 직접 모양을 만들어 클리핑 마스크를 입혀보겠습니다. [펜 도구]를 선택한 후 클릭, 클릭하여 원하는 형태를 만들어주세요.

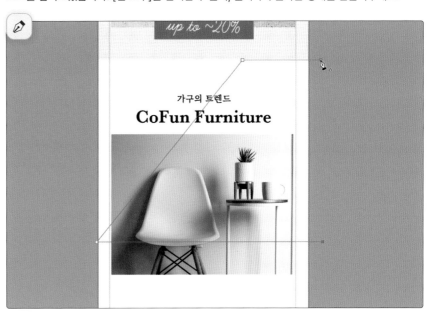

◎ 29 ◎

모양을 만든 후 면에 색을 넣어주세요. 만든 모양 안에 [Alt]를 누르고 두 레이어 사이에 마우스를 갖다 대고 클리핑 마스크 모양을 확인한 다음, 클릭하여 모양 안에 이미지를 넣어주세요.

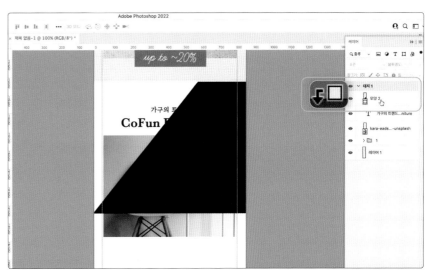

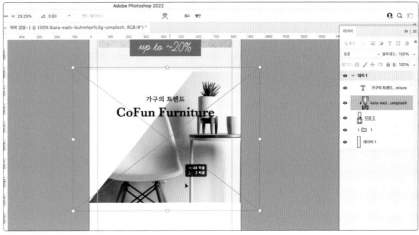

⊙ 30 ⊙

사다리꼴 프레임의 모양을 변형하겠습니다. [직접 선택 도구]로 고정점을 클릭하고 우측으로 이동하여 폭을 줄여주세요. 전체적인 레이아웃 구성에 맞춰 프레임을 조정하세요.

⊙ 31 ⊙

타이틀과 본문 글자가 모두 자리잡을 수 있도록 [문자 도구]를 사용하여 행간, 자간 등을 조정하여 만들어주세요. 본문 글자는 좁은 판형을 고려하여 자간 값을 -10pt~-25pt 사이 내에서 설정합니다. 글자가 어느 정도 정리되었으면 [이동 도구]로 보기 좋게 위치를 조정합니다.

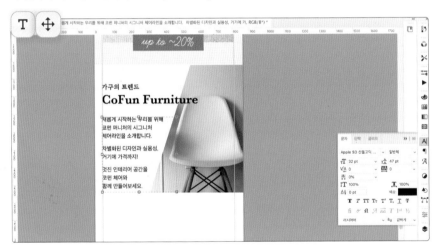

tip

다만 행간과 자간이 너무 붙을 경우 여백이 없어 읽기 답답한 형태가 되어 가독성이 떨어지므로 너무 타이트하게 붙여 쓰는 것은 피해주세요.

⊙ 32 ⊙

[사각형 도구]로 밝은 베이지 톤의 배경색을 만들어주세요. 배경색 역시 초반 브랜드 기획과 상품 컬러, A 파트를 작업하면서 설정한 색상의 범주 내에서 선택하는 것이 좋습니다. 타이틀도 진한 브라운으로 변경하였습니다.

정렬하기

◉ 33 ◉

판매 상품의 다양한 각도를 담은 이미지를 보여주겠습니다. [프레임 도구]를 선택하여 클릭과 드래그하여 프레임 하나를 만들어주세요. 그리고 레이어를 복사합니다. [이동 도구]로 복제한 세 개의 레이어 중 첫 시작점과 끝 점에 개체를 넣어주세요.

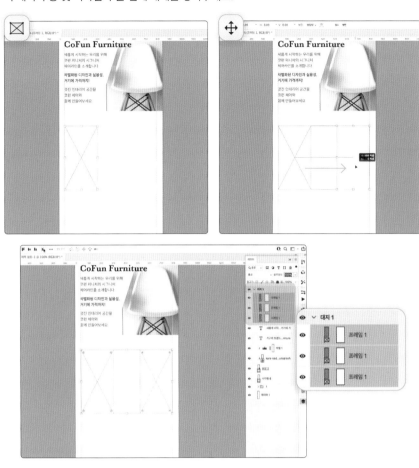

◉ 34 ◉

정렬 패널에서 [세로 분포 기능]을 활용해 개체를 배열해 주세요. 배열 시 첫 지점과 끝 지점의 요소는 고정된 상태에서 가운데에 있는 개체만 움직여 배열하면 같은 간격으로 조정됩니다.

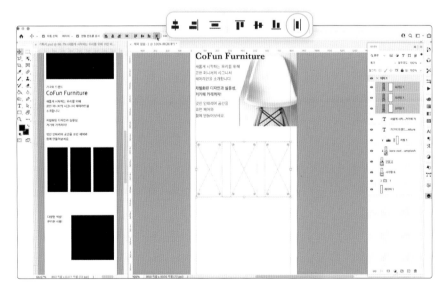

사진 톤 보정하기

[파일→포함 가져오기]로 원하는 이미지를 프레임 안에 넣어주세요. 이미지 폴더에서 이미지 파일을 포토샵으로 바로 끌어 당겨와도 됩니다. 사진의 크기를 조정해 주세요.

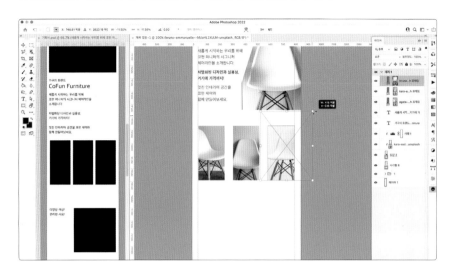

tip

촬영 시 상황에 따라 사진의 빛과 톤이 다르게 찍히게 됩니다. 사진의 톤을 균일하게 만들어주어야 상세 페이지 안에서 이미지가 조화롭게 어우러집니다.

36

프레임에 들어간 사진의 톤을 맞춰보겠습니다. 사진을 밝게 하기 위하여 편집하려는 레이어를 선택한 후 레이어 패널 하단에 [조정 레이어→레벨]을 선택합니다

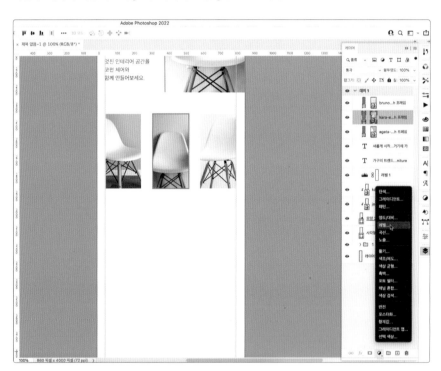

⊙ 37 ⊙

가운데 화살표^{중간 톤}과 흰색 화살표^{밝은 톤} 부분을 각각 움직여 사진의 명도와 대비를 조절합니다. 레벨 값 조정 시 명도 대비를 수정하려는 이미지가 아닌 다른 사진도 영향을 받을 수 있으므로 하단의 레이어 클립 버튼을 눌러 해당 레이어만 레벨 값이 적용할 수 있도록 합니다.

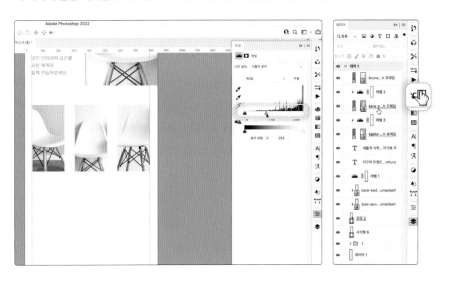

⊙ 38 ⊙

차가운 느낌의 사진을 따뜻한 톤으로 변경하겠습니다. 레이어 패널 하단의 [조정 레이어→포토 필터]를 누른 후 필터를 입혀줄게요. 필터 종류에서 <warming filter>를 선택한 후 [밀도]를 조정하여 필터의 진하기를 결정합니다.

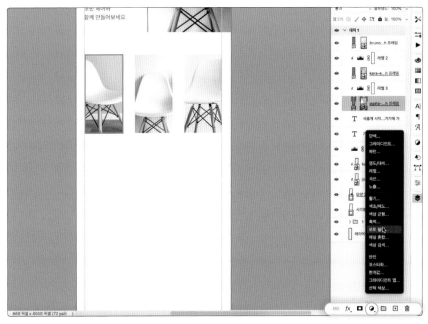

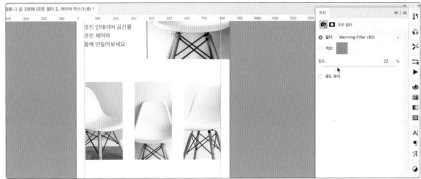

◉ 39 ◉

사진의 프레임 너비가 좁아 이미지 내 상품이 충분히 드러나지 않는다면, 프레임 너비를 조정해도 좋습니다. 편집하려는 레이어를 선택하고 [속성]에서 너비 값을 조정합니다. 이때 프레임 하나의 너비를 수정한 뒤, 수정 값을 복사하여 다른 두 프레임에도 같은 값으로 붙여넣기합니다. 너비를 조정하다가 이미지의 간격이 달라졌다면, 세 개의 레이어를 잡은 뒤 ◉ 34 ◉와 같은 방법으로 조정해 주세요.

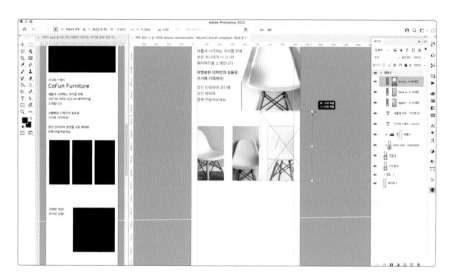

◉ 40 ◉

[사각형 도구]로 세 가지 상품 이미지 아래에 반 정도 걸친 사각형을 넣어주세요. 그리고 옅은 명도의 색상을 넣어줍니다. 이렇게 여백을 둔 배경 프레임은 상세 페이지 디자인에 여유를 주어 또 다른 느낌을 만들어냅니다.

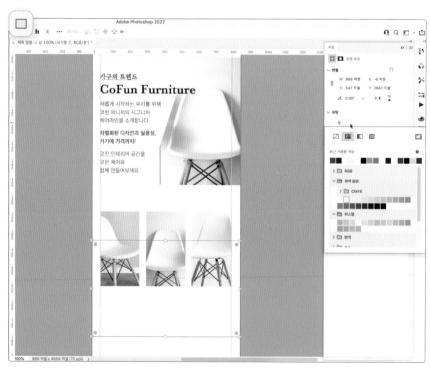

[문자 도구]를 사용하여 들어갈 문구를 적어주세요.

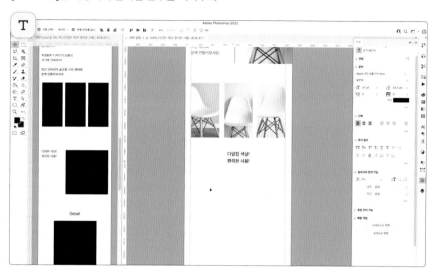

 클리핑 마스크 p.155 참고

[파일→포함 가져오기]로 이미지를 가져와주세요. [사각형 도구]로 클리핑 마스크 프레임을 만들어주세요. 두 레이어 사이에 [Alt]를 눌러 클리핑 마스크를 만들어줍니다.

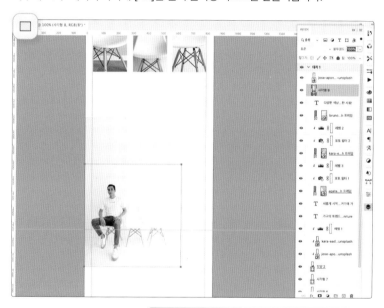

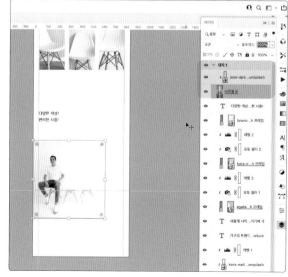

43

앞에서 작성한 글자의 위치를 [이동 도구]로 옮겨줍니다. 위에 사용한 서체와 동일하게 변경해 주세요.

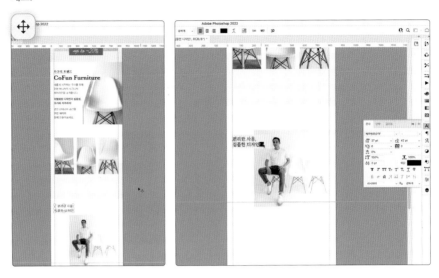

[사각형 도구]로 글자 밑에 브라운 컬러의 사각 프레임을 넣어 강조해 줍니다.

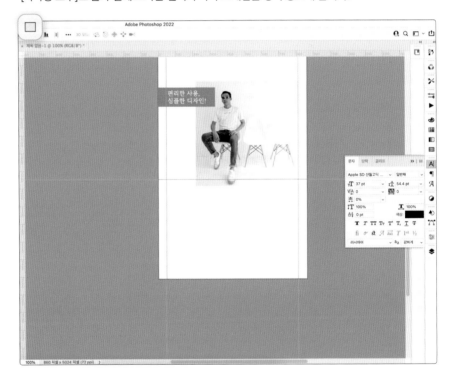

ⓒ 상품 정보 만들기

누끼 따기

⊙ 45 ⊙

이 페이지에서는 의자의 상세 사이즈를 안내하는 용도로 사용하겠습니다. 의자 이미지를 누끼 이미지로 변경한 다음에 상품 정보를 입력하겠습니다. [파일→포함 가져오기]를 통해 이미지를 가져오세요. 누끼용 이미지는 제품의 윤곽이 최대한 깔끔하게 나온 사진을 사용합니다.

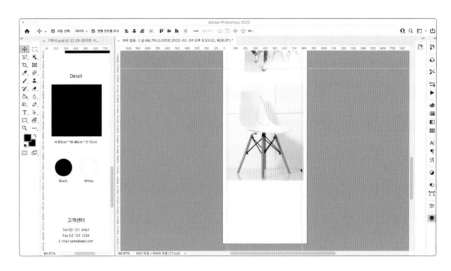

⊙ 46 ⊙

레이어 패널에서 해당 레이어를 선택한 후 [개체 선택 도구]로 의자를 선택하여 선택 영역을 잡아주세요. 자동으로 의자의 윤곽이 잡힙니다.

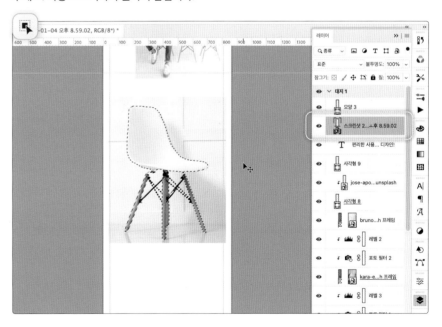

47

의자의 곡선 부분이나 다리 부분 등 정확하게 영역이 잡히지 않은 부분은 추가로 잡아주세요. 먼저 곡선 부분은 펜 도구를 사용하는 것이 좋습니다. [펜 도구]로 의자 등 부분의 곡선을 따라 그려주세요. 이때 이미 영역 안에 포함된 부분을 포함하여 그려도 괜찮습니다.

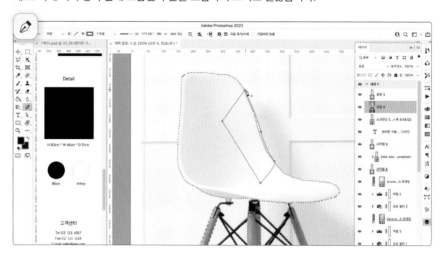

[펜 도구]로 수정하려는 영역을 그려준 뒤 마우스 오른쪽 버튼을 누르고 [선택 영역 만들기]를 선택합니다.

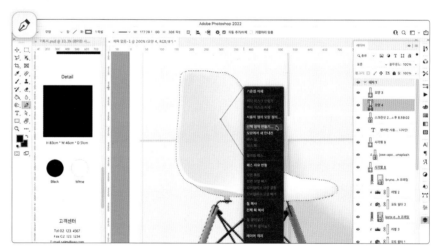

49

[선택 영역 만들기]를 눌러 나타나는 창에 내가 이미 잡은 부분을 이미 선택한 영역에 수가할 것인지, 새 영역으로 만들 것인지, 제외할 것인지가 나옵니다. 목적에 맞게 옵션을 선택해 주세요.

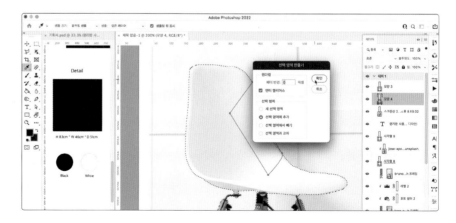

⊙ 50 ⊙

혹은 [다각형 올가미 도구]를 사용하여 기존 선택 영역의 형태를 수정해도 됩니다. 선택 영역을 잡고 [Shift]를 누르면 영역 추가, [Alt]를 누르면 영역 빼기가 되며, 사용하고 있는 아이콘이 +, - 모양으로 바뀝니다.

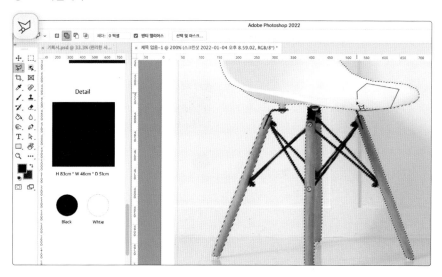

tip

머리카락, 나뭇가지 등 미세한 윤곽을 잡아줄 때는 [가장자리 다듬기 도구]를 사용하세요.

⊙ 51 ⊙

선택 영역을 활성화할 때 상단 옵션 바에 뜨는 [선택 및 마스크] 버튼을 눌러 다듬기 창으로 들어옵니다. 선택 영역 다듬기 활성화 시 보기 옵션은 [오버레이]로 하여 선택한 영역과 그렇지 않은 부분을 명확하게 구분 지을 수 있도록 보기 모드를 변경합니다. [전역 다듬기]에서 대비 값을 조정하여 윤곽이 선명해질 수 있도록 값을 살짝만 올려주세요. 너무 많이 올리면 픽셀 모양대로 라인이 쪼개질 수 있으니 주의하세요.

52

설정 창 아래에서 출력 위치를 [레이어 마스크]로 변경한 뒤 [확인]을 누르고 작업 화면으로 돌아
오면 레이어 마스크가 선택 영역에 자동으로 입혀지면서 배경이 사라집니다.

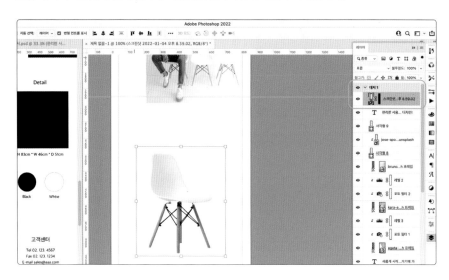

의자가 배경에 조금 더 자연스럽게 보일 수 있도록 그림자를 넣어주세요. 레이어 패널 하단의 [레
이어 스타일→드롭 섀도]를 활성화합니다. [혼합 모드]는 표준으로 하고 그림자 색을 알맞게 지정
해 주세요. 불투명도, 각도, 거리 등을 조절하여 자연스러운 그림자 모양을 찾아주세요.

⊙ 54 ⊙

레어어 마스크를 사용하여 누끼를 단 후에 누끼 영역마스크 영역을 수정하고 싶으면 펜 도구이나 올가미 도구 등을 활용해 수정하려는 하는 영역을 선택합니다.

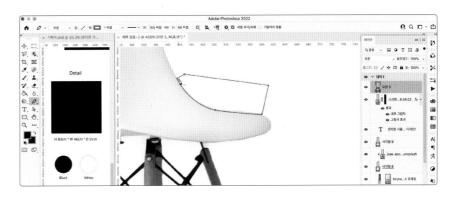

⊙ 55 ⊙

펜 도구 사용 시 패스를 그리는 옵션은 패스로 선택한 다음, 선택 영역을 추가하였던 것처럼 패스 모양을 모두 그려주세요. 마우스 오른쪽 버튼을 눌러 [선택 영역 만들기]를 활성화합니다.

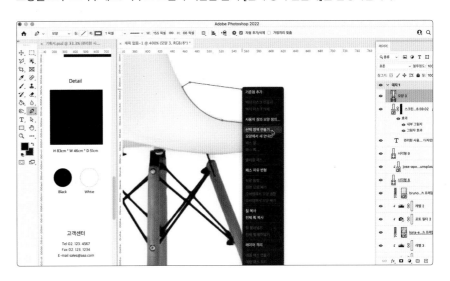

⊙ 56 ⊙

의자 누끼 이미지 레이어에서 오른쪽 레이어 마스크 섬네일을 선택합니다. 검은색 브러시로 지우고자 하는 영역을 칠하면 레이어 마스크에 검은 영역이 추가되며 이미지가 지워집니다. 만약 펜 도구 모드를 [모양]으로 두고 라인을 그렸다면 모양 생성된 레이어를 삭제해 주세요.

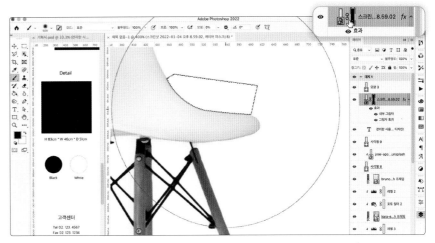

이제 의자의 상세 정보를 입력하겠습니다. 도형 도구에서 마우스 오른쪽 버튼을 꾹 눌러 [선 도구]를 선택한 다음 [Shift]를 눌러 수직으로 의자 높이만큼 선을 그려주세요.

[문자 도구]로 의자 높이 사이즈를 입력해 주세요.

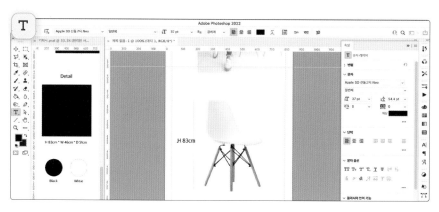

[직접 선택 도구]로 선을 선택한 다음 [속성] 또는 상단 옵션 바에서 라인 모양 창을 눌러 점선으로 변경합니다. 하단의 [옵션 확장] 버튼을 눌러 [획]의 추가 옵션 창을 띄어주세요. 대시점선 유닛의 길이와 간격점선 유닛 간의 간격의 수치를 조정하여 점선의 모양을 만들어주세요.

tip

점선을 원형으로 만들고 싶으면 대시 유닛의 단면을 원으로 하고, 선의 위치(맞춤)은 중앙으로 변경합니다. 그리고 유닛의 단면을 원으로 된 양 끝을 붙이기 위해 대시의 길이를 0으로 변경해 주세요. 간격은 원하는 만큼 설정합니다.

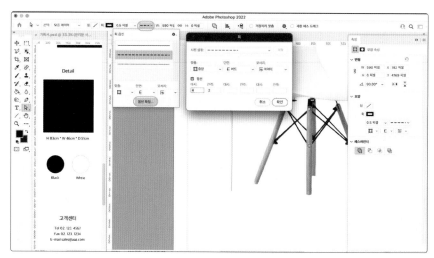

수치 텍스트와 선을 [Alt]를 눌러 [이동 도구]로 복사할 경우 좀 더 효율적인 작업이 가능합니다.
모든 수치를 기입하고 라인을 위치에 맞게 정리해 주세요.

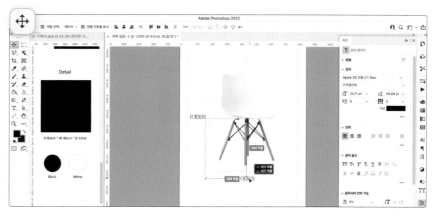

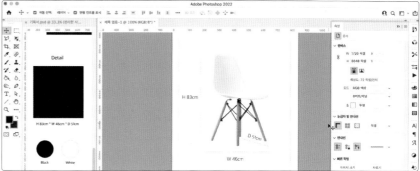

[문자 도구]로 의자의 상세 정보를 입력합니다. [타원 도구]로 Balck 옵션을 만든 후, [이동 도구]
로 [Alt]를 눌러 옆으로 당겨 복사하여 White 옵션으로 변경합니다.

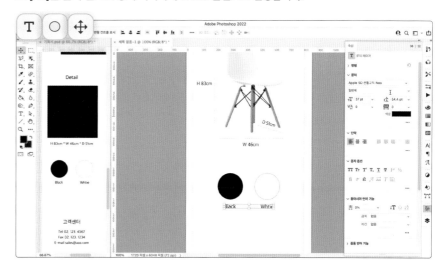

[사각형 도구]로 배경색을 넣어주세요. A 파트에서 사용한 색상을 활용하겠습니다.

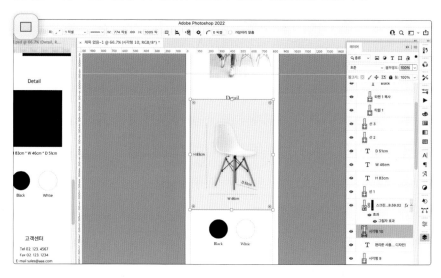

63

[문자 도구]로 'Detail' 타이틀을 입력하고 [사각형 도구]로 박스 테두리를 넣어주세요. A 파트에서 'up to ~ 20%'라고 적힌 마스킹 테이프와 같이 표현해 주세요.

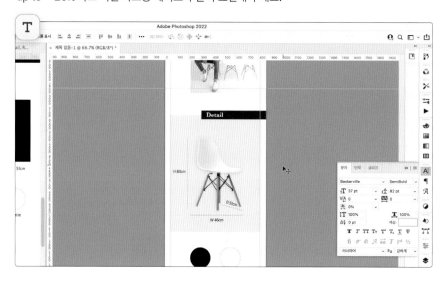

아래 이미지에 [사각형 도구]로 흰색 테두리를 민들어주세요.

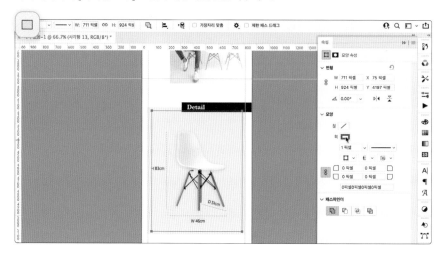

⊙ 65 ⊙

완성도를 높이기 위해 [드롭 섀도]기능을 활용해 색다른 그래픽 톤을 만들겠습니다. 사진 레이어를 선택한 후 레이어 패널의 하단에 [레이어 스타일→드롭 섀도]를 활성화하여 밑에 깔아주고자 하는 색상으로 변경합니다. 이때 불투명도는 100%, 크기 0px로 하여 색을 온전하게 넣은 개체와 드롭 섀도 영역의 간격을 거리 값으로 조정하면 됩니다.

⊙ 66 ⊙

마지막으로 고객 센터 정보를 입력하고, 단락 패널에서 가운데 정렬을 해주세요. 혹은 상단 패널에서 가운데 정렬 아이콘을 눌러주세요.

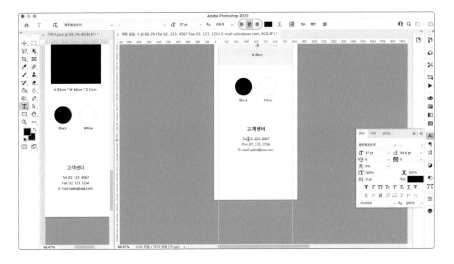

67

[사각형 도구]로 상세 페이지 하단에 마무리를 짓는 장식 요소를 페이지 끝단에 넣어주세요.

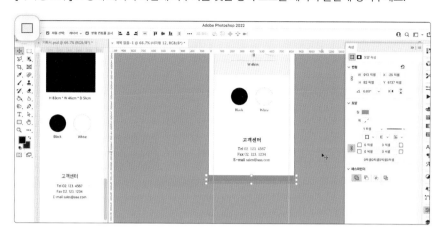

고객 센터와 Detail 페이지를 좀 더 명확하게 구분하기 위해 [선 도구]를 사용해 고객 센터 글자 양쪽에 선을 길게 넣어주세요. 중심을 맞추기 어렵다면 왼쪽과 오른쪽에 그린 선과 글자를 모두 선택하여 [이동 도구]로 변경한 뒤, 상단 혹은 정렬 패널의 같은 간격으로 가로 분포 아이콘을 눌러 간격을 맞춰주세요.

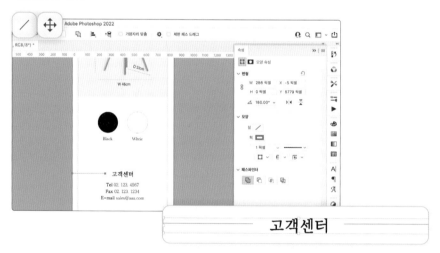

69

[파일→내보내기→웹용으로 저장]으로 파일을 추출하면 됩니다.

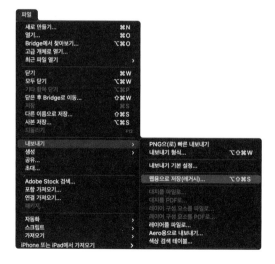

CASE 3. 오픈마켓

Ps

(for) 화장품을 부업으로 판매하는 회사원에게

학습 포인트 정리

✓ 벡터 마스크로 누끼 이미지 만듭니다.
✓ 배경 이미지에 사진 불투명도를 조절합니다.
✓ 조정 레이어를 이용하여 이미지를 보정합니다.

작업을 시작하기 전에

오픈 마켓 알아보기

오픈 마켓은 초보 판매자도 쉽게 이용할 수 있도록 상품 등록 및 수정이 간단합니다. 입점 절차도 까다롭지 않아서 입점 후 바로 판매 활동을 시작할 수 있습니다. 초기 자본금이 적어도 입점과 판매가 가능합니다. 오픈마켓 자체 마케팅으로 지속적으로 판매자가 유입되며, 소셜커머스보다 정산 주기가 빠른 특징이 있습니다. 다만 진입장벽이 낮은 만큼 같은 상품끼리 가격 경쟁이 치열합니다. 카테고리별 초기 선점 업체가 판매 순위 상단을 차지하여 후발주자의 경우 상위 노출되는 것이 어렵기도 합니다. 상품을 많이 노출시키려면 광고를 진행해야 하는데 이 비용이 점점 커지는 것을 주의 깊게 봐야합니다.

이번 챕터에서는 11번가, G마켓, 옥션과 같은 오픈 마켓의 상페 페이지를 만들어보겠습니다. 특히 화장품 같은 상품은 직접 매입하여 소매로 판매하는 경우가 많은데요. 직접 제품을 촬영한 사진으로 누끼를 따고, 상품에 어울리는 사진 이미지를 활용하여 간단하지만 효과적으로 화장품 성격에 맞는 상세 페이지를 만들겠습니다.

기획하기

유칼립투스가 함유된 핸드크림의 상세 페이지를 만들겠습니다. 부드러운 발림성과 마음의 안정을 돕는 향기를 특징으로 제품을 소개하겠습니다. 핸드크림은 주로 여성이 타깃인 제품입니다. 타깃에 맞는 톤앤매너를 설정하고 어떠한 기능을 가장 강조하고 싶은지 고려하여 기획서를 작성합니다. 핸드크림과 같은 화장품은 제품의 디테일한 사진보다 제품이 가지는 무드나 향 등을 전달할 수 있는 콘셉트 사진을 적극적으로 활용하는 것이 좋습니다. 세부 설명에서는 글의 내용을 이해하는 데 도움이 될 수 있는 아이콘이나 스톡 사진을 활용하여 소비자가 세세하게 읽지 않더라도 이 제품의 특장점을 직관적으로 이해할 수 있도록 도와줍니다.

사용하려는 사진을 고르고, 본문 내용과 순차적으로 나열합니다. 이번 상세 페이지에서는 메인 사진 – 제품 키 메시지 – 제품 세부 설명 – 전체 콘셉트 이미지 – 공지 및 문의 사항 순서로 콘텐츠를 나열하겠습니다.

Ⓐ 인트로

메인 이미지

SOFT
HAND CREAM

Premium Hand Cream

제품 설명

상품 구성
유칼립투스 수분 핸드&네일크림

Ⓑ 상품 정보

유칼립투스 효능

청량한 허브향이 맑고 깨끗하게
유칼립투스는 약으로도 쓰이는
허브로 정신적 안정과 피부미용에
도움을 주며 살균 효과와 함께
건조한 피부에 도움을 줍니다.

원재료
사진

수분 에센스 함유

물방울
사진

촉촉 보습 효과
촉촉한 수분 에센스가 함유되어
부드럽고 산뜻하게 발리는 사용감을
느껴보세요!

Ⓒ 고객센터

이미지

배송 및 기타 문의

Tel 02. 123. 4567
Fax 02. 123. 1234
E-mail sales@aaa.com

시작하기

작업 파일 생성과
작업 환경 만들기

◉ 1 ◉

[새로 만들기→웹]을 열어주세요. 오른쪽 설정 부분에서 가로 860px, 세로 3000px^{변경 가능}로 설정합니다. 해상도는 72픽셀, 색상은 RGB로 설정하고 [만들기]를 눌러주세요.

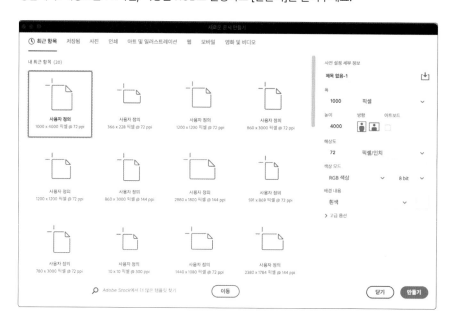

◉ 2 ◉

화면 분할하여 사용하기 p.044 참고

작업의 편의를 위해 대지 옆에 기획서를 함께 띄어 놓고 작업하겠습니다. 화면 분할은 [보기→정돈]에서 창을 세로 분할로 두고 보아도 되고, 기획서 이미지 파일을 포토샵으로 연 뒤 문서 탭을 당겨 우측에 놓아주어도 됩니다. [창→정돈→2장 세로]를 클릭하여 양쪽을 정렬합니다.

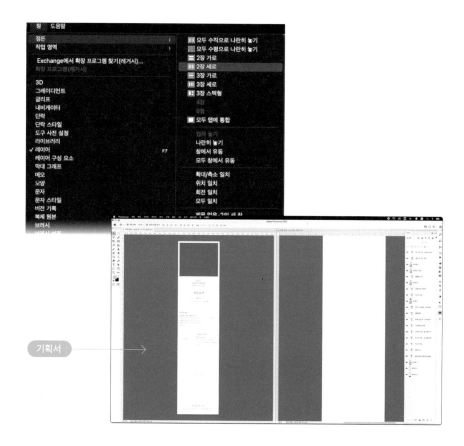

기획서

> **tip**
>
> 이번 챕터에서는 아트보드 없이 상세 페이지 제작을 설명합니다.

> **tip**
>
> 기획서의 이미지는 jpg, pdf, psd 등 이미지 파일이라면 확장자는 크게 상관없습니다.

Ⓐ 인트로 만들기

⊙ 3 ⊙

[파일→포함 가져오기]로 메인 이미지로 사용할 사진을 불러옵니다.

tip

메인 타이틀은 전체 페이지에서 가장 특징이 강한 서체를 활용해도 괜찮습니다. 다만 제품 사진을 방해하지 않도록 유의해 주세요. 초기 단계에서 어떤 서체를 하면 좋을지 결정한 다음 넘어가도 좋고 전체 페이지 레이아웃을 먼저 어느 정도 잡아준 뒤 전체 페이지와 조화를 이룰 수 있는 서체로 변경해도 됩니다. 레이아웃 초기 단계에서 글자색은 검은색으로 작업합니다.

⊙ 4 ⊙

이미지의 위치를 대략 잡아준 다음 메인 타이틀과 서브 타이틀을 [문자 도구]로 작성합니다.

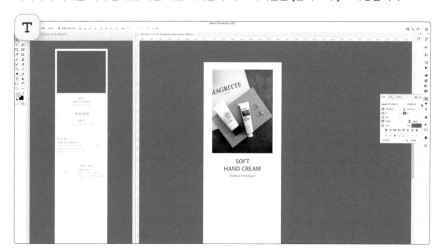

tip

사각형이 대지 밖으로 나가면 대지에 그려지지 않으니 대지에 딱 맞추기 어려운 경우 [사각형 도구]를 누르고 화면을 클릭해 너비 값을 입력해도 됩니다.

⊙ 5 ⊙

제품 설명을 넣기 전에 메인 이미지와 제품 설명 이미지 사이를 연결해 주는 이미지를 만들겠습니다. [사각형 도구]를 이용하여 원하는 크기로 사각형을 그려주세요.

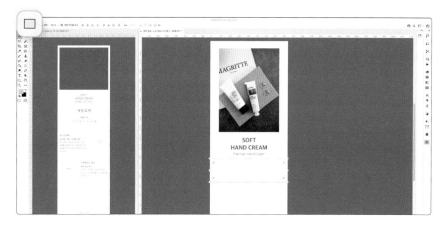

6

[파일→포함 가져오기]로 이미지를 가져옵니다. 이때 상품과 전혀 관련 없는 사진이 아닌 연결성이 있는 사진으로 가져옵니다. 예제에서는 판매 제품인 핸드크림의 원재료중 하나인 유칼립투스 이미지를 가져왔습니다. 이후 레이어 패널에서 순서를 조정합니다. 들어갈 이미지가 위에, 프레임이 아래에 위치하도록 조정해 주세요. 두 레이어 사이에 마우스를 대고 [Alt]를 눌러 클리핑 마스크를 만들어줍니다. [이동 도구] 혹은 [Ctrl + T]를 눌러 자유 변형을 활성화한 후 프레임 안에 있는 이미지를 원하는 크기로 조정합니다.

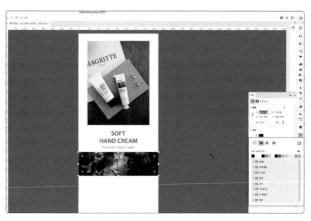

유칼립투스 이미지 위에 글자를 작성하겠습니다. 사진 위에 들어갈 글자가 잘 보이도록 사각형 레이어를 하나 더 복사하여 검은색으로 색상을 바꿔주세요. 그리고 불투명도를 50%로 낮춰주세요.

[문자 도구]로 상품 설명을 작성합니다. 배경이 어둡기 때문에 흰색으로 글자를 입력하였습니다. 배경이 짙으면 글자는 밝게, 배경이 밝으면 글자는 짙은 색으로 넣어주세요.

Ⓑ 상품 정보 만들기

tip

[도형 도구]를 [Shift]를 누르고 당겨 만들면 정비율로 만들어지고, [Alt]를 누르고 당겨 만들면 누른 지점을 중심으로 정비율로 만들어집니다.

⊙ 9 ⊙

상품 세부 설명을 만들겠습니다. 핸드크림의 원재료 등 제품이 가지고 있는 특징을 적어주세요. 텍스트의 내용을 효과적으로 전달하기 위해 사진 이미지를 활용하겠습니다. [타원 도구]를 선택하여 원하는 크기로 이미지 프레임을 만들어주세요.

⊙ 10 ⊙

[파일→포함 가져오기]로 사진을 불러옵니다.

⊙ 11 ⊙   클리핑 마스크 p.155 참고

레이어 패널에서 순서를 조정합니다. 들어갈 이미지가 위에, 프레임이 아래에 위치하도록 조정해주세요. 두 레이어 사이에 마우스를 대고 [Alt]를 눌러 클리핑 마스크를 만들어줍니다. [이동 도구]로 안에 들어간 사진을 조절하여 적절한 위치와 크기로 조정합니다.

⊙ 12 ⊙

상세 내용이 들어갈 본문 글자를 입력해 주세요. 이 부분은 내용이 길기 때문에 [문자 도구]를 누른 채 드래그 하여 문자 박스를 만든 후 내용을 넣어주세요.

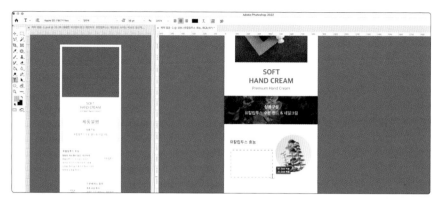

⊙ 13 ⊙

정보의 중요도에 따라 맞게 글자의 크기와 굵기 등을 어느 정도 정리해 주세요. 이때 글을 넣을 여백이 작은 경우 자간을 좁혀 넣을 수 있지만, -75pt 이하의 자간 값은 글자 간격이 너무 좁아 가독성이 떨어질 수 있습니다.

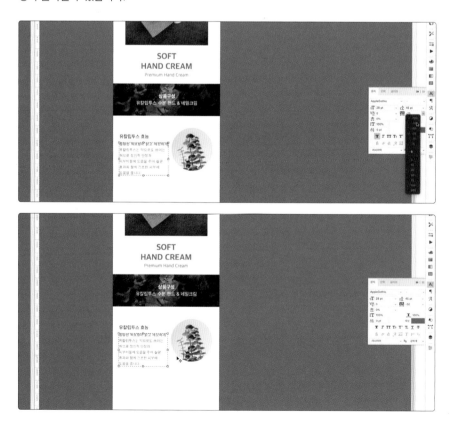

양옆의 여백을 맞추기 위해 안내선을 활용하겠습니다. [보기→새 안내선 레이아웃]으로 안내선을 만들어주세요.

[이동 도구]와 [Alt]를 이용하여 글자 개체를 복사하여 사용하세요. 레이아웃을 다채롭게 표현하기 위해 지그재그 형태로 이미지와 글자를 배치하겠습니다.

두 번째 단락의 글자도 정보의 중요도에 맞게 수정한 뒤, [파일→포함 가져오기]로 이미지도 교체합니다.

작업 공간이 모자라니 대지를 늘려주겠습니다. 아트보드 기능을 사용했을 때는 대지 길이를 쉽게 조정할 수 있지만 아트보드 기능이 없는 버전의 포토샵은 어떻게 대지 길이를 조정할까요? [자르기 도구]를 선택하여 작업 영역을 원하는 길이만큼 당겨주세요. 혹은 상단 바에서 수치를 입력해 직접 원하는 사이즈로 조정이 가능합니다.

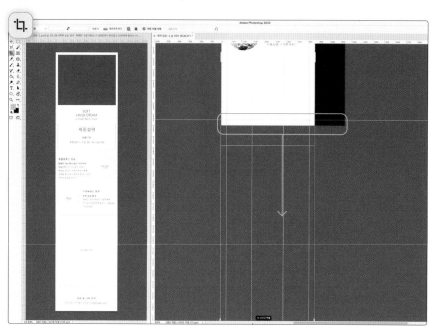

18

제품 이미지에 마스크를 씌워 누끼 이미지를 만들어 활용하겠습니다. [파일→포함 가져오기]로 불러옵니다.

---

tip

누끼 딴 이미지를 만들기 위해서는 이미지가 깔끔하게 나온 사진을 가져오세요. 제품이 일부 잘렸다면 상품 설명용 이미지로는 적합하지 않습니다.

벡터 마스크로
누끼 따기

⊙ 19 ⊙

윤곽이 매끈한 제품 이미지로 누끼를 달 경우 '벡터 마스크'를 활용하는 것이 좀 더 깔끔하게 형태를 잡아낼 수 있습니다. 마스크를 따기 전 제품의 외곽선을 정확하게 보기 위하여 화면 비율을 키워주세요. [Ctrl + +]로 화면을 키운 뒤 [Space]를 누르면 손바닥 모양이 뜹니다 이때 마우스 왼쪽 버튼을 누르며 이미지를 원하는 곳으로 당기면 뷰 포인트를 이동할 수 있습니다.

⊙ 20 ⊙

(tip)

[모양]으로 두고 작업해도 상관 없지만, 벡터 마스크를 만드는 방법은 패스로 두고 했을 때와 다릅니다.

벡터 마스크는 [펜 도구] 사용합니다. 상단 바에서 펜 도구로 그리는 형태의 종류는 [패스]로 두고 작업합니다. 클릭하여 형태를 계속 잡아주세요.

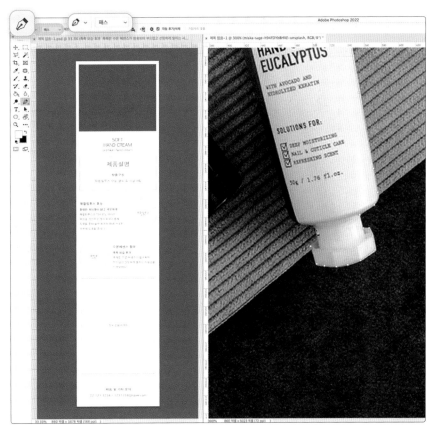

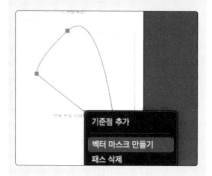
⊙ 21 ⊙

누끼 딸 개체의 전체 형태를 잡아준 다음 처음 고정점으로 돌아와 형태를 닫아줍니다. 반드시 처음
지점을 클릭하여 형태를 닫아주세요. [펜 도구] 밑에 동그라미 아이콘이 뜨는지 확인합니다. 옵션
바에서 마스크를 눌러 벡터 마스크를 바로 생성합니다.

⊙ 22 ⊙

벡터 마스크가 생성되었습니다.

⊙ 23 ⊙

[직접 선택 도구]를 선택하여 고정점과 핸들을 수정하여 형태를 완벽하게 다듬어주세요. 제품 누끼 이미지의 경우 제품 외 이미지가 보이지 않도록 깔끔하게 다듬어주는 것이 중요합니다.

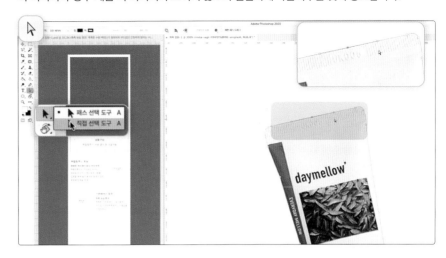

⊙ 24 ⊙

상품의 설명과 제품 이미지가 흰색 배경으로 이어지니 페이지 전환이 확연히 드러나지 않고 애매한 느낌이 있어 배경색을 깔아보겠습니다. [사각형 도구]로 제품 이미지에 맞추어 프레임을 잡아주세요.

tip

제품 이미지에서 색을 추출하면 전체 페이지와 조화를 이루는 색을 지정할 수 있습니다.

⊙ 25 ⊙

배경색을 선택할 때 제품의 이미지와 연결성을 높이고 싶다면 기존에 사용한 이미지에서 색상을 추출해도 좋습니다. [속성]에서 [칠] 컬러칩을 클릭한 후 색상 피커 창에서 마우스를 추출하고자 하는 이미지 부분으로 이용하면 마우스 아이콘이 스포이드로 변합니다. 이때 추출하려는 이미지를 클릭하면 해당 부분의 색이 바로 추출됩니다.

작업 시 이미지가 나오는 순서가 변경될 경우 레
이어 패널에서 레이어 순서를 정리해 주세요.
옵션 바에서 [자동 선택]이 선택된 경우 여러 레
이어를 한 번에 이동할 수 없기 때문에, 원하는
레이어를 선택 후 [Ctrl + T] 자유 변형 기능으로
이동하면 됩니다.

[Ctrl]을 누르고 선택하면 여러 개의 레이어 선
택이 가능합니다.

26

포토샵에서 레이어는 항상 현재 작업하는 레이어 위에 새로운 레이어가 생성되므로 레이어 순서를
제품 밑에 배경이 위치하도록 변경합니다.

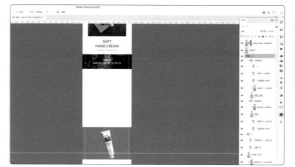

27

제품 이미지를 단독으로 사용하는 것보다 상품 설명과 이어서 사용하는 것이 효과적이므로 원재
료 설명과 누끼 이미지의 순서를 조정하겠습니다.

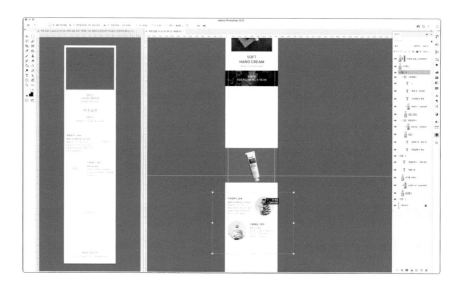

28

배경 위에 누끼 이미지, 글자들을 올려 정렬합니다.

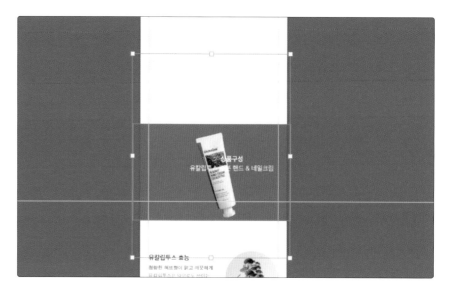

계속해서 사각형으로 된 꽉 찬 이미지가 반복되어서 변주를 주겠습니다. 누끼 딴 이미지 아래 초록색 사각형의 너비를 조정하세요.

[이동 도구]로 누끼 딴 핸드크림 이미지를 선택하여 [Ctrl + T]를 눌러 크기와 각도를 조절하여 배치합니다.

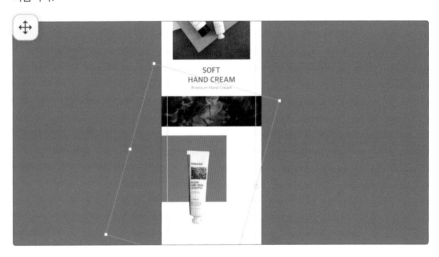

31

핸드크림 이미지 아래 글자를 강조하기 위해 [사각형 도구]로 사각형 박스를 만들어주세요.

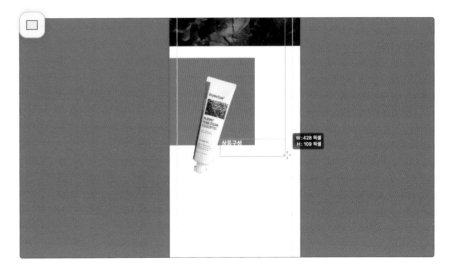

배경 위에 올라간 글자의 양에 비해 박스의 폭이
나 길이가 좁거나 짧을 때는 답답해 보일 수 있으
니 여유 있는 크기로 만들어주세요.

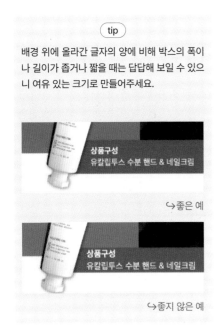

↳좋은 예

↳좋지 않은 예

⊙ 32 ⊙

크기를 알맞게 설정한 뒤 색을 넣어주세요.

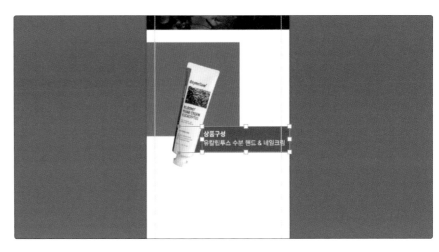

⊙ 33 ⊙

핸드크림 누끼 이미지와 배경의 이질감을 줄이기 위해 그림자를 추가하겠습니다. 누끼 딴 레이어
를 선택한 후 레이어 패널 하단에 [레이어 스타일→드롭 섀도]를 선택합니다.

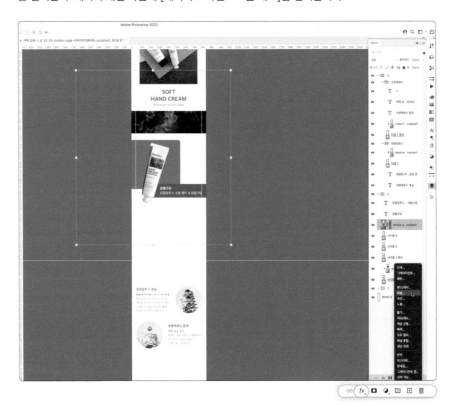

조정 레이어로
이미지 보정하기

⊙ 34 ⊙

[미리 보기] 옵션을 반드시 선택하여 이미지의 변화를 확인하면서 적정 수치 값으로 설정합니다. 그림자가 너무 진하거나 크면 제품 자체가 어두워 보일 수 있으니 배경에 따라 15~50% 안에서 조정합니다.

⊙ 35 ⊙

제품을 촬영한 사진이 너무 밝거나 어둡게 나왔을 때 [조정 레이어] 기능을 사용합니다. 레이어 패널 하단에 있는 [조정 레이어→레벨]에서 수치를 조정합니다.

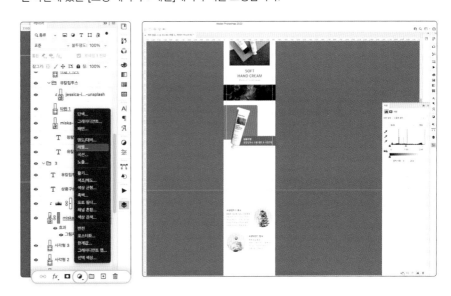

⊙ 36 ⊙

이때 조정 레이어가 누끼 레이어에 클리핑되지 않았을 경우 다른 이미지까지 명도 대비가 조절될 수 있으니 반드시 하단에 클리핑 표시가 눌려 있는지 확인합니다. 클리핑 옵션을 클릭한 조정 레이어는 아래 이미지와 같이 클리핑 마스크 처리가 되어 있어야 합니다.

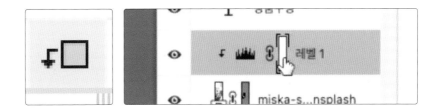

37

만약 조정 레이어로 변경한 톤이 일부분에서 제거되기를 원한다면, 레벨 레이어의 레이어 마스크 부분을 선택한 후 검은색 브러시로 칠해 효과를 덜어냅니다.

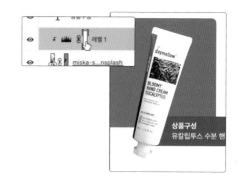

상세 페이지 사이에 파트를 구분 짓기 위해 세부 설명은 [사각형 도구]를 사용해 배경을 넣어보겠습니다. 적절한 크기로 배경을 잡은 다음 메인 컬러인 다크 그린 색을 넣어주세요. 너무 같은 농도의 색이 반복되면 구성이 지루해질 수 있고, 어두운 색상의 배경 이미지가 크게 들어가면 페이지 느낌이 다소 무거워질 수 있으므로 [불투명도]를 낮춰서 톤을 조정해 줍니다.

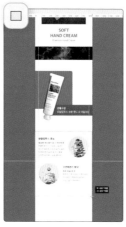
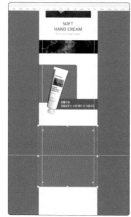

39

상세 설명의 배경을 핸드크림 누끼 이미지가 있는 제품 설명 페이지까지 당겨주세요. 상품 이미지와 설명이 자연스럽게 하나의 흐름으로 구성되었습니다.

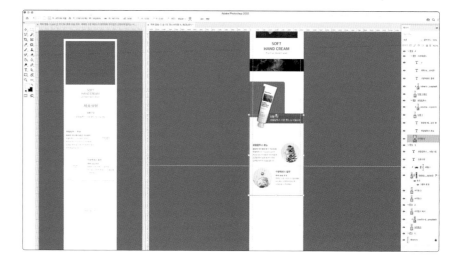

ⓒ 고객 센터 만들기

⊙ 40 ⊙

이 파트에서는 전체 콘셉트의 이미지를 넣어주겠습니다. [파일→포함 가져오기]에서 사진을 가져 옵니다. 여백에 맞추어 이미지 크기를 조정합니다.

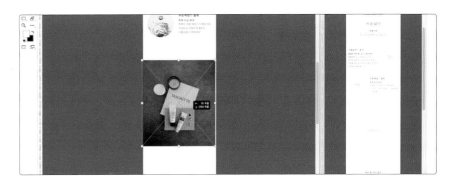

⊙ 41 ⊙

[문자 도구]를 선택하여 문자 박스를 만들어 '배송 및 기타 문의' 내용을 적어주세요. 주의 사항 등 하단에 나오는 글자는 상단의 본문 글자 크기 또는 0.8배 정도되는 크기로 설정합니다. 내용의 제 목에만 굵기를 설정하거나 색을 다르게 주어 눈에 띄는 역할을 해주세요.

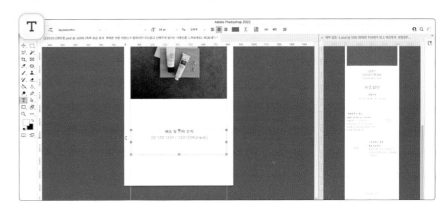

⊙ 42 ⊙

[사각형 도구]로 글자의 배경 영역을 만들어주세요. 상세 페이지 하단에 바Bar 형태로 밑단을 잡아 줄 경우 안정적인 구성이 되며, 페이지의 '끝 맺음'을 직관적으로 표현할 수 있습니다. 글자를 배경 레이어 위로 옮기고 단락 패널에서 가운데 정렬로 중심을 맞춰주세요.

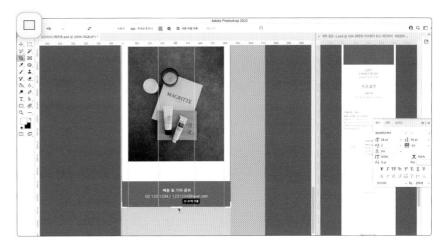

완성도 올리기

⊙ 43 ⊙

가장 위로 올라가 허전한 부분이 없는지 체크하고 장식 요소를 추가하여 완성도를 높이겠습니다. 흰색으로 된 상단 이미지가 다소 밋밋해 보여서 메인 컬러인 다크 그린을 넣도록 하겠습니다. [사각형 도구]로 메인 이미지와 메인 타이틀을 덮을 만큼 사각형을 만들어주세요.

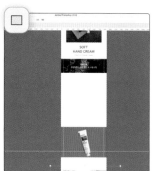
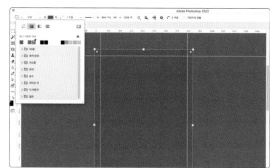

⊙ 44 ⊙

레이어 패널에서 배경 레이어가 이미지 레이어 아래로 가도록 레이어의 순서를 조정하세요. 배경이 어두워졌으므로 글자 색은 밝게 조정합니다. 문자 패널에서 흰색으로 변경해 주세요.

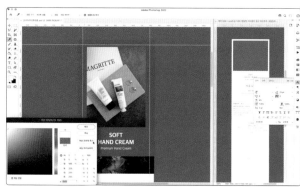

> **tip**
>
> 클리핑 마스크를 실행했을 때 레이어가 알맞게 들어갔다는 표시가 뜨는데, 레이어 패널에서 이미지가 보이지 않는다면 사각형 도구에 '면' 색이 없기 때문입니다. 선 색은 제거하고 면에 색을 채워 이미지가 보일 수 있도록 조정합니다.

⊙ 45 ⊙

제품 사진의 배경 영역이 넓어서 제품이 부각되지 않는다면 [사각형 도구]로 프레임을 만들어 클리핑 마스크를 적용합니다. 들어갈 이미지가 위에, 프레임이 아래에 위치하도록 레이어 순서를 바꾼 후 레이어 사이에 [Alt]를 눌러 이미지가 방금 만든 사각형 안에 들어갈 수 있도록 클리핑 마스크를 실행합니다.

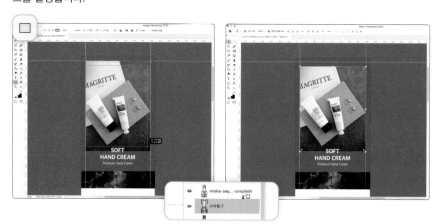

⊙ 46 ⊙

제품과 어울리는 서체를 골라 메인 타이틀과 서브 타이틀에 적용합니다. 예제에서는 모던한 'futura' 서체를 사용하였습니다.

⊙ 47 ⊙

메인 타이틀과 서브 타이틀을 모두 같은 서체로 사용하되, 정보의 중요도에 따라 서체의 크기와 굵기를 조정하세요.

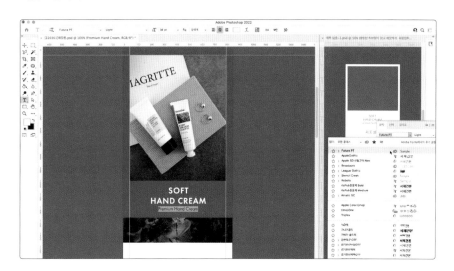

⊙ 48 ⊙

메인 페이지를 더 예쁘게 꾸며주고 제품명인 타이틀을 강조하기 위해 타이틀 양쪽에 선을 넣어보 겠습니다. [선 도구]를 선택한 후 [Shift]를 누르며 옆으로 당겨주세요. 왼쪽 라인을 먼저 만들고 [이동 도구]로 [Alt]를 눌러 우측으로 옮겨줍니다. 안내선까지 닿을 수 있도록 위치를 조정합니다.

tip

서체 지정 시 서체 이름 우측에 [>] 아이콘을 누르면 굵기, 기울림 등의 옵션이 있다는 뜻입니다.

가운데 정렬을 하기 위해 글자 레이어를 선택한 후 [Ctrl + A]를 눌러 전체 영역을 잡아준 후 [이동 도구]를 선택한 다음, 상단 옵션 바에서 가운데 기준선을 잡아주세요.

어색하게 끊어진 두 번째 이미지유칼립투스 사진를 상품 구성 배경까지 사이즈를 늘려보겠습니다. 레이어 패널에서 [Ctrl]을 누르며 [클리핑 마스크+유칼립투스 사진+검은색 투명 사각형] 세 개의 레이어를 선택한 후 상품 구성 배경까지 늘려주세요.

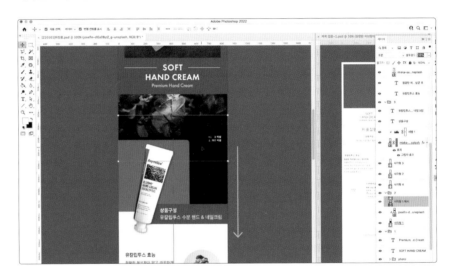

이어 세부 글꼴들을 정리합니다. 정보 전달이 중요한 부분은 가독성이 높은 서체로 사용하되, 정보의 중요도에 따라 굵기와 크기 등을 조정하여 만들어주세요. 하나의 결과물에 너무 많은 서체와 크기가 혼용되는 것은 시선을 분산시키니 두세 가지의 서체 안에서 스타일을 조정합니다.

전체적으로 그린 톤인 상세 페이지 안에서 보라색이 강조된 이미지가 있어서 톤을 일정하게 조정하겠습니다. 레이어 패널 하단에서 [조정 레이어→색조/채도] 기능을 사용합니다.

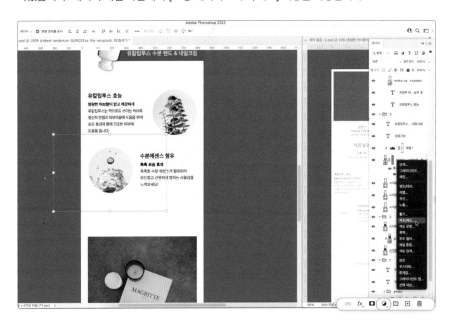

색조를 조정하여 붉은 느낌을 줄이고 채도 값을 낮춰 투명한 물의 느낌으로 변경하세요. 조정 패널 하단에 레이어 클립 표시를 반드시 클릭합니다.

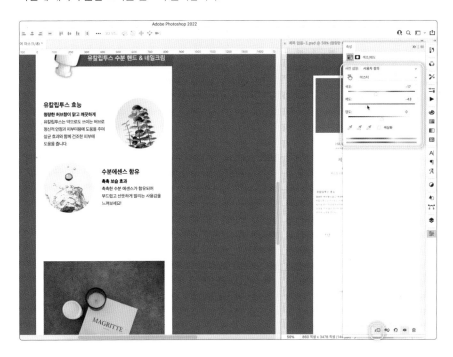

[파일→내보내기→웹용으로 저장]으로 파일을 추출하면 됩니다.

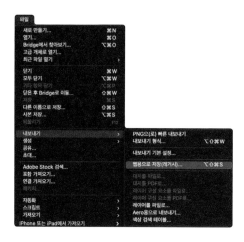

CASE 4. 쇼핑몰

(for) 인터넷 쇼핑몰을 준비하는 1인 창업자에게

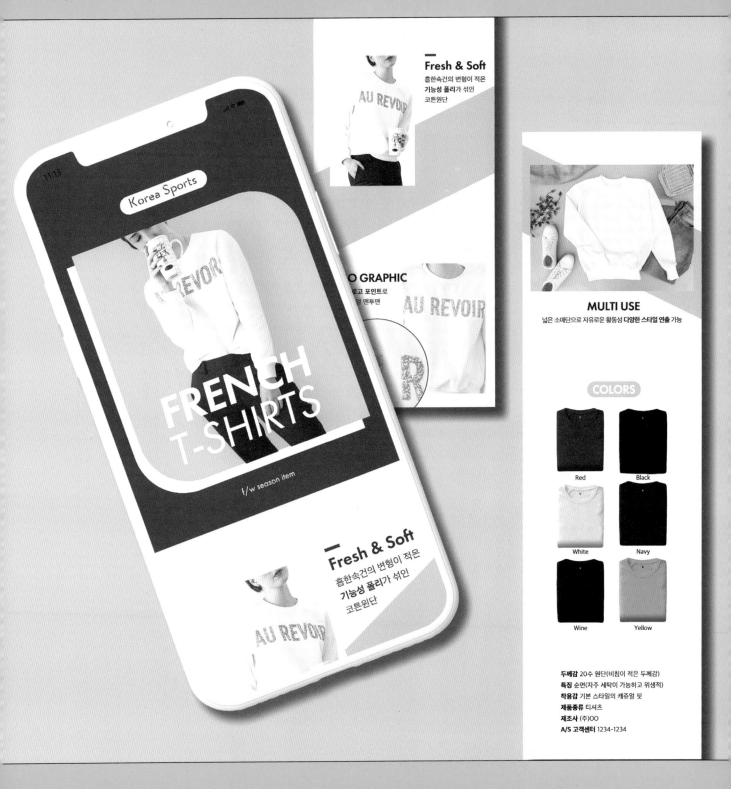

학습 포인트 정리

✓ 레이어 마스크로 이미지 누끼 따는 방법을 소개합니다.

✓ 조정 레이어로 사진 색감을 보정합니다.

✓ 픽셀 유동화 및 스팟 복구 브러시 도구로 인물을 보정하는 방법을 알아봅니다.

작업을 시작하기 전에

쇼핑몰 알아보기

온라인 도매 사이트에서 의류를 구입하여 쇼핑몰로 소매 유통하는 경우가 많아졌습니다. 지그재그, 에이블리, 스타일 쉐어 등 온라인에서 판매하고자 할 때 소비자에게 효과적으로 홍보할 수 있는 방법을 알아보겠습니다. 유행에 민감한 MZ 세대를 중심으로 운영되는 패션 플랫폼은 보다 쉽게 타깃 층을 공략할 수 있고 유행의 흐름을 파악할 수 있습니다.

의류의 경우 색상이나 형태가 실제 상품과 상세 페이지 내 사진이 많이 다를 경우 문제가 될 수 있으니 유의하세요. 플랫폼의 업로드 규정을 확인하고 그에 맞게 제작하는 것을 권장합니다. 일부 쇼핑몰에서 과도한 보정은 업로드 시 반려 사유가 될 수 있습니다.

기획하기

의류를 판매하는 상세 페이지는 그래픽 요소를 많이 넣어서 꾸미는 것보다는 제품을 착용한 사진을 많이 넣어서 소비자에게 다양한 연출을 보여주는 것이 중요합니다. 의류와 같이 색상이 중요한 제품을 다루는 상세 페이지는 조정 레이어의 다양한 톤 조정 기능을 활용하여 실제 상품과 사진의 색상을 맞추는 것이 중요합니다. 모델의 체형이나 얼굴을 보정한 사진을 활용하는 것도 좋습니다. 과한 보정은 상품을 왜곡시킬 수 있지만, 피부의 잡티나 옷에 묻은 먼지 등 촬영 시 미리 가리지 못한 부분을 포토샵으로 보정하는 것은 중요합니다. 픽셀 유동화, 패치, 도장, 스팟 복구 브러시 도구 등을 활용하여 이미지의 심미성을 높여줍니다.

의류 상세 페이지는 사진의 선택이 중요합니다. 소재, 박음질 등 디테일하게 보여주어야 하는 부분과 옷을 착용했을 때 전체적인 모습을 보여주는 사진을 적절히 교차해 줍니다. 즉, 이미지 속으로 들어갔다, 나갔다 하는 'Zoom In&Zoom Out' 기법을 활용하며 제품이 가진 특성을 충분히 드러내는 것이 중요합니다.

의류 상세 페이지의 경우 너무 많은 색상을 복합적으로 상세 페이지에 적용하면 제품의 컬러가 묻힐 수 있으니 제품 이미지가 돋보일 수 있도록 디자인에 사용하는 색상은 한두 개로 최소화하여 작업하는 것을 권장합니다.

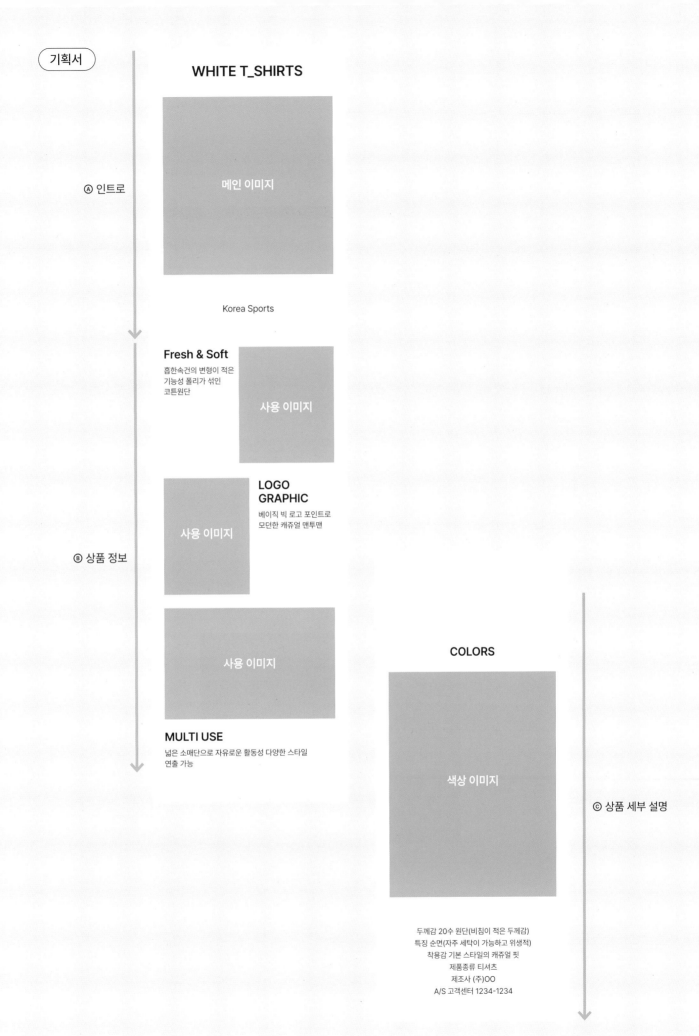

WHITE T_SHIRTS

Ⓐ 인트로

메인 이미지

Korea Sports

Ⓑ 상품 정보

Fresh & Soft
흡한속건의 변형이 적은
기능성 폴리가 섞인
코튼원단

사용 이미지

사용 이미지

**LOGO
GRAPHIC**
베이직 빅 로고 포인트로
모던한 캐쥬얼 맨투맨

사용 이미지

MULTI USE
넓은 소매단으로 자유로운 활동성 다양한 스타일
연출 가능

COLORS

색상 이미지

Ⓒ 상품 세부 설명

두께감 20수 원단(비침이 적은 두께감)
특징 순면(자주 세탁이 가능하고 위생적)
착용감 기본 스타일의 캐쥬얼 핏
제품종류 티셔츠
제조사 (주)OO
A/S 고객센터 1234-1234

시작하기

작업 파일 생성과
작업 환경 만들기

⊙ 1 ⊙

업로드하려는 플랫폼에서 권장하는 사이즈를 확인합니다. 예시에서는 가로 1000px, 세로 4000px로 작업하겠습니다. [파일→새로 만들기→웹]을 열어주세요. 해상도는 72픽셀, 색상은 RGB로 설정하고 [만들기]를 눌러주세요.

tip

이번 챕터에서는 아트보드 없이 상세 페이지 제작 방법을 설명합니다.

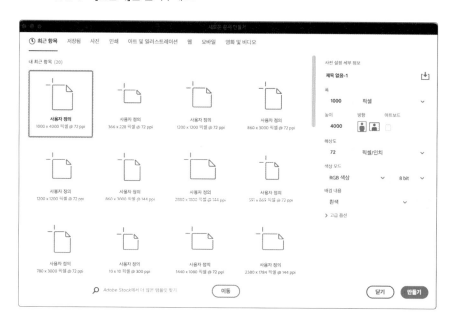

tip

가운데 영역을 움직여 화면 비율을 조정합니다.

⊙ 2 ⊙

화면 분할하여 사용하기 p.044 참고

작업의 편의를 위해 대지 옆에 기획서를 함께 띄어 놓고 작업하겠습니다. 화면 분할은 [보기→정돈]에서 창을 세로 분할로 두고 보아도 되고, 기획서 이미지 파일을 포토샵으로 연 뒤 문서 탭을 당겨 우측에 놓아주어도 됩니다. [창→정돈→2장 세로]를 클릭하여 양쪽을 정렬합니다.

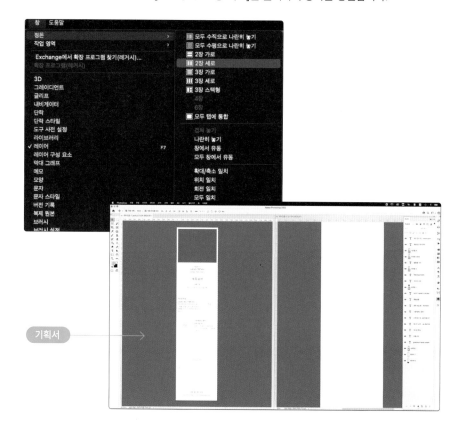

기획서

⊙ 3 ⊙

[문자 도구]로 제품명, 제품 특징, 로고 등 필요한 텍스트 정보를 입력합니다.

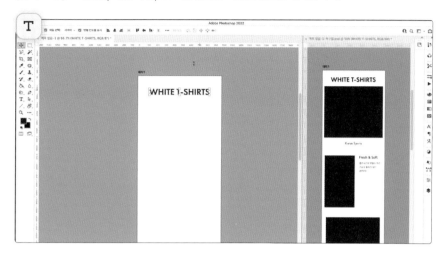

⊙ 4 ⊙

[보기→새 안내선 레이아웃]으로 작업에 필요한 안내선을 만들겠습니다. 여백은 좌, 우 50px로
설정합니다.

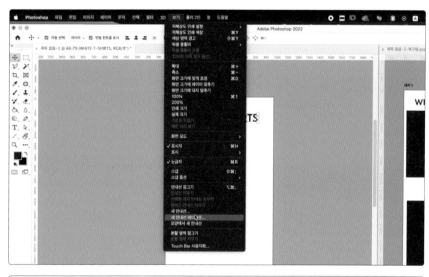

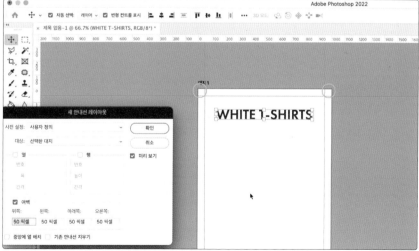

5

[파일→포함 가져오기]를 통하여 대표 이미지를 가져오세요. 사진 아래에 로고를 넣거나 브랜드 명을 [문자 도구]로 기입합니다. 제품 설명을 작성하고 단락 패널에서 상품 정보 텍스트를 좌측 정렬을 해줍니다.

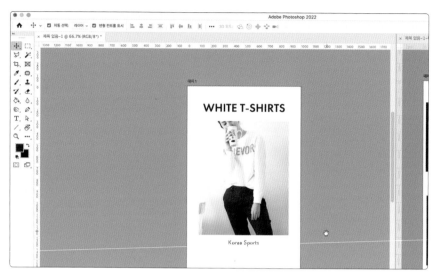

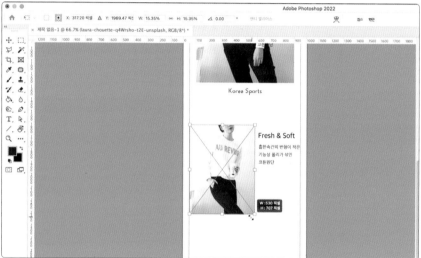

[사각형 도구]로 배경색을 넣어줄게요. 메인 이미지에 사용한 옷의 색상과 조화롭도록 전경색 상자를 더블 클릭하여 색상 피커 창에서 마우스로 바지 부분을 클릭하여 색상을 가져옵니다.

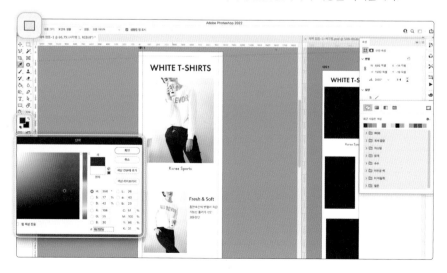

사각형을 [이동 도구] 혹은 [Ctrl + T]로 원하는 크기만큼 변경합니다.

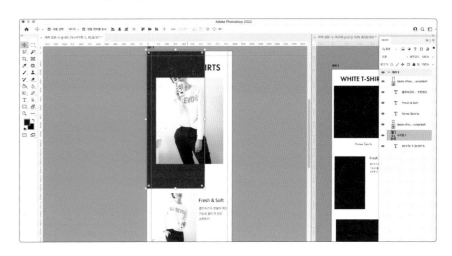

8

배경색이 어두워 검은색 글자가 안 보이므로 문자 패널에서 글자를 흰색으로 변경합니다.

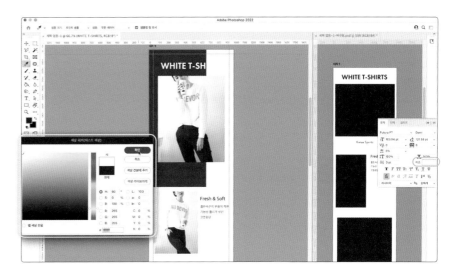

개체 선택 도구로
누끼 따기

사진 이미지 레이어를 선택한 후 [개체 선택 도구]를 사용해 사람 부분을 영역 범위로 선택합니다.

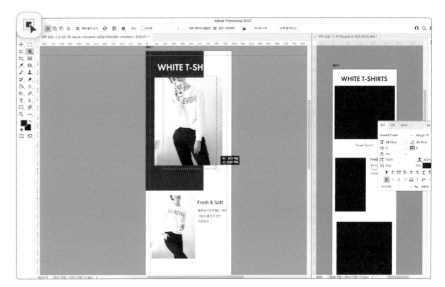

[개체 선택 도구]로 선택 영역을 지정했어도 섬세하게 선택되지 않을 수 있습니다. 이때 이미 선택한 영역을 디테일하게 수정하여 누끼를 따도록 하겠습니다. [개체 선택 도구]를 선택하고 옵션 바에서 [선택 및 마스크]를 눌러주세요.

우측 하단에 있는 [전역 다듬기→매끄럽게, 가장자리 이동]에서 다듬어주세요. 선택한 영역이 울퉁불퉁하거나 곡선이 매끄럽지 않으면 [매끄럽게] 수치를 올려주면 라인이 매끄러워집니다. 다듬기 작업이 끝나면 [확인]을 눌러 마무리합니다.

누끼를 따려는 형태에 맞추어 레이어 마스크를 입혔을 때 이미지 경계가 하얗게 뜨는 느낌이 들 수 있습니다. 사진 이미지는 픽셀로 이루어진 비트맵 이미지이기 때문에, 이미지를 크게 확대하면 경계가 분명하지 않습니다.

⊙ 12 ⊙

선택 영역의 레이어 마스크를 만들기 위해 편집하려는 사진 레이어를 선택한 후 레이어 패널 하단의 레이어 마스크 추가 아이콘을 눌러주세요.

⊙ 13 ⊙

누끼 딴 이미지와 배경이 이질적으로 보이지 않게 하기 위해 이미지 안쪽에 명암을 짙게 주어 경계가 뜨는 현상을 최소화하겠습니다. 직접 그림자를 그려 넣어 문제를 해결하겠습니다. 레이어를 추가하고 [브러시 도구]를 이용하여 그림자를 원하는 만큼 그려주세요.

레이어가 많아서 헷갈리는 경우 레이어의 이름을 용도에 따라 수정하여 사용하면 레이어를 쉽게 찾을 수 있습니다. 레이어 이름 부분을 더블 클릭하면 바꿀 수 있습니다.

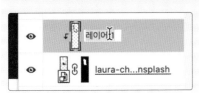

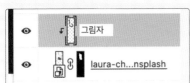

⊙ 14 ⊙

그림자 레이어를 이미지 위에 위치하게 하고 두 레이어 사이에 [Alt]를 누른 채 클릭하여 검은색 브러시로 칠한 레이어가 사진 이미지 안에 클리핑 마스크화 될 수 있도록 해주세요.

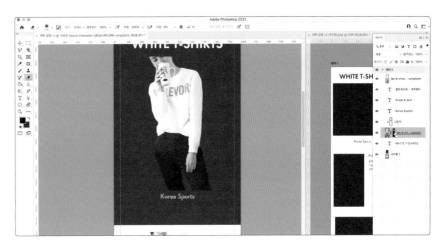

⊙ 15 ⊙

만약 그림자가 너무 짙어서 이미지가 많이 어두워지면 [불투명도]를 조절하거나 [블랜딩 모드]를 [소프트 라이트]로 변경해 주세요. 블랜딩 모드를 활용할 경우 더 자연스럽게 사진에 스며듭니다.

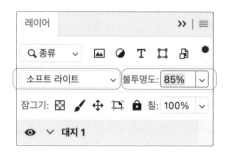

⊙ 16 ⊙

그림자 레이어를 클리핑 마스크한 후 검은색 브러시로 부족한 부분을 더 채워주세요. 그림자를 과도하게 그렸으면 [지우개 도구]로 지워주면서 정리합니다.

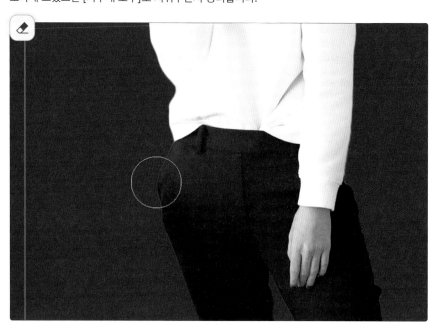

⊙ 17 ⊙

사진 레이어를 선택한 후 레이어 패널 하단 [레이어 스타일→드롭 섀도]에 들어가서 외부 그림자를 만들어주세요.

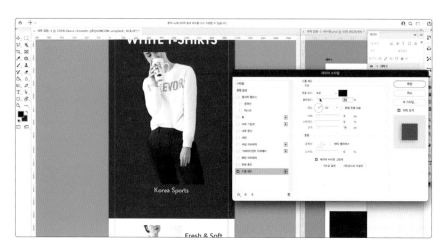

사각형 모서리
둥글게 만들기

◉ 18 ◉

사진 밑에 배경을 하나 더 깔아주겠습니다. [사각형 도구]로 상품 누끼 이미지 크기에 맞추어 사각형을 그려주세요.

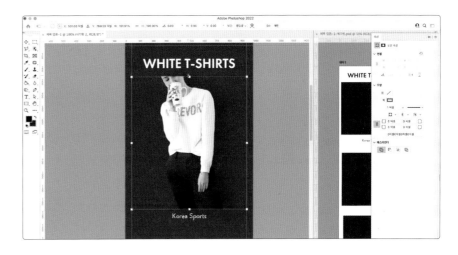

◉ 19 ◉

사각형 레이어를 사진 레이어보다 한 단계 아래로 내려주고 색을 넣어주세요.

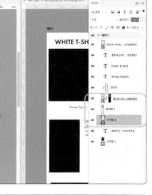

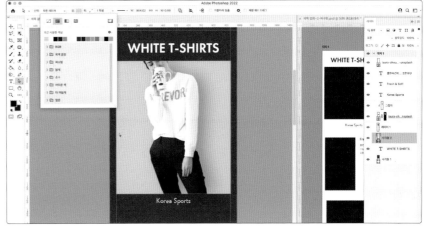

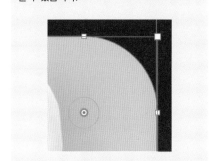

⊙ 20 ⊙

제품 설명 중 'SOFT'의 특징을 강조하기 위해 사각형의 모서리를 둥글게 만들겠습니다. 사각형 레이어를 선택한 후 [속성]에 들어가 모퉁이 간 연결된 연결 고리를 해지하고 우측 상단과 좌측 하단의 모퉁이 값을 올려주세요.

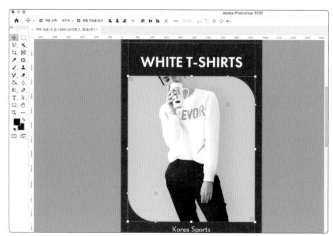

⊙ 21 ⊙

사각형 레이어를 하나 더 복사하여 복사한 사각형의 모양의 칠 색상을 속성 패널에서 선 색상으로 변경하여 이미지를 겹쳐 보이게 만들어주세요.

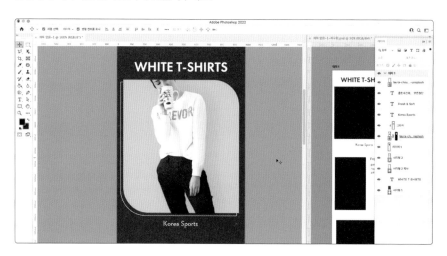

⊙ 22 ⊙

[문자 도구]로 이미시 하단에 상품명도 기입합니다. [Ctrl + T]로 자유 변형을 실행한 다음 [Ctrl]을 누른 채 가운데 고정점을 우측으로 당기면 글자에 기울기를 줄 수 있습니다.

⊙ 23 ⊙

[이동 도구]로 개체를 선택 후 이동하여 개체 간 균형을 맞춰주세요.

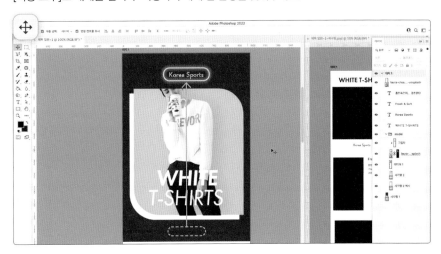

⊙ 24 ⊙

로고를 강조하기 위해 [사각형 도구]로 배경을 만들어주세요. 사각형을 만들고 모서리 동그란 부분을 당기거나 [속성]에서 모퉁이 값을 조정하여 둥근 네모로 형태를 변경합니다.

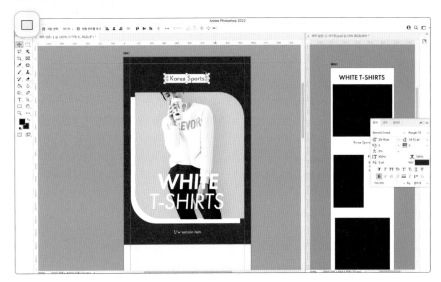

Ⓑ 상품 정보 만들기

⊙ 25 ⊙

[파일→포함 가져오기]로 상품 사진을 넣고 [문자 도구]로 제품의 특징을 담은 문구를 작성합니다. 단조로운 느낌을 덜어주기 위해 [사각형 도구]로 직사각형을 만든 후 [Ctrl + T]로 기울기를 주어 비스듬히 만들어주세요. 사각형 레이어는 사진 레이어 아래로 이동합니다.

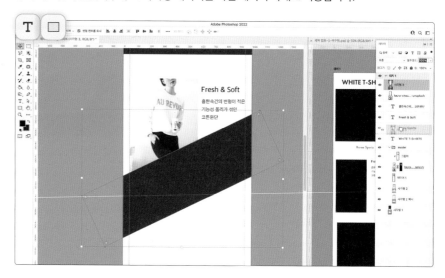

⊙ 26 ⊙

A 파트에서 강한 색의 배경을 넣었기 때문에 B 파트에서는 최대한 밝은 색의 배경으로 개방감이 느껴지게 만들겠습니다. [사각형 도구]로 사각형을 만든 후 옅은 배경색을 넣어주세요. 배경 레이어는 이미지 아래로 이동합니다.

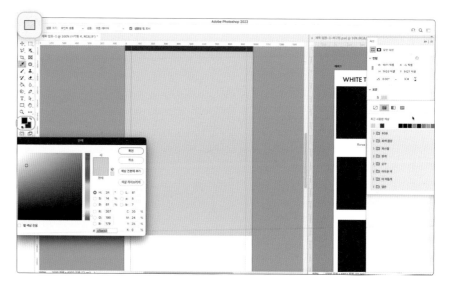

⊙ 27 ⊙

[선 도구]를 활용하여 글자 위에 시선이 가게 만들어줄 장식을 만들겠습니다. [Shift]를 누르며 선을 당기면 일직선을 그릴 수 있습니다. 선 색을 조절하여 색상과 굵기를 알맞게 조절해 주세요.

⊙ 28 ⊙

'기능성 폴리'라는 제품의 특징을 쉽게 읽을 수 있도록 하겠습니다. 문구를 마우스 커서로 드래그하여 문자 패널에서 밑줄 표시를 하거나 굵게 조정해 줍니다.

⊙ 29 ⊙

클리핑 마스크를 활용해 원하는 크기의 프레임에 이미지를 넣어보겠습니다. 이미지가 위로, 프레임을 아래로 레이어 순서를 조정한 뒤 두 레이어 사이에 마우스를 대고 [Alt]를 눌러 클리핑 마스크를 만들어주세요.

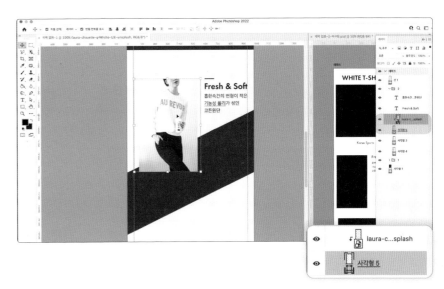

⊙ 30 ⊙

[이동 도구]로 사진 레이어를 선택하여 [Ctrl + T]를 눌러 사진의 크기를 조정합니다.

⊙ 31 ⊙

사진을 사용하다 보면 사진의 배경이 너무 어둡거나 흰 배경에 찍었음에도 회색 빛이 도는 경우가 있습니다. 이때 누끼 작업으로 배경을 날리는 방법도 있지만 사진의 양이 많으면 일이 많아집니다. 조정 레이어의 [레벨] 기능을 이용하여 사진 보정을 해보겠습니다. 레이어 패널 하단의 조정 레이어 아이콘을 눌러 레벨 기능을 활성화합니다.

⊙ 32 ⊙

레벨 패널 그래프 하단에서 흰색 잉크가 들어 있는 스포이드를 선택합니다. 그리고 편집하고자 하는 이미지에서 회색 배경 부분을 클릭합니다. 그럼 아래와 같이 배경이 흰색으로 바뀝니다. 하지만 모델 부분까지 밝아져 제품이 안 보이게 됩니다.

⊙ 33 ⊙

[개체 선택 도구]나 [올가미 도구]로 사진 레이어를 선택한 후 영역을 잡아주세요. 이때 레벨 레이어가 아닌 반드시 사진 레이어를 선택해야 합니다. 레벨 레이어의 마스크 섬네일을 선택한 후 검은색 [페인트 통 도구]로 선택 영역에 칠해주세요. 혹은 검은색 브러시로 칠해도 무방합니다.

⊙ 34 ⊙ 레이아웃을 결정하는 시선 p.048 참고

아랫부분에도 내용을 채우겠습니다. 레이어 패널에서 [Ctrl]을 눌러 윗부분의 사진, 글자, 장식 등을 선택합니다. 그리고 [Ctrl + J]를 눌러 레이어를 복사합니다. 이어 [Ctrl + T]를 눌러 아래로 위치를 변경합니다. 사진은 우측으로, 글자는 좌측으로 보내 정보를 읽을 때 시선이 지그재그 형태로 내려오며 공간을 가득 채울 수 있도록 의도합니다.

⊙ 35 ⊙

두 번째 제품 특성에 들어갈 사진 및 글자를 내용에 알맞게 교체해 주세요. [파일→포함 가져오기]로 사진을 가져온 뒤 기존 사진은 지워주세요. 그리고 교체하고자 하는 사진과 프레임의 레이어 위치를 맞춘 다음 [Alt]를 눌러 클리핑 마스크를 만들어줍니다.

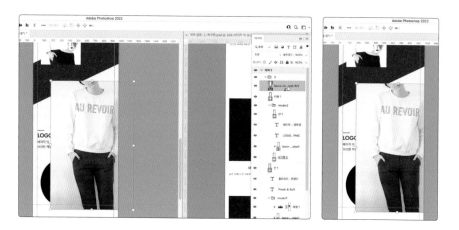

⊙ 36 ⊙

제품의 소재나 특징을 강조하기 위해 옷의 일부분을 확대하여 자세히 보여주겠습니다. [타원 도구]로 원을 하나 그려준 다음 필요한 사진을 넣고 클리핑 마스크로 넣어주세요.

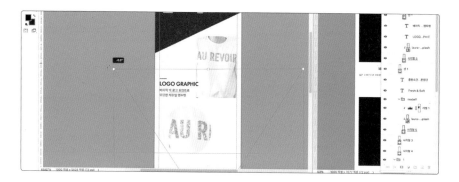

⊙ 37 ⊙

클리핑 마스크를 만든 뒤 프레임 역할을 하는 원형 레이어를 선택해 주세요. 원형 프레임을 강조하기 위해 [속성]에서 선 색과 두께를 변경합니다.

⊙ 38 ⊙

클리핑 마스크로 묶인 이미지의 경우 [Ctrl]을 눌러 이미지 레이어와 아래 프레임 레이어를 모두 선택한 뒤 [Ctrl + T]로 두 요소를 묶어 변경해야 합니다.

tip

[이동 도구]로 위치를 변경할 때 자동 선택 옵션이 되어 있으면 가장 위에 있는 레이어만 자동 선택되어 두 레이어를 한 번에 움직일 수 없습니다.

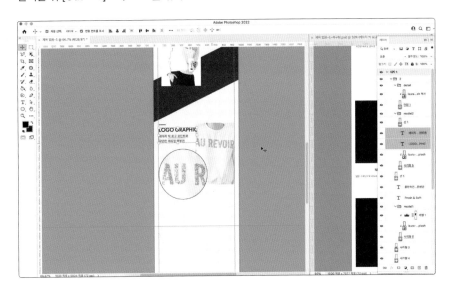

⊙ 39 ⊙

마지막 파트에서는 제품 콘셉트를 보여줄 수 있는 사진을 [파일→포함 가져오기]로 가져옵니다.

tip

[포함 가져오기] 외 [프레임 도구]를 사용하여 사진을 불러와도 됩니다.

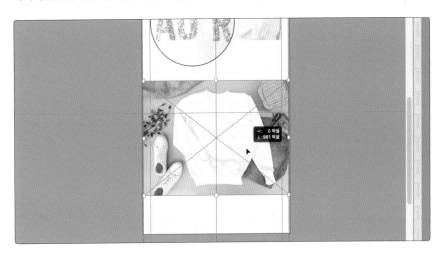

⊙ 40 ⊙

⊙ 25 ⊙ 에서 만든 비스듬한 사각형을 복사하겠습니다. [이동 도구]를 선택한 채 [Alt]를 누르고 사각형을 끌어 당겨 복사합니다.

[문자 도구]로 내용을 입력하고 글자 질서에 따라 타이틀과 본문 크기를 정리합니다.

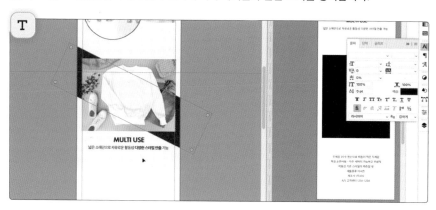

ⓒ 상품 세부 설명 만들기

레이어 마스크로 누끼 따고 위치 조정하기

⊙ 42 ⊙

판매하고자 하는 제품의 색상이나 이미지가 복잡한 요소로 인해 잘 보이지 않는다면, 배경이나 그래픽 요소색상, 명도, 대비 등을 수정하여 연하게 변경합니다. 만약 판매하는 상품의 색상이 다양하면 배경을 지우고 제품만 보여주는 방법도 있습니다. [파일→포함 가져오기]로 사진을 불러오세요.

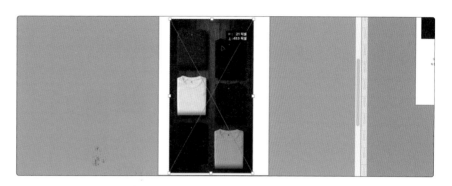

⊙ 43 ⊙

[개체 선택 도구] 혹은 [올가미 도구] 등을 활용하여 선택 영역을 잡아주세요. 한 번에 많은 영역을 선택할 때는 [Shift]를 누르고 선택 영역을 추가합니다.

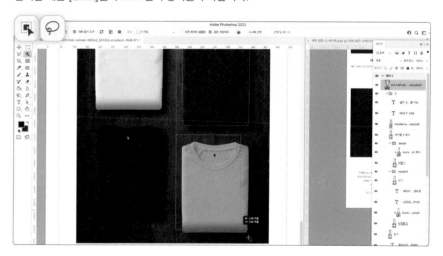

⊙ 44 ⊙

레이어 패널 하단의 [레이어 마스크] 아이콘을 눌러 레이어 마스크를 입혀주세요.

45

비스듬히 놓인 셔츠들의 좌측과 우측의 높낮이를 맞춰보겠습니다. 마스크를 입힌 셔츠 레이어를 복제합니다. 그리고 두 레이어 중 상단 레이어를 선택하고 레이어 마스크에 블랙, 네이비, 옐로우 부분을 선택 영역으로 잡아 검은색 브러시를 칠해 지워주세요. 레이어가 분리되면 좌측과 높이를 맞춰줍니다.

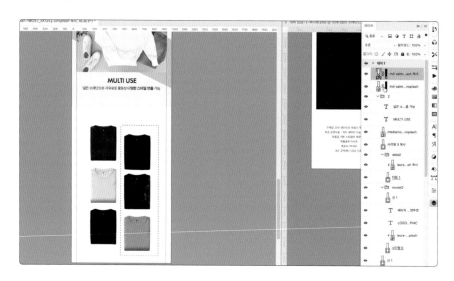

'COLORS'라는 타이틀을 넣어주고, 사각형 모서리를 둥글게 배경으로 넣어주세요.

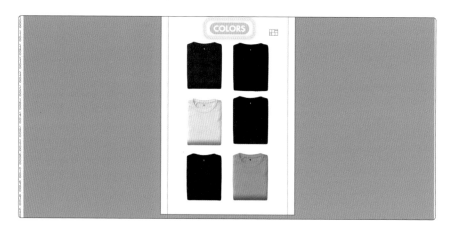

[문자 도구]를 활용하여 셔츠의 색상 정보를 작성하세요.

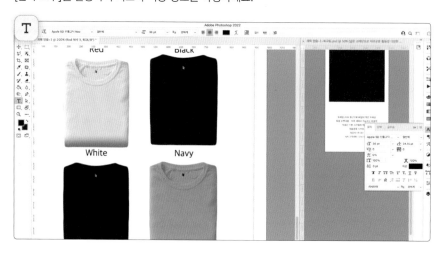

마지막으로 고객 센터 정보를 입력하세요. [문자 도구]로 문자 박스를 만들어 입력합니다.

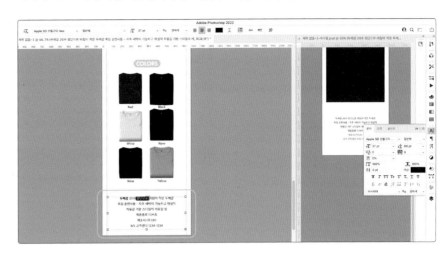

49

가독성이 중요한 부분은 단락 패널로 좌측 정렬해 주세요.

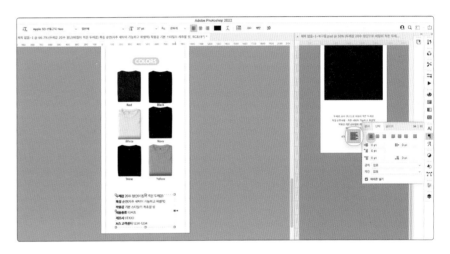

[파일→내보내기→웹용으로 저장]으로 파일을 추출하면 됩니다.

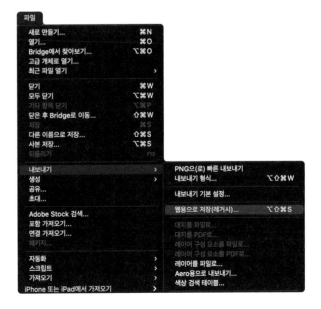

체형 및 얼굴 보정하기

픽셀 유동화

[픽셀 유동화] 필터를 사용하면 이미지 영역에 밀기, 당기기, 회전, 반사, 오목, 볼록 등의 효과를 적용할 수 있습니다. 매우 유용한 기능으로 활용도가 높지만, 사진 자체가 변형되므로 재수정이 어려우니 처음부터 과감하게 수정하는 것보다는 조금씩 수정하면서 자연스럽게 표현할 수 있도록 합니다. 혹은 원본을 복제한 다음 복제한 레이어로 수정하는 것도 좋은 방법입니다. 보정할 사진을 [파일→열기]로 열고, 체형 보정을 위해 [필터→픽셀 유동화]를 눌러 시작합니다.

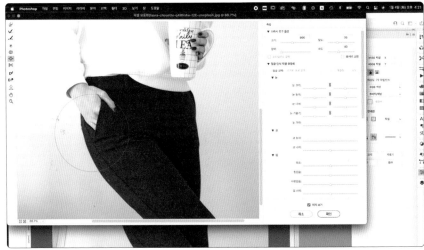

[밀기 도구] 사용 시 브러시 크기가 너무 작으면 라인이 울퉁불퉁해질 수 있으니 브러시 크기는 살짝 크게 잡아주세요.

—— 밀기 도구

[밀기 도구]는 마우스를 드래그하는 방향으로 이미지가 밀려 어깨, 허리, 턱 등을 안쪽으로 밀거나 바깥쪽으로 당겨 체형을 보정할 때 사용합니다. [밀기 도구]는 크기, 밀도, 압력, 속도 등 옵션을 조절할 수 있습니다. [밀도]의 경우 브러시 가장자리 강도를 변경하고, [압력]은 브러시 왜곡 강도를 변경합니다. [속도]의 수치를 올리면 반응 속도가 빨라집니다.

—— 축소 도구

[축소 도구]는 턱선이나 이마 라인 등을 수정할 수 있습니다. 원하는 부위에 브러시를 갖다 대고 마우스 왼쪽 버튼을 클릭하면 원하는 부위가 축소됩니다. 이때 속도 수치가 너무 높을 경우 안으로 쪼그라드는 속도가 빨라져 조작이 힘들 수 있으므로 수치는 10~25 사이 값을 사용합니다.

—— 마스크 고정 도구

변형을 주고 싶지 않은 부분을 마스크 고정 도구로 칠해 고정할 수 있습니다. 일부 부위를 고정한 다음 [변형 도구]로 이미지를 변경하면 고정한 부분은 영향을 받지 않습니다.

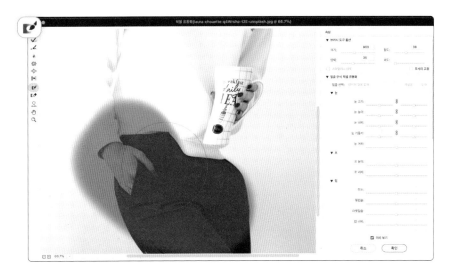

—— 얼굴 인식 픽셀 유동화

최신 버전의 포토샵에서는 얼굴 인식 픽셀 유동화를 통해 얼굴의 미세한 부분을 상세하게 수정할
수 있습니다. 눈의 경우 좌, 우를 인식해 양쪽 눈의 수정을 각각 진행합니다. 다만 이 경우 얼굴이
지나치게 측면이거나 너무 작아서 잘 보이지않는다면 얼굴을 제대로 인식할 수 없습니다.

↳보정 전 ↳보정 후

스팟 복구 브러시

도구 패널에서 [스팟 복구 브러시]를 선택합니다. [Ctrl + +]를 눌러 이미지를 확대하고, [Space]
를 눌러 손바닥 모양이 되면 마우스를 클릭, 클릭하며 수정할 부분으로 이동합니다. 바지 사진에
붙은 하얀 먼지를 제거하기 위해 [스팟 복구 브러시]로 먼지가 묻은 부위를 칠해주세요. 바지 외곽
으로 브러시가 나가지 않게 주의합니다.

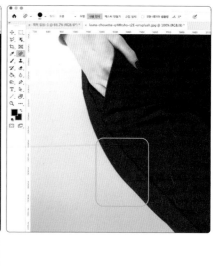

내용 인식 채우기

이 기능은 선택한 이미지의 영역을 자연스럽게 지워주는 역할을 합니다. 사진 속 좌측 모서리에 애매하게 잘린 의자를 지워보겠습니다. 도형 도구나 선택 윤곽 도구를 사용하여 제거할 개체를 선택합니다. 삭제하려는 개체보다 조금 더 넓게 선택 영역을 잡아주세요.

선택 영역 안을 마우스 오른쪽 버튼을 클릭하고 [편집→칠]을 선택합니다. 이후 뜬 창에서 [내용: 내용 인식→확인]을 눌러주세요. 그러면 오른쪽 끝의 사진처럼 주변 배경을 인식해 주변 이미지에 맞추어 채워지게 됩니다.

도장 도구

[도장 도구]는 주변의 소스를 인식해 복사하는 기능으로 넓은 범위의 이미지를 보정할 때 사용합니다. [올가미 도구]로 보정하려는 부위를 선택 영역으로 지정합니다. 복사하려는 부분에서 [Alt]를 누르면 도장 브러시가 일시적으로 과녁의 형태로 바뀔 때 클릭하면 됩니다. 선택 영역으로 마우스 포인터를 가져다 대면 클릭했던 부분을 중심으로 도장 도구의 미리보기가 표시됩니다. [Alt]를 떼고 브러시 모양으로 바뀐 부분을 클릭 또는 드래그하여 복사하여 사용하면 됩니다. [도장 도구]로 선택 영역을 채워 넣을 때 브러시 옆에 열십자(+) 모양이 따라다닙니다. 이 열십자 표시는 현재 소스를 복제하고 있는 곳의 표시입니다. 따라서, + 모양이 어떤 곳으로 향하고 있는지 반드시 확인하며 도장 도구 브러시를 칠해 주세요. [도장 도구]는 불규칙한 패턴이 있는 부분을 복제하기에는 한계가 있는 기능으로 주변을 신경 쓰면서 위치를 선정해야 합니다.

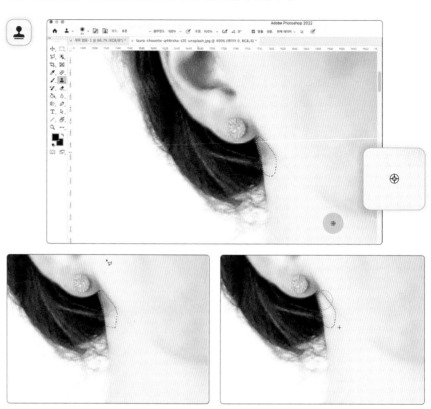

↳보정 전　　　　　　　　　　　　↳보정 후

(for) 인스타그램 카드 뉴스를 기획하는 마케터에게

학습 포인트 정리

✓ 카드 뉴스의 흐름을 이해하며 스토리 진행 순서에 맞추어 기획을 정리합니다.

✓ 레이어 마스크로 이미지 누끼 따는 방법을 소개합니다.

✓ 음식 사진을 더욱 맛있어 보이게 하기 위해 조정 레이어와 도구를 활용하여 사진을 보정합니다.

작업을 시작하기 전에

카드 뉴스 알아보기

대중적인 홍보 방법으로 자리 잡은 SNS 카드 뉴스를 만들어보겠습니다. 카드 뉴스는 주로 사회적 이슈나 제품 설명, 이벤트 등을 이미지와 간략한 텍스트로 재구성한 포맷입니다. 일반 뉴스보다 가독성과 전파성이 높아서 필수적인 마케팅으로 자리잡고 있습니다. 간결한 콘텐츠로 소비자들에게 부담 없이 다가갈 수 있으며 특히 인스타그램에서 유용하게 사용하고 있습니다. 인스타그램에서는 최대 10개까지 사진 업로드가 가능하니, 기획할 때 최대 10가지 대지에 맞춰서 기획해 주세요. SNS 이미지와 같이 작은 판형의 이미지를 만들 때에는 너무 많은 내용과 이미지가 들어갈수록 가독성이 떨어지고 내용 전달이 명확하지 않습니다.

—— **카드 뉴스 작업 사이즈**
정방향 1200×1200px

기획하기

'가격까지 착한 샌드위치'를 콘셉트로 카드 뉴스를 만들어보겠습니다. 카드 뉴스의 메인 페이지는 소비자들이 이 카드 뉴스를 넘겨서 더 볼 것인지, 아닌지를 결정하는 첫인상입니다. 그렇기 때문에 간결하면서도 인상 깊게 만들어야 합니다. 메인 타이틀도 시원하게 넣어주는 것이 좋습니다.

　　음식 사진은 명도가 짙고 채도가 높을수록 더욱 맛있어 보입니다. 기본적으로 조정 레이어를 통해 사진의 명도, 대비, 활기, 채도 값을 조정한 뒤 [번 도구]와 [하이라이트 도구]를 적절히 활용하여 음식의 시각적 풍미를 더합니다. 음식을 먹는 상황과 분위기를 유추할 수 있도록 사진 촬영 시 적절한 소품을 사용하는 것도 좋습니다. 특히, 음식 사진 촬영 시 Top, Bottom, Side Cut을 다양하게 촬영하여 이미지 제작 시 활용할 수 있는 소스를 많이 확보하는 것이 중요합니다.

풍미가득 크로와상 샌드위치

가격까지 맛있샌!

샌드위치 메인 사진

가격 ₩ 3,300

로고

오늘 점심은
풍미가득 크로와상
샌드위치 어떠세요?

샌드위치 전체 콘셉트 사진

로고

시작하기

작업 파일 생성과
작업 환경 만들기

⊙ 1 ⊙

[파일→새로 만들기→웹]을 열어주세요. 정방향의 이미지가 카드 뉴스에 적합하기 때문에 가로
1200px, 세로 1200px, 해상도는 72픽셀, 색상은 RGB로 설정하고 [만들기]를 눌러주세요.

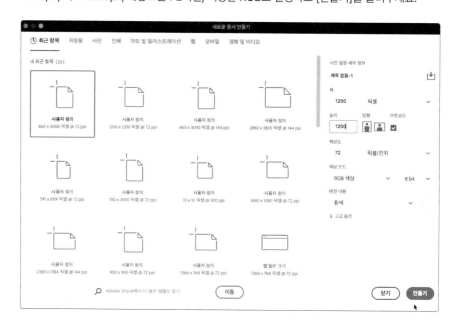

⊙ 2 ⊙

[대지1]을 누르면 상, 하, 좌, 우에 [+] 모양이 나타납니다. [+]를 누르면 누른 방향으로 새로운
보드가 열립니다. 또는 [Alt]를 누른 채 대지를 원하는 방향으로 당기면 대지가 복사됩니다. 일단
두 개의 대지를 만들었습니다. [문자 도구]로 마케팅 메인 문구를 작성합니다.

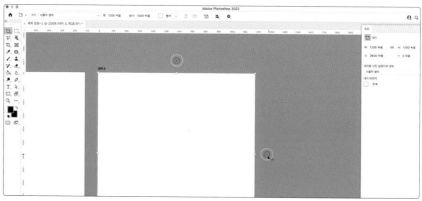

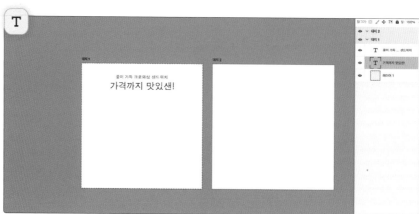

이미지와 텍스트 배치하기

⊖ 3 ⊕

[파일→포함 가져오기]로 메인 사진을 가져오세요.

누끼 따기

⊖ 4 ⊕

[개체 선택 도구]로 개체를 선택하여 선택 영역을 지정합니다. [올가미 도구]로 불필요한 부분은 [Alt]를 누른 채 제거하고, 추가할 부분은 [Shift]를 눌러 추가 영역을 선택합니다.

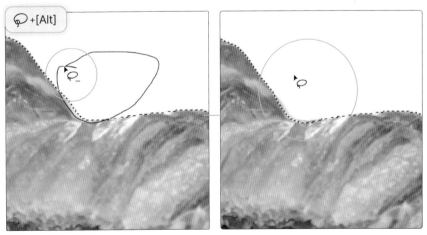

⊙ 5 ⊙

상단 옵션 바에서 [선택 및 마스크] 기능을 활성화하여 선택 영역을 조금 더 미세하게 배경과 분리해 주세요. 매끄럽게와 패더 값을 사용하면 가장자리가 깔끔하지 않을 수 있으니, 대비 값을 10 이하로 살짝 올려 외곽선을 조정합니다.

⊙ 6 ⊙

미세한 조정이 끝났으면 [선택 및 마스크→출력 설정]에서 출력 위치를 [레이어 마스크가 있는 새 레이어]로 설정해 주세요. 선택 영역에 레이어 마스크가 적용된 이미지를 만들 수 있습니다. 만약 출력 위치를 설정하지 않고 [선택 및 마스크] 패널을 나왔다면, 선택 영역이 잡혀 있는 상태에서 레이어 패널 하단의 레이어 마스크 아이콘을 눌러주세요. 레이어 마스크가 잡히게 됩니다.

⊙ 7 ⊙

[문자 도구]를 사용하여 판매 가격을 기입하고 로고 등 정보를 입력합니다.

tip

글 양이 많고, 판형 크기가 작을 수록 자간을 좁게 써야 이미지의 집중도가 올라갑니다.

⊙ 8 ⊙

두 번째 페이지로 이동합니다. [파일→포함 가져오기]로 사진을 가져오고 크기를 맞춰주세요. 첫 번째 페이지에서는 누끼 이미지를 메인 이미지로 사용했기 때문에, 두 번째 페이지에서는 음식의 전체적인 콘셉트가 담긴 사진을 넣어 이미지 균형을 맞춰줍니다.

⊙ 9 ⊙

[문자 도구]로 두 번째 페이지의 정보도 입력합니다.

이제 필요한 내용은 모두 입력했으니 디자인 요소를 추가하여 완성도를 높이겠습니다. 첫 번째 페이지의 경우 흰색 배경에서 초록색 배경을 입혀주겠습니다. [조정 레이어→단색]으로 색을 넣어주세요.

배경색을 깔아주고 나면 누끼 이미지에서 어색한 부분이 눈에 띄게 됩니다. 이때 샌드위치 사진의 레이어 마스크를 선택한 뒤 [올가미 도구]를 사용하여 지울 영역을 잡아주세요. 그리고 검은색 브러시로 칠해주세요. 만약 선택할 영역이 여러 군데라면 [올가미 도구 + Shift]를 누르고 지우려는 영역을 모두 선택한 후 검은색 브러시로 한 번에 칠해주세요.

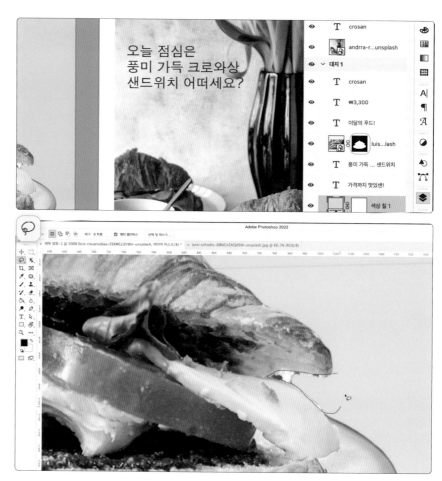

⊙ 12 ⊙

카드 뉴스의 첫 번째 페이지는 이미지의 첫인상이기 때문에 글자를 그래픽적으로 잘 보이도록 변경합니다. 예제에서는 '이달의 푸드'를 말풍선 안에 넣었습니다. 상단 옵션 바에서 [윈도우→모양]을 선택하여 [더보기] 버튼을 클릭합니다. [레거시 모양 및 기타]에서 적절한 벡터 이미지를 사용해 주세요. 말풍선 폴더 안에서 원하는 형태로 고르고 아트보드로 끌어당깁니다.

⊙ 13 ⊙

말풍선 안에 들어갈 내용을 [문자 도구]를 통해 입력해 주세요. 정보의 중요도를 나누기 위해 타이틀 서체와 다른 필기체를 사용하였습니다.

⊙ 14 ⊙

샌드위치와 가격의 이미지를 직관적으로 분리하고, 페이지의 무게를 잡아주기 위해서 [사각형 도구]로 프레임을 만들어주세요. 색상은 흰색으로 변경합니다.

⊙ 15 ⊙

배경 레이어를 글자와 사각 프레임 레이어 아래에 위치하도록 순서를 조정합니다.

⊙ 16 ⊙

가격 역시 강조할 메시지이기 때문에 강조하는 서체로 변경합니다. 단, 하나의 이미지 안에서 많은 서체를 사용할 경우 정돈되어 보이지 않으니, 메인 타이틀과 서브 타이틀 중 하나의 서체와 통일해 주세요.

17

바탕이 허전해 보이면 패턴을 넣어주세요. 레이어 패널 하단의 [조정 레이어→패턴]에서 [패턴] 옵션을 설정해 주세요. 비율을 조정함에 따라 패턴의 크기가 바뀌니 적절한 크기로 조정합니다. 이후 [불투명도]와 [블랜드 모드]를 조절하여 다른 내용을 해치지 않을 정도로 옅게 조절해 주세요.

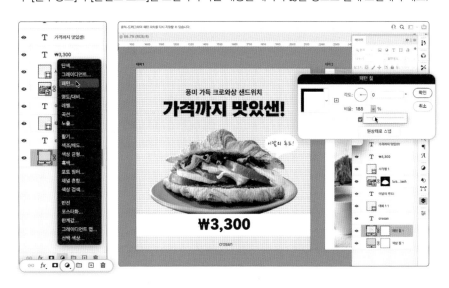

메인 타이틀과 서브 타이틀 레이어를 선택한 후 [Ctrl + T]를 눌러 자유 변형을 실행합니다. 그리고 [Ctrl]을 누른 채 우측 가운데 고정점을 위로 당겨주면 선택한 개체의 기울기를 조절할 수 있습니다. 기울기가 올라간 타이포그래피를 활용하면 활동적인 인상을 줍니다.

[Ctrl + A]를 눌러 대지 1의 전체 영역을 선택한 뒤 [이동 도구]로 변경하여 상단 옵션 바의 가운데 기준선 버튼을 클릭하여 문자 레이어의 가운데 정렬을 맞춰주세요.

[사각형 도구]를 이용하여 페이지 하단 로고에 서브 컬러인 주황색 배경 프레임을 만들어 로고 부분을 강조하겠습니다. 그리고 로고를 배경과 어우러지게 하기 위해 로고 색상을 흰색으로 변경하고 [이동 도구]로 크기를 키워줍니다.

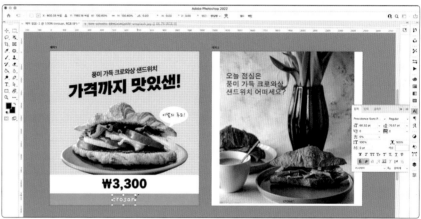

배경 위에 올라간 샌드위치 이미지의 이질감을 줄이기 위해 그림자를 넣어주세요. 샌드위치 레이어를 선택한 후 레이어 패널 하단의 [레이어 스타일→그림자]를 선택합니다. 샌드위치 우측 방향으로 그림자가 지도록 각도를 조정하고, 배경 색상과 같은 그린 계열의 어두운 색상으로 그림자 색을 조절합니다.

그림자의 크기와 불투명도 수치를 조정하여 자연스럽게 그림자가 생길 수 있도록 조정합니다.

서브 컬러인 주황색을 메인 타이틀에도 반영하겠습니다. 키워드에 색상으로 포인트를 주면 소비에게 페이지 내용을 보다 효과적으로 전달할 수 있습니다. [문자 도구]로 '가격' 부분을 드래그하여 문자 색상을 변경합니다.

정보의 중요도에 따라 크기와 위치를 조정합니다.

음식 사진 보정하기

◎ 25 ◎

음식 사진을 다룰 때 가장 중요한 것 중 하나가 바로 사진 대비입니다. 조정 레이어로 명도, 대비를 조절할 수도 있지만 [닷지 도구]를 활용해 음식의 하이라이트 부분을 조절합니다. [닷지 도구]로 빛을 받았으면 하는 부분을 클릭해 주세요. 브러시의 크기를 조절하면서 사용합니다.

> **tip**
>
> 편집하는 사진이 스마트 오브젝트일 경우 효과가 적용되지 않습니다. 스마트 오브젝트는 몇 가지 기능이 제한되어 있으므로 이미지 래스터화를 통해 이미지를 픽셀화하여 작업해 주세요.

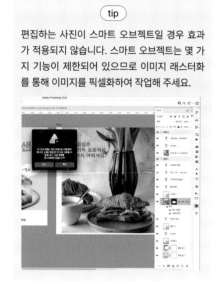

◎ 26 ◎

[번 도구]로 변경하여 이미지의 어두운 부분이나 명도가 짙은 부분을 강조하여 이미지의 대비를 조정합니다. [닷지 도구]와 사용 방법은 동일합니다. [번 도구]는 노출도가 너무 강하면 이미지가 어두워지니 상단 바에서 노출도를 20% 이하로 사용하는 것을 추천합니다.

음식 사진은 색상이 선명할수록 더욱 맛있게 보입니다. 레이어 패널 하단의 [조정 레이어→활기]
에서 샌드위치의 채도와 활기를 올려줍니다.

두 번째 페이지의 디자인을 다듬어보겠습니다. 사진에서 배경과 화분이 기획한 디자인 콘셉트에
어울리지 않아서 샌드위치와 커피 잔만 마스크하여 누끼를 따도록 하겠습니다. [개체 선택 도구]
로 영역을 지정해 누끼를 따주세요.

[올가미 도구]를 사용해 영역을 추가, 제외하여 전체적인 윤곽을 다듬어주세요. 영역이 제대로 인
식되지 않은 부분은 [Alt]를 누르고 [올가미 도구]로 해당 영역을 제외합니다.

⊙ 30 ⊙

[개체 선택 도구] 사용 시 옵션 바에 뜨는 [선택 및 마스크]를 클릭하여 선택 조정 패널을 띄어줍니다. 좌측 도구 패널에서 [가장자리 다듬기 도구]를 선택한 뒤 샌드위치 윗 부분을 긁어주세요. 매끄럽게 수치를 20 정도 올려주세요. 이미지가 정리되었으면 [확인]을 누릅니다.

⊙ 31 ⊙

샌드위치 레이어를 선택한 상태에서 레이어 패널 하단의 [레이어 마스크]를 눌러 마스크를 입혀주세요. 그런 다음 내부 그림자를 넣어 자연스럽게 배경과 혼합하여 주겠습니다. 레이어 패널 하단에서 [레이어 스타일→내부 그림자]를 실행합니다.

⊙ 32 ⊙

내부 그림자 패널에서 그림자가 들어갈 방향과 색상, 불투명도, 거리 등을 조절하여 그림자를 넣어주세요. 내부 그림자의 경우 크기가 너무 크거나 불투명도가 짙을 경우 이미지가 어두워질 수 있으니 주의하세요. 혼합 모드는 [표준]으로 설정합니다.

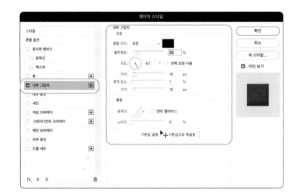

샌드위치의 이미지를 [Ctrl + T] 자유 변형으로 양 끝에 맞도록 키워주세요. 이때 [Alt]를 누르고
이미지를 확대할 경우 가운데를 중심으로 사이즈가 커지므로 기준점을 맞춰주지 않아도 됩니다.

레이어 패널 하단에서 [조정 레이어→단색]으로 배경색을 넣어주세요. 배경 레이어는 가장 밑으로
조정합니다. 두 번째 페이지에도 그린 계열의 배경색을 사용하여 앞 페이지와 통일성을 줍니다.

글자들을 단락 패널에서 가운데 정렬로 변경합니다. [Ctrl + A]를 눌러 전체 영역을 선택한 뒤 [이
동 도구]로 바꿔 전체 개체를 가운데 정렬해 주세요. 첫 번째 페이지의 로고를 [Alt]를 누른 상태로
두 번째 페이지에도 옮겨 놓습니다.

첫 번째 페이지와 서체를 통일해 주세요. 사이즈 조정 시 [Ctrl + T] 자유 변형 기능으로 판형에 알맞은 크기로 변경합니다.

메뉴 바에서 [창→모양]을 눌러 모양 패널을 활성화합니다. 앞 부분에서 말풍선 모양 사용 시 모양 패널을 띄어 놓았다면 이 과정은 반복하지 않아도 됩니다.

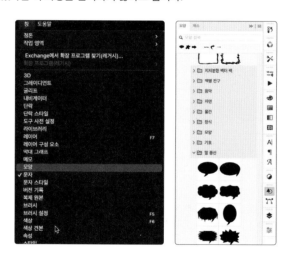

38

레거시 모양 샘플 중 울퉁불퉁한 모양을 선택합니다. 그리고 화면 밖으로 당겨 작업 페이지에 놓아 주세요.

tip

펜 도구가 익숙하지 않을 경우 기존 모양 샘플을
활용해 배경으로 만들 수 있습니다.

⊙ 39 ⊙

[Ctrl + T] 자유 변형으로 개체를 돌리고, 사이즈를 조정하여 그려주세요. 모양이 샌드위치를 가리
면 안 되니 모양 레이어는 배경과 샌드위치 레이어 사이에 두고 작업합니다.

⊙ 40 ⊙

샌드위치 레이어 아래 레이어 패널 하단의 [새 레이어]를 클릭해 새 레이어를 만들어주세요.

⊙ 41 ⊙

그리고 해당 레이어에 검은색 브러시를 사용해 샌드위치의 그림자를 그려주세요. 그림자를 그릴
때는 처음부터 정교하지 않아도 괜찮습니다. 조금 넓은 영역으로 그림자를 그리고 지우개로 지워
세부 형태를 다듬어주세요.

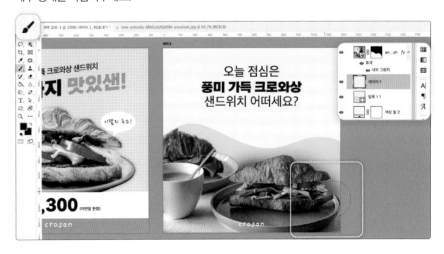

[이동 도구]로 그림자 영역을 이동하며 적정 위치를 찾고, 불투명도를 낮춰 자연스럽게 만들어주세요.

본문 글자도 서브 컬러로 변경하여 강조합니다.

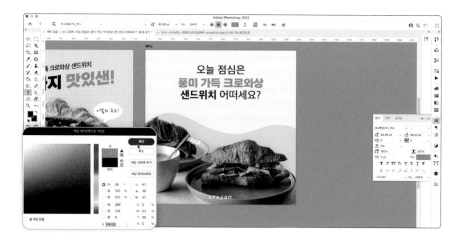

44

이미지가 눈에 확 들어오지 않아 아쉽다면 배경색을 반전하여 이미지를 더욱 돋보이게 할 수 있습니다. 단색 레이어 섬네일을 더블 클릭하여 첫 번째 페이지의 배경색으로 변경합니다. 그리고 두 번째 페이지의 모양 섬네일을 더블 클릭하여 배경 컬러보다 옅은 그린으로 변경하세요.

⊙ 45 ⊙

배경색을 변경하였으니 글자색 역시 변경해 주세요. 배경이 밝은 경우 글자색은 진하게 보여야 가독성이 좋습니다. 내용을 강조하기 위에 글자 위, 아래에 선을 그려주세요. 단락 양 끝에 선의 길이를 맞추면 깔끔한 인상을 줍니다.

⊙ 46 ⊙

[이동 도구]로 변경한 후 레이어 패널에서 선과 문구 레이어를 선택합니다. [Ctrl]을 누른 채 상단바 혹은 정렬 패널에서 [같은 간격으로 세로로 분포] 아이콘을 선택합니다.

⊙ 47 ⊙

선의 색상은 그린으로 변경하겠습니다. 색을 변경할 경우 최근에 사용한 색상이 아카이빙되므로 보다 쉽게 색을 변경할 수 있습니다.

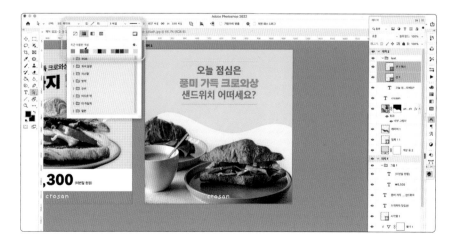

첫 번째 페이지에서 샌드위치의 활기를 조정하였던 것처럼 두 번째 페이지의 샌드위치도 활기와
조절해 주세요

↳보정 전　　　　　　　　　　　　　　　　↳보정 후

⊙ 49 ⊙

로고 뒤에 주황색 사각 프레임이 올 수 있도록 레이어의 순서를 조정합니다.

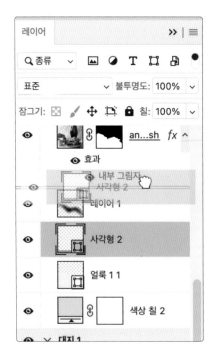

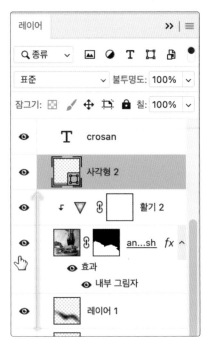

완성된 이미지는 [파일→내보내기→대지를 파일로→jpg]로 저장하여 마무리합니다

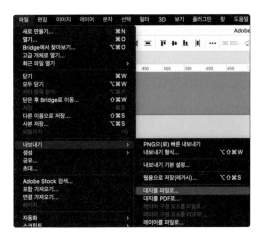

Tip_(N)

베지 오의
디자인
영업 비밀

디자인 사이트

튜토리얼

—— 어도비 '포토샵&일러스트레이터 도구 갤러리': helpx.adobe.com/kr
어도비 사이트에는 도구에 대한 설명 외에도 포토샵과 일러스트레이터 프로그램의 다양한 튜토리얼 및 정보를 확인할 수 있습니다. 기능이 업데이트됨에 따라 관련 내용을 가장 빠르게 접할 수 있습니다. 특히, [학습 및 지원]에서는 어도비에서 제공하는 포토샵과 일러스트레이터에 대한 간단한 영상 강의도 있습니다. 완성도가 높아 틈틈이 살펴본다면 프로그램을 다루는 능력치가 올라갈 거예요.

폰트

—— Adobe font: fonts.adobe.com
어도비의 유료 멤버십 사용자들은 무료로 상업적 용도의 서체를 사용할 수 있습니다. 한글, 영문 등 다양한 언어의 글꼴이 있고, 스타일 두께 등 원하는 특징으로 검색할 수 있는 장점이 있습니다.

—— 눈누: noonnu.cc
상업적으로 사용이 가능한 무료 한글 폰트를 모아 놓은 곳으로 원하는 폰트를 클릭하면 다운로드할 수 있는 링크로 넘어갑니다. 모든 폰트의 지적재산권은 각 폰트 제작사 및 제작자에게 있습니다.

—— dafont: www.dafont.com
무료와 상업적 용도가 나뉘어 있으니 확인 후 사용하시면 됩니다.

—— My font: www.myfonts.com
소스를 다운받을 수 있는 사이트는 아니지만, 이미지에서 사용된 서체가 궁금할 때 유사 서체를 찾아주는 사이트입니다. 'WhatTheFont' 메뉴를 이용하세요.

색상

—— 어도비 Kuler: color.adobe.com/ko
색상 휠에서 편하게 색상 조합을 시도할 수 있고 테마 추출에서는 내가 가지고 있는 이미지를 업로드하여 이미지 안의 색상을 분석하고 컬러 팔레트를 만들어볼 수 있습니다. 신규 메뉴인 [접근성 도구]에서는 배경색과 어울리는 텍스트 색을 테스트할 수 있어 적절한 색상 배합을 찾을 수 있습니다. #으로 시작하는 여섯 자리의 영어+숫자 코드는 색상 코드입니다. 색상 피커 창에 복사, 붙여넣기하여 불러올 수 있답니다.

—— COOLORS: coolors.co
COOLORS는 'Explore trending palettes'에서 트렌드가 반영된 색상 팔레트를 볼 수 있고 업로드한 이미지의 컬러를 추출하여 색상 팔레트를 만들 수도 있습니다. 추출한 색상 팔레트에서 원하는 색상을 클릭하면 색상 코드가 뜨니 복사해서 사용하면 됩니다.

아이콘

—— The noun project: thenounproject.com
—— FREEPIK: www.freepik.com

사진, 이미지 소스

—— Unsplash: unsplash.com
—— Pixabay: pixabay.com/ko
—— FREEPIK: www.freepik.com

목업

—— 목업월드: mockupworld.co
—— 위니디: weenidy.com/index
한국의 분위기를 담은 목업을 찾기 좋은 국내 사이트입니다.

레퍼런스:
지식 플랫폼

—— 서핏(무료): www.surfit.io

디자이너와 개발자의 이용률이 높은 커리어 지식 플랫폼입니다.

—— 퍼블리(유료): publy.co

'일하는 사람들의 콘텐츠 플랫폼'을 지향하며 일잘러의 업무 스킬, 마케팅·소비·산업 트렌드, 요즘 뜨는 브랜드, 회사 밖 홀로서기·재테크 등의 콘텐츠를 다룹니다.

—— 폴인(유료): www.folin.co

중앙일보에서 만든 지식 콘텐츠 플랫폼으로 현장 전문가인 링커가 전달하는 생생한 경험과 인사이트를 바탕으로 깊이 있는 지식을 제공합니다.

레퍼런스:
디자인

—— Pinterest: www.pinterest.co.kr

'다양한 레퍼런스'라는 말에 최적화된 사이트입니다. 원하는 이미지를 핀 하여 나만의 레퍼런스 보드도 관리할 수 있습니다. 디자인뿐만 아니라 패션, 뷰티, 인테리어 등 검색과 클릭 한 번으로 비슷한 이미지의 레퍼런스들을 최대한 많이 찾을 수 있습니다

—— Behance: Behance.com

어도비에서 운영하는 국내외 다양한 분야 크리에이터들의 포트폴리오 사이트입니다. 개인 디자이너와 디자인 회사들의 작품이 많아 감각적인 작업물이 많습니다. 퀄리티 좋은 브랜딩, 그래픽 관련 콘텐츠가 보고싶을 경우 참고하면 좋습니다.

—— Dribbble: dribbble.com

비핸스처럼 다양한 분야의 크리에이터들의 포트폴리오 사이트로 아티스트들이 직접 본인의 작품을 업로드하는 사이트입니다. 높은 퀄리티의 작업물이 많이 있습니다.

—— Pentagram: www.pentagram.com

디자인하는 사람이라면 모르는 사람이 없는 디자인 스튜디오입니다. 영국 런던에서 시작하여 아이덴티티, 편집, 패키지, 북 디자인 등 그래픽 부분이 가장 활발하지만 전시, 인터랙티브, 건축, 제품 등 디자인 영역의 전 방위를 소화하고 있습니다.

—— It's Nice That: www.itsnicethat.com

디자인 웹진으로, 일러스트레이터 위주의 퀄리티 높고 트렌디한 그래픽 작품들이 많이 소개되는 사이트입니다.

레퍼런스:
UX 디자인

—— Material design: material.io/design

안드로이드 디자인할 때 필수 참고 사이트로 아이콘, 앱 사이즈 등 꼭 봐야하는 가이드들이 나와 있습니다. 레이아웃, 색상, 사운드 등 참고 자료가 많이 있습니다.

—— IBM Design: www.ibm.com/design

IBM 디자인 가이드라인 및 디자인 시스템이 명시되어 있습니다. 또한, UX디자인에 대한 기초적인 실무 내용까지 안내되어 있어 비전공자도 참고하기 좋습니다.

—— Bestfolios: www.bestfolios.com/home

UI/UX, 그래픽, 모션 디자인 포트폴리오가 있는 사이트입니다. 큐레이션 과정을 거치기 때문에 상당히 높은 수준의 포트폴리오가 존재합니다.

—— Awwwards: www.awwwards.com

각국의 웹과 모바일 사이트들을 평가하여 수준 높은 사이트들을 선발하여 소개합니다. 또한 특정 사이트마다 전문가들이 디자인에 대한 평가 내용도 있습니다.

레퍼런스: 프린트 디자인

—— PEOPLE OF PRINT: www.peopleofprint.com

프린트 중심의 예술적이고 감각적인 작업물을 참고하기 좋습니다.

—— Brest Brest Brest: www.brestbrestbrest.fr

주로 포스터, 책 등 인쇄 작업물을 게재하는 사이트로 인쇄 작업물을 만들 시 참고하기 좋습니다.

—— Packaging Of The World: packagingoftheworld.com

전 세계의 다양한 패키지 작업이 업로드되어 있는 사이트입니다. 카테고리별로 이미지를 필터링할 수 있습니다.

레퍼런스: 폰트

—— Font in use: fontsinuse.com

타이포그래피가 들어간 다양한 디자인과 적용된 서체들의 종류 및 정보들을 함께 제공합니다. 서체 사용의 다양한 예시를 볼 수 있어 좋습니다.

—— TYPOGRAPHY SEOUL: www.typographyseoul.com

타이포그래피&디자인 전문 웹진으로 한글 폰트를 기반으로 한 다양한 타이포그래피의 다양한 사례가 소개됩니다.

레퍼런스: 유튜브

—— AIGAdesign: www.youtube.com/c/AIGAdesign

디자이너에게 영향을 미치는 광범위한 문제에 중점을 둡니다. 브랜딩, 디자인 비즈니스, 크리에이티브 프로세스 및 연구소의 수많은 발의에 대해 통찰력 있고 생산성 있는 주제를 다룹니다.

—— 어도비코리아: www.youtube.com/c/AdobeKorea

어도비의 연례 컨퍼런스인 MAX의 하이라이트를 살펴볼 수 있고, 프로그램의 고급 기술을 안내하며 출시 예정인 어도비 제품을 엿볼 수 있습니다. 유명 크리에이터들이나 디자이너의 강연 및 세미나가 업로드되기도 합니다.

—— Google Design: www.youtube.com/c/googledesign

구글의 머티리얼 디자인과 같은 디자인 리소스를 공개하는 것 외에도 신진 디자이너에게 혜택을 주기 위해 자체 콘텐츠를 제작합니다.

—— The Futur: www.youtube.com/c/thefuturishere

유튜브를 통해 스트리밍되는 온라인 교육 플랫폼입니다. 브랜드 구축, 스튜디오 설정, 고객 요구 사항 처리 그리고 전문 디자이너가 되기 위해 필요한 모든 것에 대한 영감을 주는 동영상을 찾을 수 있습니다.

—— Envato Tuts+: www.youtube.com/c/tutsplus

다양한 응용 프로그램에 대한 많은 실습 가이드가 풍부한 채널로 디자이너의 실용적인 측면에 집중하는 유튜브 채널입니다.

크라우드 펀딩

온라인 플랫폼을 통해 다수의 개인으로부터 투자를 지원받는 크라우드 펀딩은 획기적인 사업 아이템이 있지만 자금이 부족해서 제품 출시에 어려움을 겪는 초보 창업자들에게 유용한 채널입니다. 사업 자금이 넉넉지 않은 스타트업 회사나 개인, 개인사업자 등이 크라우드 펀딩을 통해 사업의 시장성을 테스트하고자 하는 경우가 많습니다. 글로벌 펀딩 플랫폼으로는 '킥스타터'가 유명하고, 국내에서는 '와디즈'와 '텀블벅'이 대표적인 플랫폼입니다.

크라우드 펀딩에서 달성 금액을 너무 높게 잡는다면 100% 달성률로 올라가는 시간이 많이 소요되어 펀딩을 실패할 확률이 커집니다. 100% 달성률을 초기에 달성한다면 인기 프로젝트, 마감이 임박한 프로젝트 등에 링크되어 메인 프로젝트로 노출될 수 있습니다.

와디즈
www.wadiz.kr

와디즈는 국내 최대 규모의 크라우드 펀딩 플랫폼으로서, 기업과 소비자 그리고 투자자를 연결해 주는 역할을 합니다. 와디즈는 리워드형과 투자형 펀딩 서비스를 제공하며, 리워드형은 판매자의 신제품에 대해 홍보하고 이에 대한 투자자를 모집하는 서비스입니다. 모집 금액을 달성하면 투자의 대가로 신제품을 받거나 한정판 제품을 리워드로 받게 됩니다. 투자형 펀딩 서비스는 투자 유치가 어려운 업체들을 위해 와디즈가 1차 심사를 거친 뒤 투자자에게 업체를 선보이는 대체 투자 마켓 플레이스입니다. 투자형 펀딩 서비스는 펀딩 참여자에게 주식이나 채권을 발행해 주는 형태로, 투자형 펀딩의 자격 요건은 7년 이내의 비상장 주식회사 또는 업력과 상관없이 벤처기업, 이노비즈기업, 메인비즈기업, 사회적 기업 등이 참여할 수 있습니다.

와디즈는 3040 남성들이 주 사용 층인 만큼 재테크, 가전, 식품 등의 분야의 프로젝트가 주로 론칭됩니다. 1인에서 대기업까지 다양한 판매자의 신제품에 대해 홍보하고 시장성을 테스트하기 위한 판매 채널로도 많이 활용됩니다.

—— 와디즈 펀딩 기준

1 심사 기준
타인의 명예를 훼손하거나 불이익을 줄 수 있는 경우, 범죄적 행위 및 국익과 사회 공익을 저해시키는 경우, 정치적, 종교적, 성적 편향적인 소재인 경우, 관계법령 위배 및 사회 질서를 해칠 수있는 경우, 리워드 제품이 이미 타 유통 채널에서 판매되고 있는 경우, 프로젝트 완성도와 가독성이 떨어지는 경우, 스토리 가이드에 맞지않은 콘텐츠인 경우

2 검토 기간: 영업일 기준 심사 5일과 피드백 및 약정서 7일의 소요로 약 2주 정도 예상

3 오픈 후 수정 불가한 항목: 수수료, 프로젝트 종료일, 리워드단, 담당자와 협의 시 추가 가능, 목표 금액

4 수수료

a) 목표 금액 달성형: 셀프 오픈 6%부가세 별도+결제 수수료 2.4% | 피드백 오픈 9%부가세 별도+결제 수수료 2.4%

b) 자유 모금형: 목표 금액 달성 시 15%+결제 수수료 2.4% | 목표 금액 미달성 시 20%+결제 수수료 2.4%부가세 별도

5 결제 방식: 예약 결제 펀딩 종료일 일괄 결제

6 정산 절차: 최종 펀딩 금액 2천만 원 이상 시 2차 분할 정산1차 80%, 2차 리워드 발송 확인 후 20% 지급, 프로젝트 마감 후 결제 실행 최대 4일, 프로젝트 최종 결제일 후 은행 영업일 5일 이내 정산 내역서 메이커에게 발송

—— 스토리 작성

와디즈의 경우 '메이커의 스토리'와 리워드의 '펀딩 스토리'를 와디즈 편집기를 통해 작성하게 됩니다. 와디즈 스토리의 큰 흐름은 인트로-브랜드 소개-스페셜 페이지-리워드 사진-리워드 상세정보-메이커소개-프로젝트 상세 순으로 흘러가게 됩니다.

① 인트로: 인트로에서는 리워드 사진 중에서 임팩트 있는 연출 컷을 선택하여 가장 상단에 배치해 주는 것이 좋습니다. 시

선을 사로잡는 인트로 이미지는 해당 페이지의 첫인상이 되며, 서포터들이 아래 내용을 보도록 유도하는 장치이기 때문에 매우 중요합니다. 사진과 함께 간단한 카피도 넣어주세요.

② **브랜드 소개**: 로고를 넣어 브랜드를 간략하게 소개합니다. 브랜드가 매력적으로 다가갈수록 소비자들이 신뢰하여 제품을 투자할 확률이 높아집니다.

③ **스페셜 페이지**: 짧고 강렬하게 리워드를 소개합니다. 이때 리워드의 특징을 설명하는 아이콘을 함께 배치하면 보다 효율적으로 리워드 정보를 전달할 수 있습니다.

④ **리워드 사진**: 리워드 사진 섹션에서는 앞서 보여주지 못한 리워드의 사진, 영상, gif 등을 풀어냅니다. 다양한 각도와 뷰의 사진을 활용할 경우 스토리가 더 다채로워질 수 있습니다.

⑤ **리워드 상세 정보**: 리워드에 대한 필수 정보를 기재하여 리워드에 대한 기본 정보를 후원자들에게 전달합니다.

⑥ **메이커 소개**: 제품과 리워드를 만든 사람, 브랜드를 소개하는 섹션입니다. 이 파트는 와디즈에만 있는 특별 코너로서 메이커의 사진과 간단한 소개를 넣어줍니다. 리워드 리스트, 공지사항 등 프로젝트에 대한 상세 사항을 기재합니다.

텀블벅

tumblbug.com

텀블벅은 창작자들, 예술가들이 많이 활동하는 펀딩 플랫폼입니다. 텀블벅의 모토 역시 '멋진 아이디어가 세상에 선보일 수 있도록 지원한다'는 것입니다. 텀블벅에서는 주로 출판, 미술, 디자인, 게임, 패션 등을 선보였지만, 요즘에는 음식과 같은 분야에도 서비스를 확장하는 추세입니다. '예술과 문화 콘텐츠'에 아이템이 집중된 만큼 2030 여성들이 주 고객층이며 웹툰, 웹 소설, 굿즈 같은 아이템이 인기 아이템입니다.

텀블벅은 와디즈와 다르게 리워드형 펀딩만 제공하며 창작자가 만들고자 하는 창작물에 대해 소개하는 스토리 페이지를 업로드하면, 후원자가 펀딩에 참여하는 형태로 운영됩니다. 프로젝트 달성률이 100%에 이르러야만 실제 결제가 이루어지며 평균적으로 프로젝트 제작 및 배송 기간을 1~2개월로 설정합니다.

—— 텀블벅 펀딩 기준

1 **심사 기준**: 후원 선물이 프로젝트와 무관, 후원 선물이 시중 유통 제품들로만 구성되는 경우, 창작보다 논란 및 분쟁을 일으킬 목적이 클 경우, 개발 및 제작 계획에 대한 설명이 불충분한 경우, 작동 가능한 프로토 타입 또는 시제품이 아닌 경우, 지나친 과장 표현 혹은 공인되지않은 사실을 명시한 현행법을 위반한 경우

2 **검토 기간**: 검토 요청 날로부터 첫번째 피드백까지 최대 2일 소요, 주말 및 공휴일 제외
펀딩 설계 상의 문제가 없을 시 즉시 피드백 과정이 필요할 경우 최소 2일에서 최대 7일 소요

3 **오픈 후 수정 불가 사항**: 목표 금액, 마감일, 이미 후원자에게 선택된 리워드의 내용과 예상 전달일, 프로젝트 제목 및 서브 제목, 프로젝트 카테고리, 페이지 주소, 환불 및 교환 정책

4 **수수료**: 총 모금액의 5% 부가세 별도 + 결제 수수료 3~4%

5 **결제 방식**: 예약 결제 방식펀딩 종료일 일괄 결제

6 **정산 절차**: 지급 일정은 마감일 익일 오전결제 실패자에 한해 마감일로부터 7일간 매일 오전 재결제, 정산일은 확정일로부터 7일

—— 에디터픽

텀블벅에서 진행하는 이벤트에 지원 및 선정할 경우 첫 페이지에 노출될 수 있으며, 에디터픽에 선정되는 경우 프로젝트 카드에 'PICK'이라는 마크가 추가됩니다. 에디터픽 프로젝트는 '메인 배너' 및 '주목할 만한 프로젝트'에 노출될 수 있으며, 텀블벅 공식 채널을 통한 홍보에 있어 우대해 드립니다. 이용자는 프로젝트 둘러보기에서 필터를 이용하여 에디터픽 프로젝트만 모아 볼 수 있습니다. 에디터픽의 선정 기준은 창의성, 독립성, 다양성, 신뢰도 중 하나 이상에 모범이 되는 경우입니다.

—— 스토리 작성

텀블벅의 경우 창작자와 후원자 간의 신뢰를 중요하게 생각합니다. 따라서 펀딩 페이지를 심사할 때 창작자의 히스토리와 스토리텔링이 매우 중요합니다. 텀블벅 펀딩 페이지 구성 요소는 크게 소개-리워드 구성-예산 및 일정으로 이루어집니다.

텀블벅 스토리
작성 팁 바로가기

① **소개:** 제작자 소개, 기획의도 및 스토리와 창작자와 리워드의 이미지를 드러낼 수 있는 대표 이미지를 삽입합니다. 대표 영상 또는 이미지, 창작자 소개, 프로젝트 계기 및 취지, 프로젝트 소개를 작성합니다.

② **리워드 구성:** 제품 상세 컷과 얼리버드 구매 시 받는 혜택(옵션) 마지막으로 리워드 구성 요약 페이지가 들어갑니다. 얼리버드 이벤트 진행 시 초기 구매율이 증가하며 초기 구매 증가율은 펀딩 성공률에 큰 영향을 미치게 됩니다.

③ **예산 및 일정:** 제작 및 리워드 전달 예상 일정과 프로젝트 예산(예산이 어떻게 쓰이는지 구체적으로 기술), 후원자 안내 사항 및 기타 공자사항을 기재합니다. <펀딩 목표 금액은 크게 제작비+배송 및 포장비+창작자 인건비+예비 비용>로 구성되며 예비 비용이란 제작비와 포장재 및 배송비를 합산한 후 10%의 금액을 환산하면 예비 비용이 나옵니다. 결제 마감일이 지난 후에도 후원자가 결제를 하지 않을 경우 누락되어 모금된 금액을 100% 받을 수 없게 되는데 이러한 경우를 대비하여 예비 비용을 함께 합산하게 됩니다. 제품 불량이나 파손, 배송 분실 등 사고에 대비한 금액으로도 생각할 수 있습니다.

④ **후원자 안내:** 후원 선물이 어떻게 전달되는지, 주의해야 하는 점이 있는지 후원자들이 당황하지 않도록 미리 알려주는 섹션입니다. 텀블벅의 경우 개별적인 문의는 [창작자에게 문의하기]를 이용하도록 표기할 수 있습니다.

알아두면 좋은 단축키

포토샵과 일러스트레이터에서 단축키를 사용하면 업무의 효율을 높여 작업 시간을 단축할 수 있습니다. 모든 단축키가 아니더라도 필수 단축키를 익히는 것을 권장합니다. [Ctrl]과 함께 누르는 영문키는 보통 해당 액션을 의미하는 첫 글자인 경우가 많습니다. 이러한 개념을 이용해 단축키를 숙지하시면 더욱 쉽게 익힐 수 있습니다. 또한, 해당 메뉴 옆이나 도구 아이콘 마우스 오버 시 뜨는 단축키를 확인하고 피아노 건반을 치듯이 손가락으로 기억하는 것도 조금 더 빨리 단축키와 친해지는 방법 중 하나입니다.

포토샵

	실행 명	윈도우 Windows	맥 Mac
파일	새 창 열기	Ctrl + N	Cmd + N
	파일 열기	Ctrl + O	Cmd + O
	작업 창 닫기	Ctrl + W	Cmd + W
	저장하기	Ctrl + S	Cmd + S
	다른 이름으로 저장	Ctrl + Shift + S	Cmd + Shift + S
	웹용으로 저장	Ctrl + Shift + Alt + S	Cmd + Shift + Alt + S
	인쇄	Ctrl + P	Cmd + P
	종료	Ctrl + Q	Cmd + Q
	환경 설정	Ctrl + K	Cmd + K
화면	화면 확대	Ctrl + +	Cmd + +
	화면 축소	Ctrl + -	Cmd + -
	작업 창을 화면 크기에 맞게 조정	Ctrl + 0	Cmd + 0
작업 취소, 재실행	작업 취소	Ctrl + Z	Cmd + Z
	취소한 명령 복구	Ctrl + Shift + Z	Cmd + Shift + Z
	한 단계씩 작업 취소	Ctrl + Alt + Z	Cmd + Alt + Z
보기	모든 임시선 보이기/ 숨기기	Ctrl + H	Cmd + H
	안내선 보이기/숨기기	Ctrl + ;	Cmd + ;
	안내선 잠금/잠금해제	Ctrl + Alt + ;	Cmd + Alt + ;
	그리드 보이기/숨기기	Ctrl + '	Cmd + '
	눈금자 보이기/숨기기	Ctrl + R	Cmd + R
	도구 상자 보이기/숨기기	Tab	Tab
	작업 창 보는 방식 변경(미리보기 창)	F	F
이동	이동 도구로 전환	Ctrl	Cmd
	새 레이어로 복사하여 이동	Ctrl + Alt + 마우스로 드래그 복사하여 이동 개체 선택 후, Alt + 마우스 드래그	Cmd + Alt + 마우스로 드래그 복사하여 이동 개체 선택 후, Alt + 마우스 드래그
	45도 각도로 수직, 수평 이동	Shift + 마우스 드래그	Shift + 마우스 드래그
	1px씩 이동	Ctrl + 방향키	Cmd + 방향키
	10px씩 이동	Ctrl + Shift + 방향키	Cmd + Shift + 방향키
	자유 변형	Ctrl + T, Ctrl + 고정점 클릭 후 드래그, Enter 변형 완료	Cmd + T, Cmd + 고정점 클릭 후 드래그, Enter 변형 완료

	실행 명	윈도우 Windows	맥 Mac
레이어	해당 레이어의 이미지를 선택 영역으로 지정	Ctrl + 레이어 섬네일 클릭	Cmd + 레이어 섬네일 클릭
	선택한 레이어 병합	Ctrl + E	Cmd + E
	레이어 복제	Ctrl + J	Cmd + J
	그룹 묶기	Ctrl + G	Cmd + G
	그룹 해제	Ctrl + Shift + G	Cmd + Shift + G
	연속된 레이어 다중 선택(시작과 끝 사이 레이어 자동 선택)	Shift + 레이어 시작과 끝 선택	Shift + 레이어 시작과 끝 선택
	떨어진 레이어 다중 선택	Ctrl + 레이어 각각 선택	Cmd + 레이어 각각 선택
	검은색 마스크 생성	Alt + 레이어 마스크	Alt + 레이어 마스크
선택 영역	이동하기	Ctrl + 마우스 드래그	Cmd + 마우스 드래그
	선택 영역 해제	Ctrl + D	Cmd + D
	선택 영역 반전	Ctrl + Shift + I	Cmd + Shift + I
	전체 영역 선택하기	Ctrl + A	Cmd + A
	복사	Ctrl + C	Cmd + C
	붙여넣기	Ctrl + V	Cmd + V
	잘라내기	Ctrl + X	Cmd + X
	가운데부터 선택 영역 지정	Alt + 마우스 드래그	Alt + 마우스 드래그
	선택 영역 추가	Shift + 마우스 드래그	Shift + 마우스 드래그
	선택 영역 삭제	Alt + 마우스 드래그	Alt + 마우스 드래그
이미지	레벨 열기	Ctrl + L	Cmd + L
	곡선 열기	Ctrl + M	Cmd + M
	색상 균형 열기	Ctrl + B	Cmd + B
	색조 및 채도 열기	Ctrl + U	Cmd + U
색상	색상 이미지 반전	Ctrl + I	Cmd + I
	전경색/배경색 위치 전환	D, X	D, X
	전경색 채우기	Alt + Delete	Alt + Delete
	배경색 채우기	Ctrl + Delete	Cmd + Delete
브러시	브러시 크기 작게, 크게	], [	], [
	브러시 커서 십자(+) 모양	Caps Lock	Caps Lock
	미리보기 라인 활성화	/	/
	스포이드 도구로 전환	Alt	Alt
패스	앵커 포인트 방향선 제거	Alt + 마우스 왼쪽 버튼 클릭	Alt + 마우스 왼쪽 버튼 클릭
	45도 수평/수직 형태로 그리기	Shift + 마우스 왼쪽 버튼 클릭	Shift + 마우스 왼쪽 버튼 클릭
	직접 선택 도구로 잠시 전환되어 방향선, 위치 변경	Ctrl + 앵커 포인트 클릭 후 드래그	Cmd + 앵커 포인트 클릭 후 드래그
	포인트 변환 도구로 전환	펜 도구 사용 중 Alt	펜 도구 사용 중 Alt
	패스 선을 선택 영역으로 활성화	Ctrl + Enter	Cmd + Enter
문자	수치 값 조절	수치 조절 커서 아이콘 위 좌, 우 드래그	수치 조절 커서 아이콘 위 좌, 우 드래그
	문자 입력 완료	Ctrl + Enter	Cmd + Enter
	1pt씩 증가/감소	수치 크기 조절 칸 드래그 후 방향키 상, 하	수치 크기 조절 칸 드래그 후 방향키 상, 하
	1pt씩 증가/감소	크기 조절 칸 드래그 후 Shfit + 방향키 상, 하	크기 조절 칸 드래그 후 Shfit + 방향키 상, 하

	실행 명	윈도우 Windows	맥 Mac
도구	이동 도구	V	V
	올가미 도구	L	L
	자르기 도구	C	C
	스포이드 도구	I	I
	브러시 도구	B	B
	그레이디언트 도구	G	G
	페인트 통 도구	P	P
	개체 선택 도구	M	M
	수평 문자 도구	T	T
	돋보기 도구	Z	Z
	빠른 선택 도구	W	W
	복구 브러시 도구	J	J
	복제 도장 도구	S	S
	지우개 도구	E	E
	패스 선택 도구	A	A
	전경색, 배경색 전환	X	X
	퀵 마스크 편집 모드	Q	Q
	스크린 모드	F	F

일러스트레이터

	실행 명	윈도우 Windows	맥 Mac
파일	새 창 열기	Ctrl + N	Cmd + N
	파일 열기	Ctrl + O	Cmd + O
	작업 창 닫기	Ctrl + W	Cmd + W
	저장하기	Ctrl + S	Cmd + S
	다른 이름으로 저장	Ctrl + Shift + S	Cmd + Shift + S
	웹용으로 저장	Ctrl + Shift + Alt + S	Cmd + Shift + Alt + S
	화면에 맞게 내보내기	Ctrl + Alt + E	Cmd + Alt + E
	인쇄	Ctrl + P	Cmd + P
	종료	Ctrl + Q	Cmd + Q
	환경 설정	Ctrl + K	Cmd + K
화면	화면 확대	Ctrl + +	Cmd + +
	화면 축소	Ctrl + -	Cmd + -
	작업 창을 화면 크기에 맞게 조정	Ctrl + 0	Cmd + 0
작업 취소, 재실행	작업 취소	Ctrl + Z	Cmd + Z
	취소한 명령 복구	Ctrl + Shift + Z	Cmd + Shift + Z

	실행 명	윈도우 Windows	맥 Mac
보기	가장자리 보이기/숨기기	Ctrl + H	Cmd + H
	안내선 보이기/숨기기	Ctrl + ;	Cmd + ;
	안내선 잠금/잠금 해제	Ctrl + Alt + ;	Cmd + Alt + ;
	그리드 보이기/숨기기	Ctrl + '	Cmd + '
	눈금자 보이기/숨기기	Ctrl + R	Cmd + R
	도구 상자 보이기/숨기기	Tab	Tab
	작업 창 보는 방식 변경(미리보기 창)	F	F
	윤곽선 표시	Ctrl + Y	Cmd + Y
	실제 크기	Ctrl + 1	Cmd + 1
	선택한 패스로 안내선 만들기	Ctrl + 5	Cmd + 5
	격자 선에 정확하게 개체 맞추기	Ctrl + Shift + '	Cmd + Shift + '
오브젝트	최근 실행 명령 반복	Ctrl + D	Cmd + D
	한 단계 앞으로 가져오기/뒤로 보내기	Ctrl +], [	Cmd +], [
	제일 앞으로 가져오기/뒤로 보내기	Ctrl + Shift +], [	Cmd + Shift +], [
	그룹으로 묶기	Ctrl + G	Cmd + G
	그룹 해제	Ctrl + Shift + G	Cmd + Shift + G
	개체(레이어) 잠그기	Ctrl + 2	Cmd + 2
	잠긴 개체(레이어)모두 잠금 해제	Ctrl + Alt + 2	Cmd + Alt + 2
	패스 연결	Ctrl + J	Cmd + J
	클리핑 마스크 만들기	Ctrl + 7	Cmd + 7
	클리핑 마스크 해제	Ctrl + Alt + 7	Cmd + Alt + 7
	컴파운드 패스 만들기	Ctrl + 8	Cmd + 7
	컴파운드 패스 해제	Ctrl + Shift + Alt + 8	Cmd + Shift + Alt + 8
	개체 복사하여 이동	개체 선택 후 Alt + 마우스 드래그	개체 선택 후 Alt + 마우스 드래그
	45도 각도, 수직, 수평으로 이동	Shift + 마우스 드래그	Shift + 마우스 드래그
	1px씩 이동	Ctrl + 방향키	Cmd + 방향키
	10px씩 이동	Ctrl + Shift+ 방향키	Cmd + Shift+ 방향키
선택 영역	복사	Ctrl + C	Cmd + C
	붙여넣기	Ctrl + V	Cmd + V
	자르기	Ctrl + X	Cmd + X
	제자리 붙여넣기	Ctrl + Shift + V	Cmd + Shift + V
	뒤에 붙여넣기	Ctrl + B	Cmd + B
	앞에 붙여넣기	Ctrl + F	Cmd + F
	모든 아트보드에 붙여넣기	Ctrl + Shift + Alt + V	Cmd + Shift + Alt + V
브러시	브러시 크기 작게/크게	], [	], [
	브러시 커서 십자(+) 모양	Caps Lock	Caps Lock
	스포이드 도구로 전환	Alt	Alt
패스	앵커 포인트 방향선 제거	Alt + 마우스 왼쪽 버튼 클릭	Alt + 마우스 왼쪽 버튼 클릭
	45도 수평, 수직 형태로 그리기	Shift + 마우스 왼쪽 버튼 클릭	Shift + 마우스 왼쪽 버튼 클릭
	직접 선택 도구로 잠시 전환되어 방향선, 위치 변경	Ctrl + 앵커 포인트 클릭 후 드래그	Cmd + 앵커 포인트 클릭 후 드래그
	포인트 변환 도구로 전환	펜 도구 사용 중 Alt	펜 도구 사용 중 Alt
	패스 선을 선택 영역으로 활성화	Ctrl + Enter	Cmd + Enter

	실행 명	윈도우 Windows	맥 Mac
문자	1pt씩 증가, 감소	수치 크기 조절 칸에 드래그 후 방향키 상, 하	수치 크기 조절 칸에 드래그 후 방향키 상, 하
	1pt씩 증가, 감소	크기 조절 칸 드래그 후 Shfit + 방향키 상, 하	크기 조절 칸 드래그 후 Shfit + 방향키 상, 하
	글자 속성 없애고 아웃라인 생성하기(백터화)	Ctrl + Shift + O	Cmd + Shift + O
	글자 크기 줄이기	Ctrl + Shift + <	Cmd + Shift + <
	글자 크기 키우기	Ctrl + Shift + >	Cmd + Shift + >
	맞춤법 검사	Ctrl + I	Cmd + I
도구	선택 도구	V	V
	직접 선택 도구	A	A
	자동 선택 도구	Y	Y
	펜 도구	P	P
	고정점 추가	+	+
	고정점 삭제	-	-
	고정점 도구	Shift + C	Shift + C
	연필 도구	N	N
	선 도구	/	/
	사각형 도구	M	M
	타원 도구	L	L
	문자 도구	T	T
	브러시 도구	B	B
	Shaper 도구	Shift + N	Shift + N
	지우개 도구	E	E
	가위 도구	C	C
	폭 도구	Shift + W	Shift + W
	밀기 도구	Shift + R	Shift + R
	망 도구	U	U
	그레이디언트 도구	G	G
	회전	R	R
	반사	O	O
	크기 조절	S	S
	자유 변형 도구	E	E
	도형 구성 도구	Shift + M	Shift + M
	라이브 페인트 통 도구	K	K
	원근감 격자 도구	Shift + P	Shift + P
	스포이드 도구	I	I
	블랜드 도구	W	W
	심볼 분무기 도구	Shift + S	Shift + S
	대지 도구	Shift + O	Shift + O

프로 *(N)* 잡러 베지 오의 상세 페이지 영업 비밀

쿠팡, 스마트스토어, 오픈마켓, SNS, 온라인 홍보 이미지 기획부터 디자인까지

초판 1쇄 인쇄 2022년 2월 22일
초판 1쇄 발행 2022년 3월 4일

지은이 ⊙ 오선미
펴낸이 ⊙ 이준경
편집장 ⊙ 이찬희
책임편집 ⊙ 김아영
편집 ⊙ 김한솔
책임디자인 ⊙ 김정현
디자인 ⊙ 정미정
마케팅 ⊙ 양지환
펴낸곳 ⊙ (주)영진미디어

출판등록 ⊙ 2011년 1월 6일 제406-2011-000003호
주소 ⊙ 경기도 파주시 문발로 242 파주출판도시 (주)영진미디어
전화 ⊙ 031-955-4955
팩스 ⊙ 031-955-4959

홈페이지 ⊙ www.yjbooks.com
이메일 ⊙ book@yjmedia.net

ISBN ⊙ 979-11-91059-25-0 13000
값 ⊙ 21,000원